As distintas margens da escrita literária

FUNDAÇÃO EDITORA DA UNESP

Presidente do Conselho Curador
Herman Jacobus Cornelis Voorwald

Diretor-Presidente
José Castilho Marques Neto

Editor-Executivo
Jézio Hernani Bomfim Gutierre

Conselho Editorial Acadêmico
Alberto Tsuyoshi Ikeda
Célia Aparecida Ferreira Tolentino
Eda Maria Góes
Elisabeth Criscuolo Urbinati
Ildeberto Muniz de Almeida
Luiz Gonzaga Marchezan
Nilson Ghirardello
Paulo César Corrêa Borges
Sérgio Vicente Motta
Vicente Pleitez

Editores-Assistentes
Anderson Nobara
Henrique Zanardi
Jorge Pereira Filho

MARIA HELOÍSA MARTINS DIAS

As distintas margens da escrita literária

editora
unesp

© 2011 Editora UNESP

Direitos de publicação reservados à:
Fundação Editora da UNESP (FEU)

Praça da Sé, 108
01001-900 – São Paulo – SP
Tel.: (0xx11) 3242-7171
Fax: (0xx11) 3242-7172
www.editoraunesp.com.br
www.livraria.unesp.com.br
feu@editora.unesp.br

CIP – BRASIL. Catalogação na fonte
Sindicato Nacional dos Editores de Livros, RJ

D533d

Dias, Maria Heloísa Martins
  As distintas margens da escrita literária / Maria Heloísa Martins Dias. São Paulo: Editora Unesp, 2011.

  Inclui bibliografia
  ISBN 978-85-393-0132-4

  1. Ficção brasileira – História e crítica. 2. Ficção portuguesa – História e crítica. 3. Narrativa (Retórica). 4. Erotismo na literatura. I. Título.

11-2971
CDD: 809
CDU: 82.09

Este livro é publicado pelo projeto *Edição de Textos de Docentes e Pós-Graduados da UNESP* – Pró-Reitoria de Pós-Graduação da UNESP (PROPG) / Fundação Editora da UNESP (FEU)

Editora afiliada:

Ao professor João Alexandre Barbosa,
que me introduziu no caminho de palavras
insuspeitadas do reino da Poética

*Penso que a melhor forma de deixar registrada minha gratidão
não é arrolar nomes para figurarem em uma lista,
mas dedicar algumas palavras a quem de fato tornou possível este projeto,
conservado durante muito tempo como sonho.
Não fosse a insistência e o empenho calorosos de Sinclair,
estas margens que temos percorrido juntos em torno da literatura
não teriam se concretizado.
Leitor constante e sensível dos textos aqui reunidos,
aos quais também foi ajudando a dar corpo definitivo, foi ele que
lançou o primeiro olhar crítico e, afinal, aprovou
"com distinção e louvor" este ensaio de sua "pequena".*

Sapientia: nenhum poder, um pouco de saber,
um pouco de sabedoria, e o máximo de sabor possível

Roland Barthes

Sumário

Prefácio   13

Parte I
As margens conhecidas da escrita   21

1 Poética de João Cabral: a metáfora de uma tradução   23
2 A arquitetura poética de "Uns Inhos Engenheiros"   33
3 Estética de Mário de Andrade: a lição intransitiva da linguagem   47
4 De olho nos jacintos de Clarice   59
5 O percurso enunciativo da imagem em *Angústia*   71

Parte II
Navegações na outra margem   87

6 Projeções especulares entre o erótico e o poético em "Antinous"   89
7 A modernidade da ficção de Camilo   103
8 António, Anto, o Santo: ficções irônicas tramadas pela poesia   119

9 Almada Negreiros: "um homem muito senhor
da sua vontade" 137
10 *Matéria de amor* ou a poética erótica
de Antônio Ramos Rosa 151
11 Infiltração do mítico na narrativa de Teolinda Gersão 167

Parte III
Poéticas que se cruzam 181

12 Camões e Drummond às *voltas* com
o experimentalismo verbal 183
13 A construção de micropaisagens poéticas
em João Cabral e Carlos de Oliveira 195
14 "A lição de francês de Virita" e *Amar, verbo intransitivo*:
o jogo amoroso entre língua e linguagem 209
15 Narratividade mitopoética: Luandino Vieira
e Guimarães Rosa 227
16 Diálogo entre modernidades poéticas: "O cão sem plumas"
(Cabral) e "O canito de plumas" (O'Neill) 239
17 Rotações poéticas da máquina do mundo:
de Camões a Haroldo de Campos 265

Referências bibliográficas 279

PREFÁCIO
DA METÁFORA CONSTRUÍDA
À ESCRITURA REINVENTADA:
A PROPÓSITO DO DISCURSO CRÍTICO
DE MARIA HELOÍSA MARTINS DIAS

Aguinaldo José Gonçalves

Ao iniciar o exercício da apresentação de um outro exercício de crítica e de reinvenção, vemo-nos envolvidos com um compromisso com o próprio discurso como a fonte de todas as águas que permeiam os grandes lagos da linguagem. E outras fontes se nos apresentam como se quisessem fazer parte do processo que hora se desencadeia. Dentre elas, posiciona-se logo à frente Northrop Frye de "Introdução Polêmica", tendo a coragem de argumentar a favor do crítico e de lhe conferir o lugar de demiurgo entre a obra e o leitor. Frye lucidamente esclarece a relevância daquele que penetra nas teias da linguagem artística, reconhece-a como portadora de outras relações que não são, obviamente, as da linguagem comum, mas fundamentais para melhor se compreender o mundo.

O presente volume, denominado *As distintas margens da escrita literária,* vem à luz num momento dos mais representativos e mais decisivos para os estudos literários luso-brasileiros; num momento em que a literatura ou o estudo da literatura vem se tornando alguma coisa que ainda não consigo definir, mas consigo associar a algumas imagens que podem responder ao nosso incômodo. Estuda-se, atualmente, a recepção da literatura ou o modo como determinado autor do século XIX foi lido ou não lido; estudam-se as circunstâncias culturais em que estava inserido determinado autor no

14   MARIA HELOÍSA MARTINS DIAS

momento de sua produção; já se vislumbra com certo entusiasmo que se analisem os dados biográficos do autor para que se possa melhor compreender a obra e daí por diante. Parece, muitas vezes, que o grande ausente desses procedimentos contemporâneos é o estudo estrito da obra.

O momento da literatura neste início de século nos faz lembrar com muito cuidado, para não dizer pavor, do final do século XIX na Europa e, mais especificamente, na França, quando o determinismo gerou seres poderosos na história da crítica como Sainte--Beuve e seu biografismo que tentou destruir autores como Balzac, Flaubert, Baudelaire, Gerard de Nerval e outros, mas que à revelia fez surgir autores como Marcel Proust. Tentando escrever contra Sainte-Beuve, Proust estaria se exercitando para realizar seu trabalho ficcional. Falta literatura para muitos dos atuais estudos da literatura. Isso nos reporta a um brilhante ensaio do ensaísta espanhol Ortega y Gasset denominado *Papeles sobre Velásquez y Goya*. O texto, em outra situação e por outros motivos, constrói uma ironia em relação à linguagem da pintura, ou em relação à falta de estudos e de boas leituras interpretativas da pintura, que vale muito para que se compreenda a devida preocupação que devemos ter com os caminhos da crítica nesses tempos de altos interesses pelos chamados *estudos culturais*. Para ele, a pintura é uma coisa de que certos homens se ocupam, enquanto outros se ocupam de olhar, copiar, criticar, comprar, possuir etc. Todavia, acentua o crítico, a pintura só existe nas ações que se iniciam ao terminarem aquelas enumeradas. Fazendo dos estudos literários as palavras que Ortega y Gasset conferiu à pintura, repito: falta literatura para muitos dos atuais estudos da literatura.

É contrariando tais tendências que este livro se coloca com maestria por meio do pensamento crítico de Maria Heloísa Martins Dias, que se movimenta de maneira sinuosamente harmoniosa, "do lado interno da moldura" e jamais se apresentando previsível, surpreendendo o leitor pelos "desvios de dentro" do texto, por dentro da moldura que resguarda o espaço oracular da linguagem. Essa atitude crítica só faz iluminar a trama simbólica que o artista construiu. Ainda nessa direção, gostaria de afirmar que Maria Heloísa cumpre o desenho do texto com sua perquirição, valendo-se de recursos teóricos e metodológicos próprios para cada objeto de arte analisado. Cumpre, por meio de um estilo que lhe é peculiar, o trânsito entre literatura e teoria literária, valendo-se dos fundamentos teóricos e dos métodos variados de análise sem permitir que eles se sobrelevem ao texto artístico analisado. Heloísa tem, portanto, a fina capacidade de ficar frente ao objeto do desejo e com ele dançar, estabelecendo em alguns momentos até mesmo certa homologia entre seu discurso e o discurso do criador. Elegemos, nesse sentido, dois ensaios que para nós determina o perfil do livro e da penetração crítica de Maria Heloísa como plasmadora de uma *escritura*, no sentido barthesiano do termo.

A construção do crítico se manifesta por meio de alguns aspectos, ou por algumas atitudes que poderiam ser chamadas de "atitudes críticas". Dentre elas a questão da escolha é muito importante, pois denuncia elementos fundamentais do trabalho crítico. No presente trabalho, o que se tem são abordagens de leitura e de reflexão a respeito da literatura tendo o texto como o grande núcleo das ações. São obras que trazem em si o que Valéry denominou de uma visão clássica ou, melhor dizendo, obras que trazem em si um crítico. Nesse sentido, o primeiro ensaio do livro, "A poética de João Cabral: a metáfora de uma tradução", atua como um belo e instigante portal de entrada para o universo dos demais escritos. Primeiramente, o modo de tratamento que a autora confere ao trabalho do poeta denuncia o conhecimento vasto e ao mesmo tempo específico da poética de João Cabral. Só assim consegue realizar recortes de poemas do conjunto da obra que são reveladores e iluminadores do juízo construtivo do poeta pernambucano; por meio dessas escolhas, desses recortes, deparamo-nos com uma espécie de núcleo paradigmático da lírica cabralina naquilo que ela tem de revelador e de inusitado, de objetiva e, ao mesmo tempo, de obscura. Como afirma a autora: "Por isso é que a proposição de uma Poética, prática constante em João Cabral, é sempre uma empresa ardilosa, pois mescla ensinamento e despiste, atraindo o leitor para um labirinto que abre e fecha caminhos de sentido, explicita e opacifica, torna o ilegível legível". Essa pertinente posição crítica advém, no discurso crítico de Maria Heloísa Martins Dias, de um posicionamento de relação corpo a corpo com o discurso literário e, de modo especial, com o discurso artístico de João Cabral. Elege na sua obra textos indiscutivelmente autorreflexivos tão próprios da poesia moderna, mas extremamente caros ao autor. No caso desse poeta, a grande frase de Sergio Milliet parece perder um pouco de sua força. Para Milliet, não há grandes autores, mas grandes textos. Entretanto, em João Cabral temos de admitir que se trata de um grande artista, pois sua obra só se constitui de grandes textos. Cabral não permite o poema-menos. Em sua "carnadura concreta" não há lugar para a poesia invertebrada. Daí a revelação do grande crítico em Maria Heloísa. Ela consegue ir aos pontos especialmente tensos e intensos dentro do clima de contensão dessa poesia e dela extrair os filigranas de uma poética.

Digno também de destaque nesse belo livro de ensaios é a leitura que a autora realiza do conto de Guimarães Rosa "Uns inhos engenheiros" do livro *Ave, palavra*. Só o fato de esse texto ser escolhido para análise e interpretação já consiste em uma enorme contribuição crítica. Como diz logo no início do ensaio denominado "A Arquitetura Poética de 'Uns inhos engenheiros'": "Não é por constituir uma 'miscelânea', como o próprio Guimarães Rosa definiu sua *Ave, palavra* (1970), que essa obra póstuma deva ser relegada a uma *terceira margem* (não a de seu conto) da produção literária do autor. Os textos que a compõem são heterogêneos, assim como sua arrumação não está presa a um traçado ou projeto prévio, mas essa diversidade presente no terreno móvel da escrita instiga o leitor em virtude mesmo da natureza plurissêmica de seu material. E, ainda que os textos não façam parte do espaço privilegiado das *estórias*, primeiras ou outras e de *Tutaméia*, intensamente avaliadas pela crítica, não se pode desconsiderar o desafio das inquietações que eles trazem quanto à consciência do processo estético de Guimarães Rosa". Essa forma de dizer de Maria Heloísa vai lentamente perfurando os beirais da linguagem e penetrando os filamentos mais delicados do objeto que analisa e desvenda, ao esconder as unhas, universos intensos e complexos engendrados pelo autor. Interessante notar o perfil do grande crítico. Ele vasculha os raios da linguagem com o olhar da ave de rapina. De uma obra vasta como é a de João Guimarães Rosa, ela vai por outros caminhos descobrir essa maravilha que é o conto "Uns inhos engenheiros", num livro que seria considerado pela maioria menos avisada, como simplesmente, miscelânea. Assumindo a minha visão crítica, não me vejo equivocado ao dizer, como leitor descompromissado, que este conto consiste na melhor articulação literária que o autor mineiro poderia ter realizado. O que melhor atesta essa afirmação é a fantástica e iluminadora leitura que Maria Heloísa Martins fez dele.

A paixão crítica denuncia-se pelos tons da pele da palavra que buscam eternamente uma atitude escritural, sem jamais julgar ter encontrado a completude do ponto ideal ou conclusivo da plasmação da linguagem. Por isso fala-se atualmente da crítica como um novo gênero. Falo aqui da crítica crítica e não dos autores críticos que trazem no corpo de suas invenções os aspectos autorreflexivos do próprio processo de criação. Penso em Edgar A. Poe de "Filosofia da Composição" e não do autor de "O Corvo"; penso em Charles Baudelaire de "Curiosidades Estéticas" e não do autor de *As flores do Mal;* ou em grandes ensaístas do século XX, tais como Paul Valéry, Michel Butor, Gerard Génet, Roland Barthes, Maurice Blanchot e outros. Para Baudelaire, a crítica deve ser apaixonada e parcial; a crítica deve ser poética. A parcialidade crítica se contrapõe à generalidade temática. Dessa parcialidade, deve emergir a obsessão crítica que, munida de rigor e de paixão, consegue iluminar o mundo do autor que analisa e o mundo das pessoas que irão se influenciar por essa iluminação. As palavras que aqui se inscrevem servem para inserir e contextualizar o universo crítico dessa escritora brasileira, professora de Literatura da Universidade Estadual Paulista.

As distintas margens da escrita literária é composto valendo-se de uma estratégia belamente indiciadora: divide-se em três partes que se interpenetram. Cada uma das partes denuncia uma face da crítica: a primeira, que traz um nome metafórico e instigante, denomina-se "As margens conhecidas da escrita". Nela, os cinco ensaios versam sobre obras de autores brasileiros: João Cabral de Melo Neto, João Guimarães Rosa, Mário de Andrade, Clarice Lispector e Graciliano Ramos.

A segunda parte, "Navegações na outra margem", reúne seis ensaios a partir de obras ou autores portugueses. São eles: Fernando Pessoa, Camilo Castelo Branco, Antonio Nobre, Almada Negreiros, Antonio Ramos Rosa e Teolinda Gersão.

A última parte da obra, "Poéticas que se cruzam", vem coroar o rigor, a competência crítica e a ampliação das margens da Poética ou das Poéticas que permeiam o universo rítmico e inventivo do *ensaio* de Maria Heloísa Martins Dias. Compreendemos que nesta parte da obra, de teor altamente comparativo, no seu sentido estrito, a construção do verdadeiro crítico se conforma. Apresentemos, portanto, os ensaios que compõem esta parte da obra. Antes, porém, devemos dizer que já nos títulos se vislumbra a ousadia do verdadeiro trabalho crítico e a intensa originalidade nutrida pelo prazer literário dessa autora de excelência. São eles: "Camões e Drummond às voltas com o experimentalismo verbal", "A construção de micropaisagens poéticas em Cabral e Carlos de Oliveira", um capítulo do romance *A casa da cabeça de cavalo* (1995) de Teolinda Gersão denominado "A lição de francês de Virita" e *Amar, verbo intransitivo* de Mario de Andrade, "Narratividade mitopoética: Luandino Vieira e Guimarães Rosa", "Diálogo entre modernidades poéticas: 'O cão sem plumas' (Cabral) e 'o canto de plumas' (O'Neill)" e como último ensaio da obra, "Rotações poéticas da máquina do mundo: de Camões a Haroldo de Campos".

O que mais nos atraiu nesse método utilizado pela autora é o diagrama que ela mesma constrói de seu percurso acadêmico e de suas obsessões literárias. Daí a trilha crítica se mostrar extremamente coerente e integrada. Nela existe harmonia de espírito.

Nos passos finais deste exercício de apresentação, resta-me questionar se terei conseguido apresentar o trabalho crítico de Maria Heloísa Martins Dias. Quase nunca consigo deixar de ser impressionista e se isso nos faz perder certa objetividade, certa precisão, por um lado, faz-nos, com certeza, ganhar (penso em Baudelaire) em sinceridade, em expressividade crítica, por outro. E nesse caso, tenho certeza de que apresentei, ao menos, o meu sentimento passional pelo livro. Encantei-me com tantas coisas sobre as quais gostaria de escrever, não realizando uma sensata apresentação (que não pode extrapolar os limites do indizível), mas um outro ensaio em que pudesse mergulhar pelas várias e complexas águas deste livro. Não quero me valer da figura da preterição, mas, em alguns momentos, ela é mais poderosa que nossa intenção de não usá-la. Queria deixar inscritos alguns registros de minha pessoal predileção: a excelência crítica com que a autora analisou algumas obras. Dentre elas, além das já citadas, a questão do dialogismo, do entrecruzar de vozes no poético modo de narrar de Mario de Andrade. A partir de um fragmento do romance *Amar, verbo intransitivo*, ela realiza o que foi preconizado pelos grandes mestres da Estilística, Léo Spitzer e Eric Auerbach. Do pequeno texto, a autora faz com que tenhamos a obra toda e mais; que a relacionemos com outras obras como fará na última parte do livro. Ressaltemos, também, a forma de tratamento que conferiu à questão do suspense no conto "Mistério em São Cristóvão", de Clarice Lispector. Para conseguir empreender o "sentido" no intrigante texto, Maria Heloísa se vale de dois procedimentos teóricos que parecem não combinar: a Retórica e a Teoria da Narrativa. O resultado, o leitor conferirá com a leitura da obra. Olhando de soslaio para os demais ensaios para não ser pego pela vontade de ao menos comentá-los, um a um, destaco o último, alimentando minhas preterições: "Projeções especulares entre o erótico e o poético em *Antinous*" de Fernando Pessoa. Pertencendo aos *Poemas ingleses*, juntamente com *Inscriptions, Epithalamium, 35 Sonnets* e *Dispersos, Antinous* é um dos mais complexos poemas de Fernando Pessoa e da literatura em geral, e é no mínimo curioso e, portanto, digno de nota a excelência com que Maria Heloísa conduz a leitura e abre o leque das possibilidades críticas advindas do poema. Além disso, sua leitura e interpretação revelam extrema erudição e fino trato cultural ao abordar o discurso literário. Seu ensaio é limpo, preciso, contextualizado, pertinente nas relações e, acima de tudo, belo, como é belo o poema de Fernando Pessoa.

***

Para fazer menção a dois críticos da preferência de Maria Heloísa, o francês Roland Barthes e o brasileiro João Alexandre Barbosa, *As distintas margens da escrita literária* anuncia-se como *discurso*, mas, no seu desenvolvimento, metamorfoseia-se em *escrita literária*. Trata-se de um *exercício* que acaba frutificando no seu próprio ato de compor. Assim, essa forma de invenção caminha pela lépida determinação do risco de quem sabe que o alvo será atingido. É assim como quem dança e que faz do próximo passo um delineio do compasso ainda não vivido. É aí que penso nos dois críticos. Maria Heloísa serve-se da validade do texto literário e nela inscreve seus caminhos e traçados que só fazem iluminar o objeto com que lida. Na relação com o objeto, lança-se aos seus vazios delineados numa forma, e é da esfera dos intervalos que emerge o seu discurso ou escrita, que enredados se enamoram e procriam deixando nascer um novo universo.

Parte I

As margens conhecidas da escrita

1
POÉTICA DE JOÃO CABRAL:
A METÁFORA DE UMA TRADUÇÃO[1]

Qualquer leitura que se faça dos poemas de João Cabral, desde a mais prazerosamente descompromissada até aquela em que o prazer vem acompanhado de exigente consciência crítica, não pode deixar de captar uma vocação ou tendência estrutural a marcar esse *corpus* textual: o percurso de uma linguagem bastante fiel à sua própria trajetória e a experimentar a recorrência como modo de operação da organicidade da poesia.

Esse discurso, assim como o "discurso-rio" que precisa de muitos fios de água para refazer o fio antigo que o fez ("Rios sem discurso"), também percorre espaços já construídos para tornar espessa a "sentença-rio do discurso único" que constitui a sua obra. Desse modo, encontramos em *Antologia poética* (1965), *Museu de tudo* (1975) e *Poesia crítica* (1982), por exemplo, poemas já frequentados pelo próprio Cabral, que os reuniu nessas antologias. Trata-se de uma poesia que enfrenta o desafio de recuperar, incessante e insistentemente, determinados signos e procedimentos formais, assumindo-se, assim, como discurso que não somente se autorreflete, mas também se projeta ou se desdobra nas mesmas matrizes

---

1 Versão levemente modificada do artigo publicado no *Jornal de Letras, Artes & Ideias*. Lisboa: Fundação Calouste Gulbenkian, n.448, 1991, p.10.

da sua arquitetura: as paisagens nordestina e espanhola, a "paisagem" do texto – fio/tecer/tecido –, o fazer, a linguagem, a escrita, a leitura, a tradição. E também: o jogo lúdico com a palavra, a desmitificação da metáfora, a repetição de versos, o entrelaçamento entre os poemas, a explicitação desconcertante que o poema faz de si mesmo, a "didática" poética que o texto exibe para o leitor.

Podemos recuperar alguns signos, títulos ou não, dessa vertente didático-poética presente em sua poesia: discurso, palavra, educação pela pedra, lição de poesia, catecismo de Berceo, fábula de um arquiteto, disciplina, aprender e termos explicativos como "pois", "assim como", "e mais". Entretanto, essa poética ilustrativa não está apenas no enunciado, mas em modos de construção performatizados pela linguagem em seus gestos enunciativos. Assim, no poema "Os vazios do homem" (*A educação pela pedra*), a noção do vazio existencial reiterado pela indigência do meio sociogeográfico configura-se concretamente nos vazios que a sintaxe vai deixando em seu curso, sobretudo pelas elipses: "Os vazios do homem não sentem ao nada / do vazio qualquer: do do casaco vazio, / do da saca vazia [...] // não sentem ao que uma saca de tijolos," (Melo Neto, 1979, p.31).

Por outro lado, a "ilustração" se adensa, complexifica-se, atendendo à aprendizagem árdua, de pedra, da espessura de sua linguagem. É por isso que os vazios vão sendo preenchidos pela repetição ou inchaço dos signos, criando-se a imagem de um "vazio cheio": "os vazios do homem sentem a um cheio / de uma coisa que inchasse já inchada" (ibidem). Como se pode ver, a sua "didática" se tece de armadilhas na sua aparente tática de ensinamento. É assim que o poeta concebe a aprendizagem de sua poesia.

Ora, tais estratégias de composição transformam a poesia de Cabral num diálogo permanente consigo mesma, entrecruzando-se as práticas da intertextualidade e intratextualidade. Espécie de antologia tradutória de si própria, mas que para atingir a compreensão madura do eu não pode deixar de acolher o fazer do outro. É desse modo que o poeta define a escolha que fez para o seu contar poético recolhido em "museu de tudo":

> Há um contar de si no escolher,
> no buscar-se entre o que dos outros,
> entre o que os outros disseram
> mas que o diz mais que todos [...]
>
> (Melo Neto, 1976, p.79)

Nesse gesto tradutório é que o dizer se afirma, exibindo o que aprendeu, recuperou e modificou de outros dizeres: "Se descobre a *rose de sable*, // Rosa de areia se fez forma" (ibidem, p.67). Discurso que lança ressonâncias na escuta do leitor, afinal transformado em coautor: "foste ainda o fantasma / que prelê o que faço,/ e de quem busco tanto / o sim e o desagrado" (ibidem, p.59). Buscar tanto a aprovação quanto o desagrado de quem o lê é um propósito que sempre alimentou o projeto de João Cabral, e sabemos o quanto esse desagrado está na experiência daqueles leitores que se impacientam (e desistem) com a áspera tarefa de perfurar a camada espessa de seu discurso. É impossível agradar a quem não se dispõe a tomar as lições da pedra/palavra: seu adensar-se compacta, sua carnadura concreta, sua voz inenfática, o fluir coagulado. E se pensarmos nos apressados leitores de hoje, acostumados à imediatez dos processos de comunicação, às imagens descartáveis e digitalizadas da realidade virtual, característica do mundo informatizado, então o desagrado diante de uma poética tão (con)centrada em si mesma é inevitável. Mas, para os que querem fruir a lição cabralina, há ganhos consideráveis.

A confluência de tempos, espaços e linguagens, quer como matéria referencial, quer como matéria significante operada pelo texto, é a maneira legítima com que essa poética pode assinalar sua modernidade, armando-se da consciência de ser ela e outra ao mesmo tempo, o que reflete a mobilidade, instabilidade e ousadia com que o discurso permanentemente se constrói. Tal permanência se deve, para além do apego ao fazer engenhado e engendrado pela voz cerebral do eu poético, à perspectiva histórica em que se move a escritura poética. Não é por acaso a presença, em *Museu de tudo*, de constantes diálogos com a tradição poética para traduzi-la em outro contexto, renovando-a criticamente.

No poema "A Quevedo", por exemplo, embora o título recorte a referência, o intertexto criado por Cabral tem mais faces do que a de Quevedo com a qual se defronta: Camões e Mallarmé despontam também dessa interface poética.

> Hoje que o engenho não tem praça,
> Que a poesia se quer mais que arte
> E se denega a parte
> Do engenho em sua traça,
>
> Nos mostra teu travejamento
> Que é possível abolir o lance,
> O que é acaso, chance,
> Mais: que o fazer é engenho.
>
> (ibidem, p.52)

Se Camões convoca engenho e arte como necessários para compor seu poema épico, defendendo, assim, inventividade ou talento e técnica, e Mallarmé prega a não abolição do acaso para o lance de dados em que transforma a sua poesia, João Cabral não nega nem a arte nem o engenho, mas destaca este último como mais essencial que aquela para o fazer. Para tanto, toma o poeta espanhol como exemplo de poética em que o "travejamento" é discurso engenhoso, no qual o acaso não tem chance... O curioso, porém, é que o próprio discurso de Cabral, na sua aparente ligeireza das quadras com rimas intercaladas, acaba entrecruzando o lúdico da retórica barroca com a consciência moderna da metalinguagem que, afinal, desmascara a ambos, tanto o engenho quanto a arte.

Ao voltar-se para si mesma e para a rede de aproximações que vai construindo, a poesia de Cabral torna legível a constante dialética que a sustenta: afirmar e negar como gestos que permeiam suas trocas. O que afirma é um discurso que se faz pela conquista de seus próprios meios de operação e busca de sentidos, aos quais não se pode chegar senão pelo percurso consciente da linguagem; o acolhimento daquilo que já experimentou e incorporou. O que nega é a sedimentação e cristalização da palavra enquanto veículo de realidades anteriores e exteriores à tessitura da linguagem. Em outros termos, essa tensão se tece pelo jogo contraditório entre condicionamento e descondicionamento, quer da linguagem enquanto instrumento, quer da realidade social enquanto objeto de representação.

Interessante, nesse sentido, reler o poema "Sobre o sentar-/ estar-no-mundo" (*A educação pela pedra*), no qual o literal e o figurado "acomodados" à metáfora do "assento" criam curiosas construções para focar o posicionamento social do homem. Se seus hábitos ou injunções do meio o condicionam, o discurso poético desestabiliza tais posições fixas por meio da redundância irônica:

> Onde quer que certos homens se sentem
> sentam poltrona, qualquer o assento.
> Sentam poltrona: ou tábua-de-latrina,
> assento além de anatômico, ecumênico,
> exemplo único de concepção universal,
> onde cabe qualquer homem e a contento.
> (Melo Neto, 1979, p.16)

Aprendizagem de desaprender para criar nova forma de aprendizagem – eis o que a linguagem mobiliza, não apenas para dizer sobre o estar-no-mundo, mas, principalmente, para dizer o estar--a-fazer a si mesma. Por isso é que a proposição de uma Poética, prática constante em João Cabral, é sempre uma empresa ardilosa, pois mescla ensinamento e despiste, atraindo o leitor para um labirinto que abre e fecha caminhos de sentido, explicita e opacifica, torna o ilegível legível. O resultado é uma trama fática e enfaticamente construída, como se testando obsessivamente os canais de sua construção, obrigando o ato de leitura a esbarrar em falsos índices ou naquelas pedras/grãos a serem deglutidos para se chegar à compreensão da linguagem. Enfim, confessar o inconfessável, este o difícil exercício que o artista apresenta ao leitor, sabendo que este pode ser "Ninguém" e "que o feito o foi para ninguém". Assim termina o poema "O artista inconfessável" (*Museu de tudo*):

Fazer o que seja é inútil.
Não fazer nada é inútil.
Mas entre fazer e não fazer
mais vale o inútil do fazer.
Mas não, fazer para esquecer
que é inútil: nunca o esquecer
mas fazer o inútil sabendo
que ele é inútil, e bem sabendo
que é inútil e que seu sentido
não será sequer pressentido,
fazer: porque ele é mais difícil
do que não fazer, e difícil –
mente se poderá dizer
com mais desdém, ou então dizer
mais direto ao leitor Ninguém
que o feito o foi para ninguém.

(Melo Neto, 1976, p.30)

Mas a poética de Cabral não se faz apenas desse mecanismo tautológico instaurado no corpo discursivo; há outros procedimentos para confessar o inconfessável da criação poética. Eis alguns:

- o estado de suspensão da linguagem, mantida entre o acolhimento e a recusa do objeto, como se este se reduzisse a movimentos de criação, distensão contida, verticalidade que se adensa, como nos poemas "Imitação da água", "Rio e/ou poço", "Estudos para uma bailadora andaluza" (*Quaderna*, 1960);
- a construção de uma cumplicidade entre as palavras, através de desdobramentos e projeções de modo que uma palavra possa "traduzir" a outra, recuperando-a como signo e como imagem a fim de concretizar a espessura do discurso. É como se faz o percurso do Capibaribe, em *O cão sem plumas* (1950), em que "paisagem", "fábula" e "discurso" se estruturam na obra como afluentes de um longo rio-texto buscando a com-

preensão de sua realidade natural. Também em "Rios sem discurso", "Tecendo a manhã" e "A urbanização do regaço" (*A educação pela pedra*), o percurso especular, entendido como reflexo e reflexão entre os signos, parece criar a imagem de uma solidariedade tensa, onde proximidade e distância inscrevem-se simultaneamente no espaço textual;

— o aproveitamento de uma mesma imagem para desdobrá-la em variações dentro do poema de modo a enfatizar o processo de desfibramento da linguagem no equacionar o poético para a captura do real. Poética do núcleo, do centro, da alma que, "fazendo-se noz ou centro", "derrama-se desfiada" (*Museu de tudo*), centrada e (ex)cêntrica ao mesmo tempo. Vejam-se os textos "Uma faca só lâmina" (*Duas águas*, 1956), "Poema(s) da cabra", "A palo seco" (*Quaderna*), "O relógio", "O ovo de galinha", "Escritos com o corpo" (*Serial*, 1961), "Os reinos do amarelo" (*A educação pela pedra*);

— a re-aparição de um mesmo motivo em poemas diferentes, demarcando uma poesia voltada para a lógica e "psicologia" de sua composição, em que o eu e o outro são faces reversíveis de uma só realidade – aquela tramada pela figuração textual. Daí que manipular o mesmo, insistir na sua re-construção, seja uma forma de convertê-lo e traduzi-lo em outro. Não se trata, portanto, de uma repetição que se esvazia como realidade, mas o contrário: uma realidade que só adquire sentidos dentro da persistência. Cana-de-açúcar (canavial), rio, Recife, Sevilha, Andaluzia, canto, morte, lâmina, pedra, palavra, pintura, arquitetura, escultura, escrita – não são simples signos de realidades que se repetem, mas figuras remoídas pela linguagem nesse corpo-a-corpo ou trama de um texto com/contra o outro. Espécie de "sim contra o sim" da linguagem, ou de uma oposição não necessariamente pelo contrário e sim pelo mesmo, caminho muito mais difícil porque movido pelo gesto dúplice de investir na contradição e a ela resistir;

— a prática intratextual a construir poemas paralelos e complementares, procedimento que serve como metáfora do fun-

30 MARIA HELOÍSA MARTINS DIAS

cionamento poético ao promover a projeção de dois eixos: o universo específico, vertical, de um poema não existe como intransitividade, e sim projeta-se em outro poema, reaparecendo com novos arranjos. Trata-se de uma construção transitiva, circular: "1 ou 2" / "2 ou 1" intitulam-se as duas partes de "No centenário de Mondrian", por exemplo. Desse modo, a leitura se localiza na intersecção dos dois textos, aprendendo tanto de um quanto de outro, já que produto de contaminações mútuas: "O mar e o canavial" / "O canavial e o mar", "Uma mineira em Brasília" / "Mesma mineira em Brasília", "Coisas de cabeceira, Recife" / "Coisas de cabeceira, Sevilha" e muitos outros poemas de *A educação pela pedra*; "Retrato de andaluza" / "Outro retrato de andaluza", "Habitar uma língua" / "Habitar o flamenco", "El cante hondo" / "Ainda el cante hondo" (*Poesia crítica*).

Aqui ficam algumas pistas de leitura para aqueles que desejam se acercar da poesia de Cabral, sem receios de abordar essa "ouriça" (não por acaso imagem-título de um de seus poemas), talvez a melhor metáfora dessa linguagem, corpo que se eriça e se recolhe, ao mesmo tempo, diante dos olhos espantados do leitor. Seria interessante, mas incabível neste espaço, examinar mais atentamente os procedimentos acima enunciados, fica apenas a sugestão.

Se recuperarmos de Barthes (1977, p.83) a conhecida (e não exclusivamente sua) definição de texto – tecido que se trabalha pela ideia gerativa de um entrelaçamento perpétuo –, teremos em Cabral o exemplo de uma poética ou constructo desse tecido singular. Acontece que, contrariamente ao que afirma Barthes, o sujeito não se desfaz nesse trabalho, não é uma aranha aprisionada nas "secreções construtivas de sua teia", porque é tal a distância criada pela consciência vigilante que ela jamais se entrega ao enredamento: "Ela sabe evitar, / que a enrede seu trabalho, / mesmo se, dela mesma, / o trama, autobiográfico" (Melo Neto, 1979, p.66). Impressionante como a distância crítica com que o eu se posiciona para focar inclusive a si próprio, desmascarando mesmo o "trama autobiográfico", mas o enredando nas malhas da linguagem! É que a prática de examinar constantemente os caminhos de construção de sua poesia, numa arquitetura rigorosa que recopia suas formas, confere ao poeta um amadurecimento capaz de endurecer até a mão com que traça a linguagem. Em "O autógrafo", poema de 1946 e recolhido em *Museu de tudo*, é focalizado esse estado (ma)duro do poeta diante de sua obra:

> Calma ao copiar estes versos
> antigos! A mão já não treme
> nem se inquieta; não é mais a asa
> no voo interrogante do poema.
> A mão já não devora
> tanto papel; nem se refreia
> na letra miúda e desenhada
> com que canalizar sua explosão.
> O tempo do poema não há mais;
> há seu espaço, esta pedra
> indestrutível, imóvel, mesma:
> e ao alcance da memória
> até o desespero, o tédio.
>
> (Melo Neto, 1976, p.87)

Muitos anos depois dessa confissão do "autógrafo" do poeta, essa consciência permanecerá, ainda que se afirme por outros meios. O que sempre encontraremos, ao longo de sua obra, é uma linguagem que se consome até ao extremo, "até sua mais funda caliça", para tecer seu percurso e então reconhecer os limites de tal operação; e poder afirmar que, diante "da realidade, prima", "toda imagem rebenta" ("Uma faca só lamina"). Mas esse reconhecimento do dizer, em luta contra o fazer, é o que converte a possível perda em ganho e confere à sua poesia uma espantosa atualidade.

Para aprender dos textos de João Cabral, frequentá-los, não se pode esquecer que vida e morte se completam no vício que é a poesia, como diz o poeta em "Antiode". Portanto, uma frequentação ativa/criativa do leitor é aquela que não somente estimula a seleção cuidadosa dos poemas, como também açula e põe em risco a capacidade criadora para com eles operar. Sua obra é, com certeza, um incitamento à leitura constante, espécie de pré-texto que se abre à elaboração de outro texto, o do leitor, que é também outro autor "e muitas moelas e moendas de poetas".

Trata-se do registro lúcido de uma poesia que, ao contrário do clichê que reafirma Cabral como "poeta impenetrável", reforça a situação mesma da comunicação, esse trânsito bastante móvel entre poeta e leitor. Só que tal trânsito, e isso sim é perturbador, se faz também de distância e resistência mútuas. Eis a verdadeira aprendizagem, a "educação pela pedra" pela qual é possível penetrar no reino do poético, ou nos "reinos dos amarelos", em um de seus poemas, tradução metafórica dessa passagem.

Se, com Octavio Paz (1974, p.107), entendermos o ato de leitura como tradução, um jogo de analogia, em que *"el lector repite el gesto del poeta: la lectura es una traducción que convierte al poema del poeta en el poema del lector"* como se leitor e poeta não fossem senão *"dos momentos existenciales del lenguaje"*, então nossa tarefa será ousada, porém produtiva e não sem riscos.

Arrisquemos, então, essa construção dialógica entre nós e o poeta Cabral:

A Lição de Pintura

Quadro nenhum está acabado,
disse certo pintor;
se pode sem fim continuá-lo,
primeiro, ao além de outro quadro

que, feito a partir de tal forma,
tem na tela, oculta, uma porta
que dá a um corredor
que leva a outra e a muitas outras

A Lição de Cabral

Poema nenhum está acabado,
disse certo poeta;
continuá-lo, sem fim, eis o que importa,
ir além da porta aberta por outro poema

que, seguindo a forma escrita,
não pousa no papel, antes
persegue em sua marcha aflita
que leva a outras escritas.

(Melo Neto, 1976, p.68)

2
A ARQUITETURA POÉTICA DE "UNS INHOS ENGENHEIROS"[1]

Não é por constituir uma "miscelânea", como o próprio Guimarães Rosa definiu sua *Ave, Palavra* (1970), que essa obra póstuma deva ser relegada a uma *terceira margem* (não a de seu conto) da produção literária do autor. Os textos que a compõem são heterogêneos, assim como sua arrumação não está presa a um traçado ou projeto prévio, mas essa diversidade presente no terreno móvel da escrita instiga o leitor em virtude mesmo da natureza plurissêmica de seu material. E, ainda que os textos não façam parte do espaço privilegiado das *estórias*, primeiras ou outras, e de *Tutaméia*, intensamente avaliadas pela crítica, não se pode desconsiderar o desafio das inquietações que eles trazem quanto à consciência do processo estético de Guimarães Rosa.

Em busca desse desafio é que a leitura do conto "Uns Inhos Engenheiros" parece fundamental. Convém transcrever seu início, para servir de ponto de partida aos comentários acerca dessa intrigante narrativa, que nos desconcerta já com a proposição de seu título.

---

1 Texto publicado na Revista *Letras & Letras*. Uberlândia: Universidade Federal, v.18, n.2, 2002, p.7-17.

34 MARIA HELOÍSA MARTINS DIAS

Onde eu estava ali era um quieto. O ameno âmbito, lugar entre-
-as-guerras e invasto territorinho, fundo de chácara. Várias árvores.
A manhã se-a-si-bela: alvoradas aves. O ar andava, terso, fresco. O
céu – uma blusa. Uma árvore disse quantas flores, outra respondeu
dois pássaros. Esses, limpos. Tão lindos, meigos, quê? Sozinhos
adeuses. E eram o amor em sua forma aérea. Juntos voaram, às ala-
medas frutíferas, voam com uniões e discrepâncias. Indo que mais
iam, voltavam. O mundo é todo encantado. Instante estive lá, por
um evo, atento apenas ao auspício. (Rosa, 1985a, p.54)

O "mundo encantado" de que fala o escritor é, sem dúvida,
aquele que se realiza como texto, leitura do mundo na qual o encantamento é sinônimo de susto. Espaço e linguagem constituem pro-
vocações mútuas, (des)encontros. Encantamento, portanto, que é
simultaneamente revelação e ocultamento, próprias desse espaço
"invasto" da escritura em seu percurso: um devir aberto à circulação das possibilidades de sentido e formas de operação poética.

Se entendermos por escritura a dinâmica de linguagem em que
o fora e o dentro do signo se produzem mutuamente, o referente e
o não referente, o explícito e o implícito, o conhecido e o estranho,
então, no conto de Guimarães Rosa desponta a prática escritural.
Frases como "A manhã se-a-si bela: alvoradas árvores" ou "Indo
que mais iam, voltavam" só podem ser percebidas na diferença
entre o que fala em superfície o sentido e o que o opera em profun-
didade. Porque não se trata simplesmente de caracterizar a manhã,
reconhecendo o traço habitual da beleza, mas de recriá-lo como
outro, estranhando a beleza e retirando-lhe a "naturalidade".

O significante "se-a-si" cria uma mediação curiosa entre o nome
e o adjetivo, justamente porque "complica" a ligação que seria imediata e previsível; mas é preciso que essa essência bela (leia-se: em
si mesma) seja figurativizada ou ganhe espessura na linguagem.
Portanto, o que teria função de mero expletivo (retirável) não pode
ser, porque necessário à construção da imagem. A mesma espessura
se traça no sintagma "alvoradas árvores" (expressão que recupera
outra: "várias árvores"), formas paronomásticas que se contêm em

sua camada sonora para produzir o sentido de abertura da manhã. Da mesma maneira, a focalização do movimento dos pássaros se dá por afirmações que não oferecem diretamente o sentido, antes obrigam a leitura a circular por entre um espaço de significação que deve ser preenchido: "indo que mais iam, voltavam". Nesta sintaxe, tudo se conjuga: profusão dos tempos, proliferação das aves, preenchimentos do espaço, dinamismo e multiplicidade da ação de voar.

Estamos diante de uma linguagem do implícito, mas de modo tal que o ausente se torna presente. Lembremos as observações de Iuri Lotman (1978) sobre o vazio ou a ausência como fundamentais ao funcionamento do texto artístico. São exatamente os "processos-menos" ou o que se subtrai do discurso o que importa à leitura, e é isso que caracteriza a enunciação poética rosiana. É essa falta que percebemos, por exemplo, ao lermos uma frase como "Sozinhos adeuses". Que relações se estabelecem entre as duas palavras? Por que o caráter sintético dessa proposição? Que funções morfossintáticas desempenham os dois termos? Quem se separa e fica só diz adeus, mas aqui não se trata de uma despedida, nem do estar sozinho, simplesmente. Algo a mais se cria nessa situação singular. A solidão dos dois pássaros é compartilhada justamente porque distanciada do resto do mundo, por isso união e separação são gestos simultâneos, aproximados mais ainda pela forma plural e pela sonoridade dos fonemas semelhantes. Portanto, o vazio criado na linguagem, ao mesmo tempo econômica e reticente, torna-se pleno de sentidos por ser elíptico. E aqui estou recuperando a noção do efeito estético colocada por Wolfgang Iser, ao comentar sobre o ato de leitura (1985).

A dinâmica escritural do conto de Guimarães Rosa vai se fazendo de diversos mecanismos e é isso que acentua a multiformidade desse discurso narrativo. No "diálogo" entre as árvores, por exemplo, há uma conjunção de aspectos inusitados nessa "conversação". O fato de serem duas árvores a dialogar inscreve a narrativa numa categoria mítica, ou melhor, fabulesca, universo em que a natureza é personagem real, corporifica-se como ser capaz de atuar e de adquirir *voz* própria. Entretanto, não é o fabulesco natural que o escritor quer resgatar, pois o que se arma entre os dois interlocutores é, na verdade, uma desconversa, marcada pela não codificação, como se cada árvore estivesse apegada ao seu próprio sistema ou a uma lógica própria. Não há correspondência entre o dizer e o responder, até porque a primeira fala é uma pergunta mesclada ao tom exclamativo, uma espécie de constatação suspensa em sua admiração e não desejosa de resposta. Por sua vez, a outra fala "responde" bem mais a seus apelos interiores que à solicitação anterior, como se a "corrigisse" ou a mudasse para outro rumo. O resultado só poderia ser o susto diante desse diálogo do absurdo, expresso pelo "quê?" – signo do espanto, que já não é mais somente das personagens que dialogam (e se estranham), mas também do narrador, imerso nesse "quieto" ou "ameno âmbito" que busca decifrar, como também é um espanto do leitor ideal ou do *leitor-modelo,* como o define Umberto Eco (1979), que não deixa de ser arrastado para esse estranho espaço onde tudo se tece de discrepâncias.

Mas o que poderia corresponder a uma espécie de função fática da linguagem, ou a um não dizer, revela outras intenções. É que a forma como o diálogo vem expresso acaba anulando-o; não são discursos diretos propriamente, pois não há sinais indicadores das falas, estas aparecem fundidas num mesmo espaço discursivo. Enfim, o que se constrói é um mundo que parece se estruturar em moldes pré-lógicos, um mundo em que os seres se identificam, se (con)fundem. Isto é aquilo, flores são pássaros. Um mundo mítico, afinal, que se faz de aproximações analógicas inexplicáveis, urdidas por um "encantamento" inerente, diante do qual a única forma possível de entendimento é o desarme, ou um acolhimento feito de espera e espanto ou, para dizermos como o narrador, é o estar "atento apenas ao auspício". Note-se, neste segmento, o traçado rítmico assegurado pela alternância de sílabas métricas (átona/ tônica) e pela reiteração encadeada da mesma vogal no início das palavras, funcionando como registros concretos de um dizer poético que convoca não apenas as palavras, acordadas em suas forças secretas e sons mágicos, como quer Octavio Paz (1982), mas, principalmente, o receptor (narrador e leitor), chamados para compactuar com essa escritura, (re)produzi-la por meio da leitura.

Pelo conto de Guimarães vão se sucedendo as surpresas de sua construção poético-ficcional, permitindo que se crie uma relação de homologia entre o percurso singular da escritura e o da construção do ninho pelos "inhos engenheiros". Uma "engenharia" construída em dois níveis – o da própria linguagem narrativa e o da situação narrada – ambos caracterizados por um fazer flagrado na autenticidade de seus caminhos e na originalidade do uso de seus materiais. Improviso, arranjo hábil, movimento contínuo, encontro do inesperado, jogo de sons e formas, busca de materiais, experimentação e observação, enfim, táticas que aproximam narrador e pássaros – engenheiros de um objeto que surpreende o olhar. Esse objeto, o "nidifício" (9º parágrafo do conto), se oferece como signo perfeito e inquietante, a funcionar como metáfora do próprio conto, linguagem que se edifica como construção genial, onde abrigo (ninho) e espanto disputam espaço.

No segundo parágrafo do conto, o olhar do narrador passa a focalizar a multiplicidade de pássaros a voar pelo pomar, deslocando-se daquele "invasto territorinho, fundo de chácara" (primeiro parágrafo) onde se encontrava. O múltiplo e o simultâneo se encontram; formas e sons ressoam na revoada flagrada pelo narrador: o signo "gaturamossabiassanhaços" iconiza esse encontro, não só pela justaposição dos elementos como também pela presença do som sibilante aliterativo que reproduz o chilrear coletivo das aves. A percepção do simultâneo se revela também em neologismos, criados para sugerir a plurissignificação incrustada nos signos: "pilucam", "picorar", "frugivorar" sugerem múltiplos atos coexistindo, como tirar o pelo, bicar, comer o fruto, devorar, desfrutar, fruir, entre outros. Afinal, uma concepção extremamente maleável da língua, em que esta se torna aberta para incorporar vários sentidos, "frugivorando" ou devorando antropofagicamente todas as possibilidades semânticas. Acontece, porém, que esses sentidos *não* são ditos, não estão na linguagem senão como imanência, como valores

38 MARIA HELOÍSA MARTINS DIAS

suplementares acrescidos ao texto por uma operação segunda – aquela que lê outras camadas além da transparência visível.

Trabalhar o invisível de modo a concretizar essa invisibilidade é a marca do projeto estético de Guimarães e é também o que singulariza sua escritura, texto que exibe seus "entrepossíveis" com uma minúcia de espantar:

> O sabiazinho imperturbado. Sabiá dos pés de chumbo. Os sanhaços lampejam um entrepossível azul, sacam-se oblíquos do espaço, sempre novos, sempre laivos. O gaturamo é o antes, é seu reflexo sem espelhos, minúscula imensidão, é: minuciosamente indescritível. (Rosa, 1985a, p.54)

Por um processo inverso àquele criado anteriormente, o narrador agora desdobra ou vai projetando em espaços distintos os pássaros antes recolhidos (e encolhidos) naquele substantivo composto citado. É como se agora criasse a imagem mesma da dispersão ou circulação livre das aves pelo pomar. Entretanto, tal focalização se faz pelo inapreensível, dado o caráter insólito da linguagem descritiva, que mais oculta que revela os sentidos. Assim como os pássaros, a linguagem mostra-se esquiva, com uma natureza inapanhável, simultaneamente próxima e distante, dinamizando aspectos inesperados da significação. É impossível compreendermos a projeção dos sanhaços pelo espaço, bem como a descrição do gaturamo, se não nos descondicionarmos das habituais relações semânticas para projetá-las em novas possibilidades contextuais. A imagem de fugacidade e esperteza dos sanhaços, por exemplo, vem construída por uma linguagem que figurativiza esse escapar ou essa obliquidade na própria combinação das palavras ou no eixo sintagmático do discurso, isto é, nesse arranjo impossível de termos que dificulta a decifração imediata. O mesmo acontece com o retrato do gaturamo, pássaro definido insistentemente ("é") como algo que existe e não existe, é imagem sem reflexo ou "reflexo sem espelhos", um minúsculo imenso, presente imperceptível, enfim, um ser "minuciosamente indescritível".

AS DISTINTAS MARGENS DA ESCRITA LITERÁRIA   39

Digamos que a escritura de Guimarães põe em jogo duas categorias fundamentais para construir a realidade ou singularizá-la como *acontecimento* pela linguagem. Por um lado, suspende o sentido, torna-o elíptico ou oblíquo, por meio de construções morfossintáticas desafiadoras, fechadas à fluência comunicativa; por outro lado, movimenta a linguagem de modo a torná-la um corpo sonoro, concreto, perceptível em seu ritmo e suas formas. Nesse segundo caso, parece que se cria na narrativa um dinamismo polifônico capaz de mimetizar o objeto como ser-em-movimento, apanhado em sua existência natural pelo espaço (e pela linguagem):

> Diz-se tlique – e dá-se um se dissipar de voos. Tão enfins, punhado. E mesmo os que vêm a outro esmo, que não o de frugivorar. O tico-tico, no saltitanteio, a safar-se de surpresa em surpresa, o tico-te-tico no levitar preciso. (ibidem, p.54)

O voo dos pássaros se traça como imagem e som conjugados, pois o discurso, em seu funcionamento poético, cria arranjos linguísticos, sonoros e musicais com o intuito de desestabilizar a função habitual dos elementos. A onomatopeia "tlique" aciona uma série de aproximações fônicas e o desenvolvimento de um ritmo especial, como se "ligasse" a linguagem em outra função, levando-a a provocar certos efeitos no receptor. Note-se o processo aliterativo que se desencadeia em "diz-se", "dá-se", "se dissipar"; "mesmo", "esmo"; "tico-tico", "tico-te-tico", "saltitanteio"; "safar-se de surpresa em surpresa". A combinação desconcertante presente na expressão "outro esmo" desfaz a lógica natural para propor outras leituras e questionamentos: os pássaros vêm a esmo, sem propósitos definidos ou com outros propósitos, diferentes dos de outros pássaros? ou eles estariam vindo para outro ermo? Note-se também a carga plurissêmica contida em "enfins", termo que recolhe muitos outros – afins, enfim, fins – instaurando a percepção do múltiplo e do simultâneo.

Em meio ao pulular plural dos pássaros, a ótica do narrador foca um casal que se destaca, ganha "individuação", termo com que

Kenneth Burke (1969, p.58) define o processo poético caracterizador da obra de arte. Trata-se de um novo momento da narrativa, em que o alvo passa a ser a situação de acasalamento e construção do ninho por um casal de pássaros, como nos revela o final do segundo parágrafo do conto: "No entre mil, porém, este par, valeria diferente, vê-se de outra espécie – de rara oscilabilidade e silfidez. Quê? Qual?" (Rosa, 1985a, p.54).

Individuar o objeto significa tomá-lo como específico e singular, porque feito "de outra espécie", com uma natureza que atrai a atenção e instiga o questionamento: "quê? qual?". É como se estas perguntas retomassem o diálogo estranho entre as árvores, apresentadas no início do conto, tornando móvel o foco narrativo, que tanto pode ser do narrador como das árvores por onde circulam as aves. Importa, porém, não definir quem está por trás dessa voz e sim recortar a singularidade dos pássaros que se projetam para o primeiro plano do cenário: "estes têm linguagem entre si, sua aviação singulariza-se" (início do quarto parágrafo).

O trabalho de construção realizado pelas aves se reveste de características semelhantes àquele desenhado pelo narrador na tessitura de sua escrita. A "atenção concêntrica", expressão com que o narrador retrata o trabalho dos pássaros, é análoga à sua: trata-se de uma atenção concentrada, mas ex-cêntrica, isto é, feita de traços específicos, voltados para o seu próprio centro ou modo de ser. Assim como os pássaros – que operam e traçam o ninho atendendo a um ritual de gestos que só eles compreendem porque circunscritos na sua esfera própria, natural – também o narrador constrói um discurso feito de elementos que atendem a um "semantismo interno", expressão de Lotman (1978, p.139), cujo funcionamento só pode ser percebido pelo jogo de inter-relações criadas em seu espaço próprio. Se o lugar em que as aves "nidificam" fica fora do fácil alcance e visão ("escaninho, no engalhe da árvore, sob sombra"), o lugar do discurso narrativo é também inacessível, um não lugar, um deslocamento contínuo para o não alcance do sentido: "Ambos e a alvo ao em ar, afã, e o leviano com que pousam, a amimar o chão – o chãozinho" (Rosa, 1985a, p.55).

As DISTINTAS MARGENS DA ESCRITA LITERÁRIA   41

Trata-se, afinal, de uma linguagem que se oferece como espaço aberto ao inaudito para destruir a automatização, fazendo dessa desestrutura o caminho mesmo da informação. Não uma desestrutura total, no entanto. A partir do "e", que introduz a segunda oração do período, parece que se restabelece uma ordem, o leitor se localiza, o sentido se instaura. Entre o ar em que levitam os pássaros e o chão em que pousam, o discurso traçou um percurso – do não sentido ao sentido, do aéreo ao terreno. E o leitor... bem, parece preferir a segurança do chão, mais ainda, do "chãozinho", diminutivo que o reinstala no familiar. O final do período realmente nos reconforta, pois recupera a possibilidade de entendimento; uma pausa para recobrarmos o fôlego e recomeçarmos a leitura.

A associação entre o trabalho dos pássaros e o do narrador vai se revelando pela prática escritural, pois tanto os pássaros como o narrador são cuidadosos na escolha do material para construírem o objeto: "O mundo é cheio do que se precisa, em migalhificências: felpas, filamentos, flóculos" (ibidem, p.55). Como se vê, o mundo oferece inúmeros elementos para serem trabalhados pelo sujeito criador, mas, tão importante quanto a sua seleção, é a combinação que dispõe esses elementos de modo a criar uma arquitetura especial, original. Eis o papel das "migalhificências" – signo que acolhe a dupla significação de migalhas e magnificência, isto é, a noção de que o magnífico está no miúdo, pois o importante é saber atribuir valor às coisas, mesmo as ínfimas, percebê-las com uma ótica criadora, capaz de vê-las com dimensões contrárias às habituais: o grande está no pequeno, o insignificante no significante. A seguir, o narrador cria o arranjo com as "migalhas" que a linguagem pôde recolher na cadeia sintagmática: "felpas", "filamentos", "flóculos" são sons semelhantes ajuntados ao sabor do sentido.

Esse esforço árduo, insistente, de extrair o máximo do material encontrado está também nos pássaros: "Seu dever é ver, extrair, extricar, içar, levar a lar" (ibidem, p.55). É a escritura a exibir seu processo de fabricação do sentido pela forma. Note-se o curioso encadeamento dos signos, que vão se desdobrando como imagens/sons em espelhos, de modo a criar anagramas. O que caracteriza

42 MARIA HELOÍSA MARTINS DIAS

essa linguagem, existindo como escritura, é o movimento ou o devir, nos termos derridianos, isto é, o constante tecido de rastros, germinando e apagando sentidos infinitamente. Somente acompanhando esse processo gerativo da escritura é que passamos a dar conta dos sentidos propostos pelo conto de Guimarães: "O ninho – que erguem – é néxil, pléxil, difícil" (ibidem, p.56). Não se trata, simplesmente, de uma dificuldade vocabular, resultante do enfrentamento com palavras herméticas e, muitas vezes, inexistentes no código "normal" da língua, como "néxil", por exemplo. Trata-se de entrever possibilidades de sentido e nexos entre os vocábulos para além do conhecido, em que o leitor é convocado a criar uma rede semântica para apanhar essa linguagem marcada pela diferença.

O narrador descreve o ninho construído pelos pássaros como um objeto dotado de características singulares, fruto de um trabalho originalíssimo, admirável e incompreensível, devido à sua natureza intrínseca, só capturável por uma linguagem inominável. O que singulariza o ninho é a imagem de entrelaçamento (= plexo) dos nexos ("néxil"), criados entre os fios tecidos dos diversos materiais que o compõem, enfim, uma difícil conjugação. Não é demais ver nesse ninho caracterizado pelo narrador como "néxil, pléxil", e que nos deixa perplexos, uma possível relação com outra imagem, também resultante desse tecer que nos impressiona por sua arquitetura poética. Trata-se da tela-toldo-manhã, tecida pelos fios de sol dos gritos de galo que vão "se entretendendo" e "se encorpando em tela", como enunciam os versos do poema de João Cabral ("Tecendo a Manhã"). Tanto em Guimarães quanto em Cabral, por mais distintos que sejam seus contextos estéticos, é fundamental a presença de uma tessitura concreta armada na linguagem para falar do mundo, principalmente quando se trata de elementos naturais.

Conceber a linguagem como corpo móvel e maleável, aberto a possibilidades de sentido, criando rastros e os apagando e, com isso, atraindo-nos a esse modo esquivo que nos obriga a percorrer seus vazios e insinuações, é um projeto de escrita que acentua, afinal, sua natureza erótica.

No conto de Guimarães, a sensualidade da linguagem narrativa existe desde o início, se por sensualidade entendemos esse poder de sedução provocado por um corpo textual que nos desafia a compreensão com suas construções e movimentos, entrega e recolha dos sentidos, proliferação de formas inusitadas que desafiam a sintaxe e a semântica. Tanto Saussure – "a escritura é o jogo na linguagem" – quanto Barthes (1977, p.25), para quem o texto "não é senão a lista aberta dos fogos da linguagem", consideram que a escritura tem uma natureza subversiva, irredutível ao funcionamento gramatical e à lógica de sistemas e convenções. Ela é jogo, fogo, desafio, prazer.

A partir do sétimo parágrafo do conto de Guimarães, os traços de sensualidade da linguagem intensificam-se, graças à própria situação focalizada pela narrativa. Há uma aproximação cada vez maior do narrador com o cenário observado, como se sua câmera fosse penetrando na intimidade do ninho construído para focar a relação amorosa do casal de pássaros. Assim, a "estreitez do que armam" circunscreve não só o objeto focado (as aves) como também o olhar indiscreto desse *voyeur* que, desde o início, se posiciona "atento apenas ao auspício".

A narrativa passa a centrar sua linguagem nos movimentos realizados pelos dois pássaros, focalizados alternadamente, o macho e a fêmea, referidos pelos pronomes "ele" e "ela":

> Ele provê os materiais; ela afadigada avia-os, a construtora dita, aos capítulos. Ele traz, ela faz; ele o manda. Ele, cabecinha principal? A irrequietá-la, certo já não avoaça, assíduo. (Rosa, 1985a, p.56)

A movimentação hábil da escritura reproduz mimeticamente o trânsito alternado e inquieto entre os dois pássaros: as frases curtas, pausadas, a imediatez com que cada ser é colocado ao lado do outro, num espaço contíguo, relacional, o ritmo ágil e urgente do discurso – são procedimentos que presentificam o sentido, tornando-o visível. O ir e vir das duas aves, o movimento (des)contínuo que os coloca em confronto, ao mesmo tempo distanciados e unidos, é justamente essa intermitência que é erótica, conforme Barthes (1977, p.11) caracteriza o espaço da escritura: "a da pele que cintila entre duas peças (as calças e a malha); é essa cintilação mesma que seduz, ou ainda: a encenação de um aparecimento-desaparecimento". Entre os pássaros se dá essa encenação, em que o processo sedutor repousa no modo curioso de ele "irrequietá-la" e ser por ela atraído, ambos esquivos e solícitos.

> Às vezes, porém, pára, num fino de ramo se suspende, volatim prebixim – com lequebros e cochilos eventuais: belpraz-se. A mirá--la de reolho, com um trejeitar, ou repausado – tiroliro – biquiabertinho. Ela o insta, o afervoriza, increpa-o. Aí ele vivo se eclipsa. E volta à lida, subsequente ativo, ágil djim, finge-se deparador, vira, vira, bicoca e corre de lado: – Aqui...aqui...aqui... (Rosa, 1985a, p.56)

Impressionante como a escritura de Guimarães põe em cena o erótico, justamente ao suspendê-lo entre duas margens: a atração ou oferecimento ("o insta", "o afervoriza") e a recusa ("increpa-o", "se eclipsa", "corre de lado"). Mas entre o mostrar-se e o ocultar--se há uma outra margem – a da obliquidade, a da entreabertura, mais sensual ainda: "lequebros e cochilos eventuais", "mirá-la de reolho", "biquiabertinho", "finge-se deparador". Não falta a essa dinâmica erótica a componente sonora: "volaim prebixim" (pintassilgo andarilho), "tiroliro", "ágil djim", "tritil, pipilo pífio: um piapo", signos em que as onomatopeias e os neologismos acentuam os efeitos da textura significante. Mais uma vez, narrador e pássaros se aproximam na fabricação do engenho, pois o canto concertado na linguagem recupera o canto das aves. Todavia, ao contrário dos pássaros, a voz criada na escrita incorpora a incerteza, já que "todo tentar de melodia já é um ensaio do indefinido", conforme modula o narrador. Talvez seja por isso que essa melodia encenada na linguagem se apoia em repetições ("vira, vira", "aqui...aqui... aqui..."), como uma insistência que açula a procura, mas não a resolve. Interessante notar, ainda, que o pássaro-macho parece

AS DISTINTAS MARGENS DA ESCRITA LITERÁRIA   45

ficar dividido entre o princípio do prazer e o princípio de realidade, assédio e obrigação ("volta à lida"), fundidos numa ambivalência que acentua os movimentos tensionais do ato de acasalamento.

No parágrafo seguinte, o conto desvela a imagem da interioridade do universo feminino, a fêmea em seu ato de chocar. Ela é focalizada como figura única, momentaneamente, preservada na intimidade do seu gesto, pontuando no cenário e no parágrafo (o macho é abandonado pelo discurso). A constatação "Ela é intrínseca" parece resgatar o sentido convencional (universal?) da beleza da maternidade, ratificando o estereótipo da entrega servil a essa condição sublime: "O que urge, urge-a, cativa de fadária servidão – um dom" Note-se, porém, como a prática verbal, ágil com sua consciência, desfaz o sentido negativo da submissão, ao corrigir o eco desagradável do signo – servi*dão* – colocando outro que melhoraria a rima – *dom* –, estratégia que desloca a estabilidade dos sentidos para renová-los. É que a modernidade do texto de Guimarães não suporta os limites da visão poética amarrada à convenção, por isso a desfigura por meio de um dizer que rompe com esse lirismo "bem comportado" (como diria Manuel Bandeira), comedido ou aprisionado à escravidão do estereótipo: "Ela é muito amanhã, seu em breve ser, mãe até a raiz das penas. Toda mãe se desorbita" (Rosa, 1985, p.56). Assim como a personagem, a linguagem se desorbita, frutifica-se, fazendo proliferarem suas criações sonoras e investindo no aproveitamento gráfico-visual das ações verbais: "Re-pousa-e-voa, sofridulante, o físico aflito, vã, vã". Eis o afã de chocar, da ave e da própria escrita, ao engendrar suas formas significantes, com seu "biquinho tecelão". A imagem do tecer traz como efeito a aproximação com a poesia, esta também fruto de um tecido-parto da linguagem, como o conto enuncia já ao seu final: "Com pouco, estará na poesia: um pós um — o-o-o — no fofo côncavo, para o choco – com o carinho de um colecionador; prolonga um problema" (ibidem, p.57).

Gerar a linguagem é uma prática que deve mergulhar em potencialidades próprias, numa espécie de concavidade, daí a expressão "fofo côncavo" no texto, aludindo a um espaço que se propõe como um desorbitar-se da realidade comum para entrar em outra esfera. Nesta, as coisas se resolvem segundo uma lei própria, um "problema" que se prolonga até o limite do impossível. O poeta (escritor) é um "colecionador" de enigmas; de seu "nidifício" somente ele conhece a engenharia mais interna, mais íntima.

O final do conto investe, com todo fôlego, nessa escritura poética cada vez mais sensual, sonora, sensível, para retratar a cena do acasalamento dos dois pássaros que "simetrizam", segundo o narrador. Simetrização também entre os sons, em aproximações que funcionam, ora como metáfora da relação física – "festa", "se faz a femeazinha" –, ora como jogo lúdico com a palavra – "os outros, os trêfegos aos figos, se avistam acolá, no figogueio, de figuifo".

Ressurge, ao final da narrativa, o canto do pássaro-macho, não mais aquele "piapo" ou piozinho pífio de momentos anteriores, mas um canto que ele entoa "em sua flauta silbisbil", que "sai do mais límpido laringe"; enfim, um canto puro coroando o fazer pleno, o gozo do encontro em que ato e linguagem se conjugam. Tudo "é um alarir, um eloquir, um ironir, um alegrir-se" – sinal de que a escritura fruiu ao máximo suas possibilidades para construir sua sintagmática poética, no dizer de Lotman. É nesta que se aproximam unidades díspares em insólitas combinações, abolindo-se as interdições estabelecidas à língua natural para a revelação de formas lexicais imprevisíveis.

Resultado da narrativa? Um "ironir" armado de consciência.

É nesse sentido que *Ave, Palavra* pode nos interessar: o descompromisso, aparente, com o sentido de obra enquanto um corpo coeso e arrumado como construção aponta para uma multiplicidade de caminhos que não fazem senão reafirmar esse corpo subtraído. É como se os dois elementos propostos pelo título – *ave* e *palavra* – constituíssem ao mesmo tempo um corte e um reatamento, soltura e recolha em relação a um todo. Voo de palavras que se dispersam, mas retornam, com a mesma intensidade com que a ave (universo natural) deixa impressas suas marcas-penas na escrita.

3
ESTÉTICA DE MÁRIO DE ANDRADE:
A LIÇÃO INTRANSITIVA DA LINGUAGEM[1]

Em *Amar, verbo intransitivo*, obra conhecidíssima de Mário de Andrade inicialmente publicada em 1927 (e já adaptada para o cinema por Eduardo Escorel, com seu filme *Lição de amor*, de 1975), há uma passagem que flagra, de modo extremamente singular, a velada relação sexual entre Carlos e Fräulein, protagonistas do "idílio", de viés irônico, criado pelo escritor do modernismo brasileiro. Por mais que já se tenha escrito sobre esse primeiro romance de Mário, autor com uma imensa fortuna crítica, há sempre um ângulo novo que pode ser captado pelo olhar crítico – daí a atualidade desse seu texto que ultrapassa os parâmetros do Modernismo.

A cena, transcrita a seguir, procura descrever o espaço que circunda o foco central – Carlos em seu espaço íntimo a ser visitado pela professora de alemão. Recuperemos o texto:

> Susto. Os temores entram pelas portas fechadas. Chiuiiii... ventinho apreensivo. Grandes olhos espantados de Aldinha e Laurita.

---

1 Versão resultante de dois artigos, um homônimo e outro intitulado "Voltar a *Amar, verbo intransitivo*: a escritura da malandragem", publicados respectivamente em: *Revista de Letras*. São Paulo: Edunesp, v.33, 1994, p.5-16 e *Leopoldianum*. Santos: Universidade Católica, v.68, 1999, p.107-113.

48 MARIA HELOÍSA MARTINS DIAS

Porta bate. Mau agouro?... Não... Plá... Brancos mantos... É ilusão. Não deixe essa porta bater! Que sombras grandes no hol... Por ques? tocaiando nos espelhos, nas janelas. Janelas com vidros fechados... que vazias! Chiuiiii... Olhe o silêncio. Grave. Ninguém o escuta. Existe. Maria Luísa procura, toda ouvidos ao zunzum dos criados. Porque falam tão baixo os criados? Não sabem. Espreitam. Que que espreitam? Esperam. Que que esperam?... Carlos soturno. Esta dorzinha no estômago... O inverno vai chegar...

Ninguém sabe de nada. Se ninguém não escutou nada! Mas a vida está suspensa nesse dia. (Andrade, 1986, p.87)

Se entendermos escritura, seja nos termos barthesianos ou derridianos, como ato de inscrição ou o processo gerativo da linguagem, por meio do qual os sentidos vão sendo construídos pelo gesto duplo de afirmar e retirar seus rastros, movimentando sensualmente a intenção para também apagá-la e, assim, instigando o leitor a mergulhar nesse percurso esquivo do dizer, então não há dúvida de que o texto de Mário exibe uma natureza escritural posta em cena pelo discurso narrativo.

Há diversos aspectos que dinamizam a cena em foco e nos permitem acompanhar não apenas uma situação ético-social, mas principalmente uma "ética" malandra posta na enunciação, que passa a se destacar como realidade em primeiro plano.

O que ganha relevo na passagem transcrita é a simultaneidade e rapidez com que os dados são apresentados ao leitor e a pluralidade de possibilidades entrevistas (entreabertas) pela construção da narrativa. Muito já se falou sobre o simultaneísmo, traço marcante do estilo de Mário, o qual atende ao caráter polifônico de sua escrita e ao seu projeto estético ou concepção de arte. Se a polifonia foi por ele definida (e posta em prática) na *Paulicéia desvairada*, sua primeira obra poética, isto não quer dizer que tal procedimento se restringe a esse espaço textual, porque os impulsos criativos propostos por essa poética emergente no Modernismo pulsam em toda a produção de Mário. O que nos cabe investigar, então, é a maneira como essa criatividade se realiza em contextos específicos, afinando seus modos de operação com funções e sentidos mais internos para gerar determinados efeitos, em consonância com o sentido maior da obra.

No trecho em questão, por exemplo, o polifônico ou concerto múltiplo de vozes e registros tem que ver com a *focalização* da cena, entendendo-se o termo em destaque no sentido duplo: focalização, enquanto projeção concreta dos fatos, singularizados pela linguagem por meio de seus procedimentos de construção, e focalização enquanto tomada do acontecimento pelas posições e vozes do(s) narrador(es) projetadas no discurso. Retrato e projeção.

O flagrante construído, ou melhor, apanhado pela narrativa de Mário caracteriza-se por estar imerso na indefinição, na flutuação de um acontecimento que existe, antes ou muito mais, como fato suspenso do que como consumação. Suspensão que se mimetiza no corte da fluência do discurso, levando-o a se movimentar em frases curtas, elípticas e reticentes. O excesso de pausas e subentendidos não cria apenas a sensação do quadro ou *flash* autônomo, como normalmente é caracterizada a narrativa de Mário, mas principalmente desvela o sentido que está oculto nesse traçado suspenso do processo enunciativo.

O sentido, de fato, construído para o leitor é o que corresponde à imagem-signo do romance, ou seja, a *intransitividade* ligada à experiência do amor. Acontece que o intransitivo, como nos mostra concretamente o discurso, não é ausência de movimento ou falta; ao contrário, é uma intransitividade que recolhe ou potencializa suas possibilidades de movimento e sentido. Intransitividade semântica, mas não da forma, pois se a prática amorosa fica retida na timidez e imaturidade de Carlos, a construção da linguagem se encarrega de mobilizá-la, tornando-a transitiva. Daí os cortes e os vazios criados no discurso – reticências, interrogações não respondidas, afirmações incompletas, exclamações e insinuações – tudo isso são sinais de um movimento que existe para além da aparência ou previsibilidade. Ou melhor, um movimento que existe entre impulsos contrários, como acontecer e não acontecer, desejo e realização, exposição e recolhimento. A relação entre Fräulein e Carlos se dá entre esses espaços ou margens, que passam a adquirir efeitos e desdobramentos interpretativos, quer por parte das próprias personagens, quer pelo leitor.

A frase inicial da passagem citada promove essa abertura de relações, pois o "susto", sensação habilmente colocada sem complemento e seguida de ponto, abre diversas vias de referência, podendo ser atribuída tanto à personagem Carlos, temeroso e inseguro no tocante à sua investida amorosa, quanto às suas irmãs Aldinha e Laurita, ocultas e com medo de serem flagradas em sua atitude de espreita, daí os "olhos espantados", atuando como focos simultaneamente ativos e passivos. E, também outra leitura, o susto ainda pode referir-se aos criados, pelo "zunzum" que desperta a atenção de Maria Luísa. Sem considerar ainda que tal sobressalto pode até mesmo vir do leitor, tragado para esse espaço onde se cria o concerto suspeito entre personagens e posturas. Tal simultaneidade de referências prolonga-se na segunda afirmação do fragmento, na medida em que se "os temores entram saem pelas portas fechadas", isso significa que o medo existe dentro e fora, no trânsito do ato dos protagonistas à sua leitura pelo olhar alheio, ao mesmo tempo reprimindo e libertando o gesto pecaminoso. Em relação a Carlos, por exemplo, fechar-se num espaço de intimidade (seu quarto) para a entrega ao amor não exclui o temor, ao contrário, encerra-o, também, a "portas fechadas" – metáfora da difícil abertura da personagem para a inusitada experiência que está vivendo.

Curioso, também, na cena focalizada pelo narrador que, aliás, atua como instância duvidosa e indefinível, é o processo de transferência de sensações ou estados emocionais a elementos exteriores, como o "ventinho apreensivo", antecedido pela onomatopeia "chiuiiii" – significante em que coexistem o pedido de silêncio (de quem?) e o barulho do vento que se infiltra no espaço. Os ruídos, materializados nas onomatopeias ("Pláaa"...) denunciadoras de uma presença dissimulada, alternam-se com o desejo de silêncio, o qual funciona duplamente: calar para poder ouvir aquilo que se oculta e calar para não ser traído ou desmascarado: "Olhe o silêncio.

Grave. Ninguém o escuta. Existe [...] Ninguém sabe de nada. Se ninguém não escutou nada!"

Sem dúvida, esse jogo com os ruídos e o silêncio acaba por acentuar a componente erótica da cena, tão mais intensa quanto mais suspenso seu funcionamento enquanto fato real.

A habilidade da escritura de Mário se revela no jogo com o foco narrativo, colocado em movimento de modo a não tornar possível o reconhecimento da identidade das vozes. O que o autor parece destacar com essa tática é a construção dialógica do sentido, procedimento que certamente agradaria a Bakhtin analisar. Mas, longe da teorização bakhtiniana, evidentemente, o que Mário constrói em sua ficção é um modo transitivo de discurso, em que o sentido enuncia-se permeado pelas relações entre o que diz e o que fica por dizer, entre o que se insinua e se recolhe, entre a seriedade e o jocoso, uma "dialética da malandragem", como observou Antônio Cândido a propósito da figura picaresca na literatura brasileira.

O dialogismo ou cruzamento de vozes desponta, por exemplo, nos segmentos: "Não deixe essa porta bater! [...] Porque falam tão baixo os criados? Não sabem. Espreitam. Que que espreitam? Esperam. Que que esperam?..." Há um verdadeiro embaralhar das peças desse quebra-cabeça em que se transforma o tecido enunciativo; a espreita, o pressentimento, a espera, o disfarce, gestos que pertencem a todos e a ninguém em específico, por isso se (con)fundem no percurso escritural. Carlos, as meninas, Maria Luísa, os criados, o narrador (onisciente?), todas essas instâncias jogam seus papéis, mais para encobrir do que para revelar os fatos, ou antes, mais para revelarem uma não tomada de posição efetiva diante dos fatos, como se tal mobilização da(s) perspectiva(s) pudesse existir como cúmplice em sua solidariedade com a indecisão de Carlos, encobrindo, assim como ele, a identidade. Por isso, a afirmação no final da passagem – "Ninguém sabe de nada" – funciona, na verdade, como registro do próprio processo dialógico armado entre as vozes enunciadoras não identificadas; não só ninguém sabe do que acontece (ou não acontece), como também ninguém se deixa apanhar nessa enunciação dinâmica e indefinida, em que fala e silenciamento se complementam. Enfim, um modo de operar a escrita em que ninguém sabe de nada, salvo a ótica perspicaz oculta que aciona a máquina do jogo a ser decifrado pela leitura.

Por vezes, o ponto de vista de Carlos se mostra ("Esta dorzinha no estômago..."), mas acaba se diluindo no traçado hesitante da linguagem.

A inusitada focalização do olhar, nessa narrativa, concretiza-se na configuração metafórica presente nos espelhos, janelas e vidros fechados, signos da visão que procura um espaço (real e figurado) onde possa encontrar suporte para a percepção de si mesma. Interessante também notar nessa escrita polifônica que o questionamento ("Por ques?") adquire dimensão concreta, na medida em que a antropomorfização transforma as interrogações em "personagens" que atuam como os outros verdadeiros, "tocaiando" pelos espaços para flagrar algo suspeito.

Como se vê, a multiplicidade de elementos distintos modulados no concerto polifônico da escritura de Mário conjuga imagens, perspectivas, vozes, os vazios-plenos do discurso, e é desse estranho acorde que pode nascer o sentido. *Pode* nascer, mas não nasce de fato. Em toda leitura que fizermos de sua ficção, assim como de sua poesia, é importante considerar essa brecha por onde a significação vai sendo oferecida e sonegada, promovendo o movimento hábil, ágil, sorrateiro, da linguagem. Mário de Andrade valorizou essa abertura da obra, muito antes de Umberto Eco entrar em cena, defendendo-a como característica indispensável à própria concepção de polifonia artística: dinamizar a estrutura, colocando em jogo elementos distintos que contracenam e permutam funções, é, afinal, possibilitar à obra uma construção plurissêmica a ser captada pelo receptor:

O pequeno corredor de que o quarto dela era a última porta dava pra sala central. De lá vinham as flautas e os ticos-ticos. Parava a música. A bulha dos passarinhos arranhava o corredor. De repente fogefugia assustado sem motivo colibri. Plequepleque, pleque... pleque. (Andrade, 1986, p.51)

Esta é a cena do início do romance, momento em que Fräulein chega à casa dos Sousa Costa e se instala em seus aposentos, atenta, porém, aos ruídos exteriores ao quarto. A pluralidade dos sons cortada pelas pausas atua em contraponto com o afunilamento da descrição espacial concretizada na extensão do período inicial do fragmento. Espécie de câmera a caminhar lenta rumo a uma interiorização que de repente amplia seu foco, deslocando-o rápido para flagrar elementos diversos – eis uma técnica cinematográfica que se complementa com o apoio da "sonoplastia", expressa pela onomatopeia final, um "pleque" insistente que parece cortar a cena montada, verdadeira claquete que no estúdio é acionada.

A propósito, o aproveitamento de recursos cinematográficos por Mário de Andrade, especialmente nessa obra e em seus contos, rendeu-lhe efeitos interessantes que já estiveram na mira de muitos estudiosos de sua ficção. Sabe-se o quanto o estilo expressionista foi absorvido pelo autor, tanto pelas estratégias de composição performatizadas na linguagem, quanto por alusões e referências diretas ao movimento alemão, presentes em sua narrativa. Telê Ancona Lopez analisa essa incorporação no seminal prefácio "Uma difícil conjugação", escrito em 1981 e figurando na edição de 1986 de *Amar, verbo intransitivo*. A preferência por cenas soltas ou *flashes*, intensos na sua significação suspensa, corresponde à necessidade de romper com a construção linear ou os nexos lógicos para criar uma *expressão*, entendida esta como "reprodução imediata das visões", no dizer de Lopez (1986, p.13). Desfigurar o contínuo, desdobrando-se os planos em que o conteúdo emocional se projeta, é um procedimento composicional adequado para concretizar as tensões psicológicas, tornando visíveis "as antinomias dilacerantes", segundo Telê Lopez, e a fragmentação das sensações. Verdadeira tensão em movimento, cujas formas vão se construindo, não para esclarecer os sentidos, mas para dotá-los de espessura e densidade.

As aproximações entre o Expressionismo e a narrativa de Mário de Andrade, seja qual for o texto seu tomado para análise, só pode adquirir legitimidade se elas não perderem de vista o efeito de "acomodação" de traços expressionistas ao projeto estético do próprio Mário, portanto, um Expressionismo "deformado", pois amoldado à ótica e à performance criativas de sua escrita (brasileira...), movida por outros impulsos culturais. Questão complexa essa, que conviria discutir melhor em outro momento, mas que merece ao menos o registro, aqui, dessa necessária distância ou mediação a se fazer entre o dado amplo e o âmbito específico em que ele se recontextualiza, singularizando seus traços.

Nesse sentido, é imprescindível considerar o viés irônico (e de feição carnavalizada) que se infiltra permanentemente no *páthos* ou seriedade da expressão dramática da escrita de Mário de Andrade. É o caso de pensarmos, por exemplo, no enunciado-título do romance: "amar, verbo intransitivo" são signos que assinalam uma esfera de tratamento aparentemente impessoal (reforçado pelo infinitivo), como se anunciassem uma matéria a ser ensinada e aprendida objetivamente, de modo racional. Só que a objetividade sugerida deixa de existir em função da quebra da convenção gramatical em relação ao verbo amar. É aí que começam as traquinagens estéticas do autor. Mário, menos expressionista e mais estilista do humor, transforma os padrões da tradição em peças de um jogo que vai desmascarando comicamente os valores por meio do manejo hábil em ir movimentando-os pela escritura.

Os exemplos são numerosos. Um dos que merece destaque aqui, pela afinidade homológica de sua estrutura com a linguagem plástica, é uma das cenas finais de *Amar, verbo intransitivo*, momento em que o "idílio" de Carlos e Fräulein é desmascarado por Sousa Costa, que acaba flagrando o filho. O intuito de dispensar Fräulein, então não mais necessária por já ter cumprido sua "missão educacional", choca-se com a boa fé e integridade de Carlos, perturbado com a atitude tirânica e irônica do pai. A possibilidade de um filho, acenada por Sousa Costa, vem dinamitar o interior mais que revolvido da personagem, e a narrativa figurativiza pela linguagem essa "explosão", concretizando-a no corpo gráfico-visual:

AS DISTINTAS MARGENS DA ESCRITA LITERÁRIA **55**

Saiu.
Um filho...
Um filho.
    Um filho...
        Um... filho?
        Meu Deus! UM FILHO.
Se atira na cama.
        ... um filho...
Horroroso! Não raciocinava, não pensava.
        ...um FILHO... (Andrade, 1986, p.134-135)

O que a linguagem estrutura é a imagem mesma do absurdo tornado concreto, pois a inaceitação do fato pela personagem e o estado de delírio em que mergulha criam uma forma que se faz sob o signo do espanto: o irreal se torna real, a fantasia gera um fruto--filho iconizado pela linguagem. A repetição dos signos "um filho" deslocando-se por diversos lugares do texto, as possibilidades múltiplas de sentido sugeridas pela pontuação variada, a ausência de um suporte sintático para sustentar a fala/pensamento de Carlos, as maiúsculas que eclodem como verdadeiros corpos explodindo em sua autonomia, são procedimentos que asseguram à narrativa seu funcionamento artístico, justamente pela desconstrução do discursivo em favor da projeção do instantâneo em sua dramaticidade. Entretanto, e aí recupero o sentido do humor mesclado à seriedade na ficção de Mário, não é propriamente o dramático que distorce e fragmenta a forma, como na arte expressionista, mas é a perspectiva burlesca, inquieta e espirituosa, que cria a deformação. Tanto é assim que a observação imediatamente a seguir o fragmento-cena acima transcrito revela o espírito zombeteiro do narrador, que pontua: "Nem assombrações amedrontam assim! E Carlos não acredita em assombrações" (ibidem, p.135).

Menos que narrar o fato ou de enunciá-lo como possibilidade, carregando-o em seu *páthos*, a narrativa transforma-o num produto concreto, que se movimenta e se objectualiza diante dos olhos do leitor. O "poder germinativo" do discurso, de que nos fala Roland

Barthes (1974, p.122) para caracterizar a enunciação como ato produtivo de linguagem, encontra, na escritura ficcional de Mário de Andrade, a sua real dimensão – aquela em que "a transmutação do Humor" operada pela linguagem nessa espécie de "explosão floral" é, afinal, o reflexo de "uma metamorfose cega e obstinada, brotada de uma infralinguagem que se elabora no limite da carne e do mundo". O Humor (maiúsculo) de que fala Barthes, relacionado às "profundezas míticas" ou à "mitologia pessoal e secreta do autor", pode assemelhar-se ao humor que encontramos em Mário, não pela componente espirituosa ou cômica, evidentemente, mas pela secreção interna de impulsos pessoais que cabe à linguagem fazer aflorar, encarnando no corpo textual.

Retornando à cena transcrita do romance para comentarmos: mesmo que a ideia do filho seja uma hipótese remota, cruel e ardilosamente armada pelo pai de Carlos, ela acaba se "realizando" nessa performatização encenada pela linguagem, em meio à caracterização algo caricata, burlesca, feita pelo narrador. Interessante notar também que, apesar da presença astuta do narrador nesse momento, a saída estratégica de Sousa Costa de cena e a permanência solitária da personagem fechada em seu próprio conflito parecem delegar a Carlos o "compromisso" de conduzir o relato sob sua ótica, como se só ele pudesse tornar verossímil e convincente a situação imaginada/criada, mesmo à sua revelia. Aproveitando, mas também parodiando, as noções greimasianas acerca do discurso narrativo (1973, 1975), trata-se de um *não querer-fazer* que acaba se tornando um *fazer*, por força das contingências armadas pela trama narrativa. Sofrendo a *manipulação* por parte de outras personagens (o pai, a mestra alemã), que trabalham ironica e competentemente com a in*competência* do rapaz, não resta a este senão ceder à performance caricaturesca do discurso que o enreda em sua intransitividade.

A "lição de amor" ensinada por Mário de Andrade tem uma construção singular, própria, intransitiva, porque reflete a autoconsciência irônica com que a narrativa trabalha os elementos de sua estrutura para ir (des)mascarando as intenções do relato. A intransitividade é, portanto, esse espaço em que a linguagem circula em seus meios operatórios de construção para levar o leitor a fruir a lógica criativa de sua estética. Desse modo, diante dessa aprendizagem construída pelo "idílio" narrativo proposto por Mário, o que desponta é menos o sentimento de fim, próprios de resultados pragmáticos de toda lição, do que uma inquietação a permanecer (intransitiva?) para além da experiência que a iniciou.

Também a lição de amor ensinada por Fräulein a Carlos segue uma estratégia impessoal, intransitiva. O que significa a imagem de intransitividade para aluno e professora, anunciada no título do romance? Do lado de Carlos: a intransitividade é metáfora da recusa ao amor platônico, isto é, do trânsito para uma situação fantasiosa, desprovida dos apelos carnais, terrenos, que ele não dispensa, evidentemente: "Carlos por dentro se riu dos platônicos, tolos! Grelar assim e mais nada!... tolos. Carlos não namorará" (Andrade, 1986, p.145). Como se vê, a aprendizagem deu seus frutos, despertou nele o riso cético em relação às posturas ingênuas de que ele, Carlos, aprendeu a se libertar. Será? A entrega amorosa despertou-lhe o apetite, mas para um só objeto; será esse um caminho maduro?: "Talvez até mesmo nesses momentos ele intransitivamente pedisse qualquer corpo... Porém só tinha prática dum, não amarei mais ninguém!" (ibidem, p.144).

Por outro lado, amar intransitivamente metaforiza o espaço confinado, cercado de muros ou barreiras que dificultam a entrega ao outro: timidez, medo, constrangimento, inexperiência. Por isso, a prática do amor, quando iniciada, resiste à transitividade que busca atender à satisfação de necessidades imediatas, para resguardar sentimentos permanentes, "intransitivos". Do lado de Fräulein: é uma experiência que ela deve reiterar para si mesma, realimentando sua pedagogia amorosa como um *feed-back* às avessas. Não há retorno, porque não lhe é permitido entregar-se por inteiro, afetivamente. Amar, para ela, é verbo sem objeto, ou com um objeto provisório, que só interessa enquanto a lição se faz.

Do lado de Mário de Andrade: a intransitividade sugere a dimensão vertical de sua estética, em que a linguagem, retomando agora a lição barthesiana, "mergulha na lembrança fechada da pessoa, compõe sua opacidade a partir de uma certa experiência da matéria" (Barthes, 1974, p.122-123). Matéria tirada do mundo, é certo, mas que somente graças às potencialidades criativas operadas pela escritura ficcional com sua ótica perturbadora pode fazer aflorar.

E o idílio de Fräulein realmente acaba aqui. O idílio dos dois. O livro está acabado.

Não, não está. Ele estará permanentemente aberto à pluralidade de leituras e releituras.

4
DE OLHO NOS JACINTOS DE CLARICE

"Mistério em São Cristóvão", contido em *Laços de família* (1960), não é um daqueles contos de Clarice Lispector que mais chama a atenção do leitor ou de críticos, pois raramente figura em análises ou trabalhos sobre a obra da autora. As razões podem ser várias, mas as que nos interessam no momento são as relacionadas à natureza do próprio conto e não a fatores implicados na fortuna crítica clariceana.

Trata-se de uma narrativa que, como o próprio título sugere, parece mostrar afinidade com um gênero tradicional – a história de suspense – na qual os acontecimentos e os fios que os vão enredando criam uma motivação necessária, como se o texto pudesse interessar, principalmente, pelo caráter factual que sustenta a expectativa para um permanente "e agora, o que vai acontecer?". Diferentemente, portanto, da maioria dos contos de Clarice, alimentados por outros impulsos e obsessões. Parece (e é preciso sublinhar o estado provisório dessa aparência) estarmos diante de um conto policial que, como alguns "clássicos" do gênero, é pródigo em sua matéria referencial e num cenário previsível onde personagens e ações são focados pela lente manipuladora de um narrador onisciente.

Mas, como a escrita ficcional da autora é sempre surpreendente e nunca pode ser lida na superficialidade, o que aparenta ser deco-

60 MARIA HELOÍSA MARTINS DIAS

dificável por estar marcado pelo nível da factualidade deixa de sê-lo quando o olhar analítico esbarra nas construções estéticas da trama. Afinal, é nesta que o funcionamento poético da linguagem se concretiza e é essa "construção inteiramente artística", lembrando o Tomachevski de "Temática" (1973, p.173-174), que deve fisgar o leitor. Se a fábula é o que se passou, portanto, esvazia-se como interesse, "a trama é como o leitor toma conhecimento" desse passado, dinamizando-o. Os fatos deixam de existir como dado bruto ou realidade primeira para fazerem parte de um processo amplo de semantização que envolve, não os referentes em si mesmos, mas a sua ressignificação graças à sintaxe poética que os coloca em jogo. Um colocar em jogo que possibilita articular os motivos por meio de procedimentos específicos para a construção da trama. Percebê-los como um processo dinâmico, plural e inter-relacional corresponde a um mecanismo semiológico que, evidentemente, Tomachevski ainda não desenvolvia, mas que estava latente em sua teorização sobre narrativa.

Graças à natureza artística do texto, aquilo que poderia parecer transparente e previsível no conto de Clarice não o é, e a simples história de mistério é, na verdade, uma narrativa que vai fazendo despontar sua densidade por meio do olhar refinadamente sensível condutor da escritura que, afinal, desmascara a leveza ilusória.

O conto se inicia com as seguintes palavras: "Numa noite de maio – os jacintos rígidos perto da vidraça – a sala de jantar de uma casa estava iluminada e tranquila" (Lispector, 1982, p.131).

De saída, a afirmação aparentemente sem graves consequências, até pela sensação de tranquilidade que envolve a focalização do espaço, acaba sendo perturbada, estranhada, pela curiosa frase entre travessões. É nela que se concentra nosso olhar. Por que a perturbação? O que há de singular que desacomoda a descrição e a leitura?

Há um nítido corte no período para a colocação da imagem dos jacintos que, do ponto de vista sintático, não mantém vínculo algum com os outros termos do período, o qual conserva o seu sentido, mesmo eliminando-se os termos entre travessões. Mas, e aí é que está a questão crucial, não se pode eliminar de maneira nenhuma essa imagem construída em meio ao período e que o isola em dois segmentos. E não se pode porque há uma intencionalidade estética que rege sua construção, fazendo essa imagem adquirir uma pluralidade de sentidos ao longo da narrativa. A aparição dos jacintos, assim, no início do conto, intrometendo-se de maneira deslocada no período, não é gratuita, ao contrário, assinala uma posição insólita que será mantida no processo narrativo, adquirindo significativas funções.

Lembrando o clássico elenco de figuras retóricas, a expressão em destaque funciona como *anacoluto*, figura de construção que se caracteriza pela natureza desarmônica ou pela desconexão que provoca em relação ao conjunto de que emerge. Acontece que, numa narrativa moderna como a de Clarice Lispector, não é a função tópica da figura que interessa o leitor, pois há uma "retórica" singular tramada pela construção ficcional da escritora em que a figura se adensa de sentidos. E aí sim somos levados a questionar: por que a imagem de desarmonia ou corte sugerida por essa figura logo na abertura da narrativa e que sentido ela passa a ter dentro da sintagmática que move o texto?

O destaque gráfico dos jacintos, iconizado pelos travessões, tem por função, não apenas colocá-los em evidência no seu isolamento em relação ao resto do período, mas principalmente destacar a oposição que se cria entre essa imagem e a da casa em que se reúne a família após o jantar. Entre o espaço exterior, figurativizado na imagem dos "jacintos rígidos perto da vidraça", e o espaço interior, o da casa, preservada em sua imagem "iluminada e tranquila", há uma quebra ou uma não possível harmonia que o anacoluto metaforiza de maneira exemplar. O corte sintático é metáfora de um outro corte – aquele que se realiza em nível semântico. É como se os jacintos constituíssem uma ameaça à tranquilidade da família, oferecendo-se ao mesmo tempo como próximos ("perto da vidraça") e distantes (desvinculados do todo estrutural que a construção sintática sugere), portanto, inofensivos e suspeitos, familiares e desconhecidos, uma ambiguidade que o conto irá explorar em seu desenvolvimento.

E mais ainda: ao figurarem como imagem destacada e suspensa numa esfera própria, os jacintos também funcionam como um objeto-alvo, passível de ser atingido, justamente porque exposto ao olhar, porque flagrante enquanto imagem em evidência. Por outro lado, a qualidade que os caracteriza – "rígidos" – indicia uma espécie de resistência ou defesa, como que refratários a algum ataque.

Aí, sim, o leitor (não aquele que está simplesmente à espera de uma história de suspense) deverá colocar sob suspeita essa aparição da imagem, já que ela desafia a própria linearidade causal dos fatos, perturbando-os ou desacomodando-os de sua estabilidade.

Em nível diegético, o conto não oferece complicação alguma para a leitura recuperar a composição da fábula. Há uma família reunida na sala, após o jantar, entregue a seus hábitos rotineiros e que depois de certo tempo se recolhe para dormir. Pela madrugada, três rapazes mascarados, a caminho de um baile a fantasia, veem os jacintos no jardim da casa e resolvem pegá-los para pôr nas suas roupas. Durante o furto, são surpreendidos pelo olhar de uma mocinha através da janela do quarto que, assustada, dá um grito. Os rapazes afastam-se correndo e a casa toda desperta e se ilumina, com os familiares empreendendo uma busca pelo jardim. Descoberto o sinal de que algo acontecera (encontram a flor quebrada no talo), todos passaram o resto da noite a esperar, tendo a garota se recuperado do susto.

Ora, o mistério presente no conto (e anunciado no título) não está propriamente no enredo ou nessa sequência de fatos pouco surpreendentes, mas no olhar poético que enreda os fatos num tecido (texto) incontornável, porque feito de sobressaltos e suspensões. É aí que reside a força do conto de Clarice, uma força que se insinua a partir da presença insólita dos jacintos logo no início da narrativa. Digamos que esse "motivo livre", segundo a clássica caracterização de Tomachevski, atua com uma liberdade relativa, pois, embora não constitua um acontecimento, seu posicionamento estratégico e função metafórica na narrativa transformam os jacintos em signo fundamental, tanto ao desenvolvimento diegético da fábula, quanto à construção estética da trama.

Nesse sentido, essa primeira e singular aparição das flores no conto antecipa sua importância na narrativa, pois é um motivo que reaparecerá constantemente em momentos-chave do enredo, daí porque o estranhamento na colocação dessa imagem no período funciona como índice, contendo os germens de outros momentos de perturbação. É como se nesse signo, ainda fechado ou não desabrochado no espaço do texto-jardim a ser percorrido pelo olhar decodificador, estivesse se tramando uma florescência que somente a temporalidade da escrita conjugada à leitura do conto podem perceber.

Assim, uma afirmação como: "E, no jardim sufocado de perfume, os jacintos estremeciam imunes", por exemplo, suscita possibilidades de sentido geradas, não apenas pela antropomorfização das flores, mas pela inusitada relação entre o ato de estremecer e o adjetivo que lhe segue ("imunes"). É aí que entra o papel do leitor em buscar captar esse dizer interdito, que ao mesmo tempo expõe e recolhe o sentido. Assim como os jacintos, nossa posição é delicada, simultaneamente seduzidos e inseguros quanto à busca de razões para tal presença da imagem, restando-nos apenas a inquietação das perguntas: a quê os jacintos estão imunes? sua imunidade pode ser comparável, por um processo metonímico, à da casa e, portanto, à da família que nela se abriga?

O estremecimento das flores é sinal de que a naturalidade (tranquilidade) de seu espaço próprio ou *habitat* pode estar ameaçada, daí tal ato ser uma metáfora de desconforto ou pressentimento de uma possível alteração.

Por outro lado, o estar "sufocado de perfume" não aponta somente para a sensação olfativa agradável provocada pelos jacintos, mas indicia um estado disfórico em que a sufocação deixa de ser prazer para se transformar em ameaça, opressão, um sufocamento metafórico exercido pelo lar burguês. O excesso de perfume é, afinal, uma condição para que o insuportável aflore. Desse modo, o que o conto de Clarice vai mobilizando, nessa descrição espacial aparentemente marcada pelo descompromisso de seus traços, é um jogo tensivo em que familiaridade e estranhamento coabitam no espaço da escritura.

O poético, enquanto olhar singularizador que foca e movimenta a imagem dos jacintos, instaura-se a partir de várias relações. Uma delas é a tensão dialética entre a imobilidade das flores e a movimentação nervosa dos personagens mascarados para roubá-las, o que reforça o jogo de reflexos invertidos, na medida em que tais aspectos acabam criando uma reversibilidade ou um intercâmbio de sentidos entre o animado e o inanimado. Desse modo, se a imunidade e estaticidade dos jacintos é provisória, precária ("estremeciam imunes"), os movimentos dos quatro rapazes se "congelam" ou se encolhem, já que flagrados por um foco, o olhar da moça na vidraça, que os imobiliza. Entre as flores e os rapazes cria-se, assim, um círculo de correspondências graças ao jogo dialético instaurado: se os jacintos se antropomorfizam, pelas características humanas que recebem, atuando como seres ou vítimas de ataque, os rapazes se coisificam, reduzidos à ação grosseira do furto e acuados no enfrentamento com o objeto (e com o olhar). A essa altura, é impossível não ver os jacintos como verdadeiros personagens, protagonistas que, longe de apenas comporem um cenário, existem como actantes de uma situação manipuladora na qual é difícil precisar a quem cabe a competência. Seja de quem for, e é essa imprecisão que nos interessa no conto, está deflagrado o impulso viabilizador das tensões que vão se multiplicando na enunciação narrativa: virtualidade x atualização, tranquilidade x perturbação, fragilidade x resistência, ousadia x recuo, automatismo x desautomatismo.

O recorte em meio ao qual aparecem os jacintos, como se emoldurados num espaço onde passam a ganhar especial configuração e sentidos, não é senão a focagem singular do objeto. Um (re)corte até mesmo em nível estrutural, como analisamos, que opera uma desestabilização do período, desautomatizando suas relações sintáticas para fazer o sintagma existir como um corpo estranho. Um corpo, aliás, que serve de impulso para serem testados os hábitos condicionados ou o cotidiano, não somente do leitor, mas também da família interna à fábula. Não é por acaso a constante caracterização que os jacintos recebem – "estremecem" –, metáfora dessa necessária inquietação ou inconformismo como caminhos possíveis

AS DISTINTAS MARGENS DA ESCRITA LITERÁRIA 65

para o abalo dos automatismos alienantes. Assim, quando é focalizado o momento de recolhimento da menina, o qual antecede o episódio do furto, o texto nos oferece esta passagem: "Perturbada pela umidade cheirosa, deitou-se prometendo-se para o dia seguinte uma atitude inteiramente nova que abalasse os jacintos e fizesse as frutas estremecerem nos ramos – no meio de sua meditação adormeceu" (Lispector, 1982, p.132).

Novamente, estamos diante de uma construção insólita, de natureza tensiva: a perturbação sentida pela menina é simultaneamente eufórica e disfórica, pois motivada por um querer-fazer em que se conjugam o desejo pelo novo ou desconhecido e o t(r)emor de enfrentá-lo. Ainda nesse contexto, ressalte-se a conotação erótica sugerida pela "umidade cheirosa" que penetra o corpo e o imaginário da menina, estimulando-a à promessa de uma atitude nova capaz de abalar até mesmo as flores. Enfim, desconcertar o espaço da casa, externo e interno.

Desse modo, a sensação de desconcerto, estrategicamente criada pelo anacoluto no período inaugural do conto, figurativiza a necessidade de desconcertar a falsa harmonia de um lar burguês. Nas palavras do narrador: "o progresso naquela família era frágil produto de muitos cuidados e de algumas mentiras" (ibidem, p.137). Como em todo ambiente onde impera a ética da ordem e do decoro forç(j)ados, o daquela família repete o clichê e, portanto, apresenta um progresso frágil, passível de ser quebrado como o talo de uma flor... Os jacintos surgem, então, como um elemento capaz de agilizar esse lento e frágil progresso familiar, oferecendo-se como signo desafiador, falsamente instalado e harmonizado no espaço da casa.

Procedimento constante na ficção de Clarice Lispector, a presença de elementos acionadores de visões epifânicas já foi objeto de muitos ensaios, por mais variado que seja o viés crítico de suas abordagens. Mas o que cumpre investigar não é o artifício genérico da epifania, e sim as diferentes configurações dessas epifanias, que adquirem resoluções estéticas específicas em cada conto, dada a singularidade dos efeitos de sentido por elas engendrados. No caso do conto em questão, o impacto provocado pelo contato com o objeto tem como efeito sacudir o sujeito para a percepção de um novo quadro, ou seja, retirá-lo de um contexto conhecido que só reafirma posições consagradas.

É preciso, portanto, criar sobressaltos, o que se concretiza não nos acontecimentos em si mesmos, mas na forma de flagrá-los pela linguagem. No conto, certamente o mais significativo desses momentos é o encontro suspenso dos olhares no momento do furto da flor:

> O galo imobilizara-se no gesto de quebrar o jacinto. O touro quedara-se de mãos ainda erguidas. O cavaleiro, exangue sob a máscara, rejuvenescera até encontrar a infância e o horror. O rosto atrás da janela olhava. [...] Os jacintos cada vez mais brancos na escuridão. Paralisados, eles se espiavam. (ibidem, p.134)

Mesmo atentos ao contexto maior que legitima os referentes para entendermos essa curiosa descrição cênica (sabemos, pela diegese, que são homens fantasiados em ação), ainda assim o surpreendente toma conta de nós. É como se esquecêssemos, por um instante, a real identidade por trás das fantasias e dos gestos para compartilharmos, nesse momento, com o insólito dessas máscaras que a linguagem se encarrega de pôr na focalização das personagens em cena: galo, touro, cavaleiro, jacintos são seres que se desreferencializam para atuar como signos de uma enunciação que dramatiza a sua própria transfiguração.

O efeito de tal dramatização é o círculo de correspondências instaurado pelo gesto de espiar, graças à reflexividade sugerida pelo pronome *se* e à simultaneidade dos sujeitos flagrados no momento da "paralisia" do olhar.

Momento essencialmente epifânico, em que o gesto banal e grosseiro é captado por uma intensa percepção capaz de suspendê-lo e singularizá-lo em sua iminência e, portanto, elevá-lo como *fato* estético. O não acontecimento real, no nível da fábula, e o *acontecimento* recolhido pela linguagem, em sua trama artística, coexistem. Mas desse não acontecimento é que brota a revelação: a visão espantada da menina é a descoberta da precariedade das coisas, da vulnerabilidade da existência humana quando apegada a valores excessivos de estabilidade; é a percepção de que "fora saltada a natureza das coisas". (ibidem, p.134). Salto necessário, portanto, já que desequilibra a normalidade e a previsibilidade castradoras dos impulsos individuais reinantes na casa. Foi preciso saltar aquele progresso linear e falsamente inabalável. O roubo dos jacintos permite trazer à luz (literalmente: "Foi quando a grande lua de maio apareceu"), ou concretiza para a mocinha, aquilo que está calcado no inconsciente – o desejo de transgressão – e que, através do gesto rebelde dos rapazes, torna-se manifesto, visível. Uma rebeldia insinuada logo de saída, quando esbarramos na imagem dos jacintos – expressão que desafia o conformismo aos moldes da sintaxe e da semântica.

Interessante observar que o corte inicial, sugerido pela figura do anacoluto ao focalizar os jacintos, irá ser retomado já ao final do conto, mas agora não mais como uma quebra em nível sintático-semântico e sim como quebra da própria imagem, literalmente cortada pelos mascarados que tentam roubá-la: "Finalmente a velha, boa conhecedora dos canteiros, apontou o único sinal visível no jardim que se esquivava: o jacinto ainda vivo quebrado no talo..." (ibidem, p.136).

Se na frase inicial do conto, os jacintos figuram como imagem inteira (intocada), embora destacados do conjunto do período (e da harmonia da casa), no final da narrativa eles aparecem quebrados, mas não retirados do espaço em que estão instalados, já que "vivos" e preservados "no jardim que se esquivava" do assalto. É como se a rebeldia dos mascarados não pudesse fazer frente à "rebeldia" dos jacintos (e também da família?), afinal resistentes e firmes em sua posição habitual, infensos à violação. O abalo (das flores e da família), por fim, não fora tão profundo para levar a mudanças radicais. Parece predominar, ainda, apesar do abalo momentâneo, a força da tradição alicerçada no saber: a velha lá está, com seu dedo acusador, para denunciar o delito e assegurar a paz familiar.

É interessante também observar em "Mistério em São Cristóvão" o jogo criado entre a *iluminação* literal (a descoberta da verdade em nível factual e referencial) e a figurada (a verdade enquanto percepção ou fato construído pelo funcionamento poético do discurso narrativo). Após o grito da menina, assustada ao ver os quatro vultos no jardim, "a casa dos jacintos iluminara-se toda" (ibidem, p.136) e todos partem para uma expedição pelo jardim para averiguação. Entretanto, há uma diferença entre o que a família descobre e o que a mocinha vê: entre a atitude pragmática dos pais e avó, que precisam examinar concretamente o espaço para constatar o fato ("Então era verdade: alguma coisa sucedera", ibidem, p.136), e a mocinha, que fora deixada sentada repousando e a olhar em direção à janela, a diferença está em que, para esta personagem, a "verdade" já aparecera, vivida intensamente pelo não acontecer, no momento de suspensão da realidade cotidiana para que outra realidade se oferecesse a seu olhar assombrado: "Um galo, um touro, o demônio e um rosto de moça haviam desatado a maravilha do jardim..." (ibidem, p.135). E o que ela vê não é o fato acontecendo, pouco importa o furto, mas as ressonâncias ou os efeitos provocados por ele; o que ela vê é a iminência de uma violação, tanto mais intensa porque prolongada pelo interdito e pela contenção do espanto. O que ela vê é que entre os seres fantasiados há um personagem mais perigoso que os outros, "um demônio" (o cavaleiro), que representa a tentação do desejo que a faz vislumbrar o espaço paradisíaco, a maravilha do jardim, finalmente desatado.

É, sem dúvida, no jogo cruzado de olhares entre os personagens que está o clímax do conto, justamente porque revelador de uma verdade que só pode existir por não ser totalmente descoberta, que só pode existir como coisa que se esquiva, assim como os rapazes mascarados que fogem da casa. É mais ou menos como Orfeu, ao olhar para trás e ver apenas a sombra de Eurídice e a escuridão; o que ele vê é o invisível e o impossível. Também a mocinha do conto de Clarice enfrenta a noite, o mistério e o interdito; mas ao gritar e retornar à luz, o cotidiano a protege e a "salva", reinstalando-a no progresso frágil e falso da família acomodada em suas verdades burguesas. Orfeu não; nada o salva, nem ninguém, pois seu gesto constitui sua perdição e sua morte. A visão que perturba a personagem clariceana é a do impossível tornado possível, uma experiência órfica, mas ligada ao plano da realidade cotidiana. O que aparece na noite e aterroriza a menina não é propriamente a imagem do absurdo (os mascarados com fantasias roubando a flor do jardim), mas o que esse absurdo permite descobrir no próprio real: uma vida abafada pela lógica familiar que não permite brechas nem ousadias. Trata-se do confronto com o invisível que se oferece como "o que não se pode deixar de ver", como se "o 'fantasma' est[ivesse] lá para desviar e apaziguar o fantasma da noite", como diz Maurice Blanchot (1987, p.163). É a noite que possibilita à personagem ver os "fantasmas" como signos reais, pois a desacomodam de sua apatia burguesa do falso conforto. Ela não crê ver fantasmas, ao contrário do que diz Blanchot; ela os vê de fato como realidade a ser enfrentada pela consciência.

Diferentemente da família, o olhar da menina levou-a a uma aprendizagem, amadurecendo-lhe a percepção do mundo, o que fez com que "aos poucos recuper[asse] sua verdadeira idade" (Lispector, 1982, p.136). À família nada resta senão retornar ao que sempre existiu, pois "tudo se desfez e teve que refazer quase do princípio" (ibidem, p.137), cada qual apegado às mesmas atitudes rotineiras e a casa à espera de um novo clima de prosperidade e segurança, após um outro jantar. Todos, menos a menina e os jacintos; estes foram assaltados em sua intimidade mais preciosa, por isso algo se quebrara, na flor e na menina, abalando a sua natureza essencial.

Como se vê, a narrativa de Clarice Lispector sempre nos surpreende, mesmo aquela que promete nos conduzir pelo caminho do previsível ou das referências explícitas. Mas "Mistério em São Cristóvão" é um conto que descarta essa facilidade, convidando o leitor a penetrar numa outra dimensão de mistério – aquele que a linguagem adensa e não resolve, por mais afiadas e limpas que estejam as lentes do narrador para focar e decifrar os enigmas.

Assim como os jacintos, estremecemos imunes a princípio, mas depois nos tornamos vulneráveis ao assédio da própria ficção.

5
O PERCURSO ENUNCIATIVO DA IMAGEM EM *ANGÚSTIA*

É conhecido do leitor o processo obsessivo com que o personagem-narrador Luís da Silva foca as suas relações com o real e a sua interioridade em *Angústia*, romance de Graciliano Ramos publicado em 1936. Entretanto, aproximemos mais o olhar dessa focagem para dela retirarmos novos sentidos.

"Tenho a impressão de que uma objetiva me pegou, num instantâneo" (Ramos, 1979, p.22) – eis uma observação que deflagra um movimento a ser constantemente traçado ao longo dessa narrativa ficcional. Sentir-se apanhado por uma lente poderosa, quer seja acionada pelo meio exterior, quer por seu próprio dispositivo perceptivo-sensorial para ampliar a vulnerabilidade de sua condição, é o que vai engendrando o percurso narrativo ou a trama da escrita. Ao colocar-se como alvo do foco, impulsionado por uma autoanálise compulsiva, promove o deflagrar de outra focagem: aquela que o leitor realiza para tentar capturar esse conflituoso personagem de Graciliano Ramos.

Câmera/olhar, fixação pela imagem, instantaneidade x lentidão, desejo de flagrar um objeto que escapa, focagem do próprio vazio, imersão no fluxo delirante de imagens – todos esses elementos compõem um texto marcado pela autorreflexividade, intensificada pela necessidade constante de deciframento das tensões

72   MARIA HELOÍSA MARTINS DIAS

vividas pelo sujeito. Em *Angústia*, reflexão e reflexo se entretecem como construção, na medida em que, para o eu-narrador, enfrentar os signos opressores da realidade social implica projetá-los como imagens concretas, tornando-as visíveis como objeto de procedimentos artísticos realizados pela linguagem e, ao mesmo tempo, projetar essas marcas no espaço interior da consciência onde são redimensionadas pelo poder racionalizador do pensamento. É isso que faz desse romance de Graciliano um universo a oferecer sua natureza dúplice. Por um lado, espaço fechado em si mesmo, existência que se abisma nas contradições do percurso introspectivo do sujeito; por outro, espaço que se abre ao máximo para dar concretude às imagens obsessivas, presentes e passadas, com que o eu se defronta.

Mesmo que centrado na personagem, cujo existencialismo reflete um incômodo e nauseante estar-no-mundo, o romance de Graciliano não pode ser reduzido à visão conformada aos moldes realistas, que o transformaria em espelho transparente para projetar a realidade social. Pelo contrário, é a existência densa e refratária da narrativa que ganha espessura, ao ir configurando, em seu corpo-a--corpo textual, estados contraditórios, fragmentações, ritmos, projeções imagéticas, fixações compulsivas.

A questão a se considerar é que, se o termo-chave *angústia*, não por acaso título da obra, enuncia uma ficção que acompanha a degradação sociopsíquica do sujeito narrador, tal imediatismo não ilude o leitor mais atento: o que conta, na verdade, é a verticalidade de uma escrita que incorpora em seu tecido narrativo o processo de autoconhecimento como busca ou leitura dos nós problemáticos tramados pela linguagem. Angústia mais da escrita que do sujeito, tão apegada quanto este às suas motivações internas para desenredar os fios de sua construção. Escrita labiríntica, em que o percurso do dizer é uma necessidade muito mais urgente do que a chegada ao alvo, seja ele Marina ou Julião Tavares, protagonistas do romance.

Luís da Silva faz a linguagem narrativa oscilar entre o apego a impulsos delirantes do pensamento (evocação do passado para exorcizá-lo e racionalizações para justificar atos imaginados) e a

AS DISTINTAS MARGENS DA ESCRITA LITERÁRIA   73

atenção à realidade presente (exacerbação de sensações visuais e auditivas). O motivo básico que engendra a trama dramática é o sentimento de impotência do sujeito diante de seres que escapam ao seu domínio e por isso o amedrontam. Assim, os defuntos do passado, que o discurso desenterra permanentemente, o bando de vermes-pessoas do meio social, Marina (a "ratuína"), Julião Tavares, a "coisa gorda e mole" transformada em "balão colorido" que o personagem manipula com asco em seu relato – todos esses seres tornam-se espessos e pesam devido à agressão ou violência que exercem sobre Luís da Silva.

Marina, objeto do desejo de Luís da Silva, e Julião Tavares, obstáculo que interdita a posse desse objeto, são as duas personagens centrais que desafiam a competência do eu-narrador, o qual se vê instigado a ruminar táticas de manipulação para vencê-los. Na verdade, não se trata da simples oposição representada pelo jogo atração por um x repulsa pelo outro, porque tanto a figura feminina quanto o rival despertam em Luís da Silva o sentimento ambíguo de amor e ódio, movimentando no personagem as pulsões de vida e morte com igual intensidade. Mas na trama semiológica em que o narrador se vê enredado, o querer-fazer ocupa a maior parte do espaço da enunciação, inibindo o fazer, que acaba se reduzindo à esfera do imaginário. Digamos que a competência do personagem-narrador só se mostra, afinal, na arquitetura engenhosa (e patológica) dos seus procedimentos e instrumentos de atuação, em que esta fica suspensa na iminência intensamente degustada pelo sujeito. Desse modo, os resultados efetivos da manipulação – obter Marina e matar Julião Tavares – não existem a não ser como préfiguração arquitetada pelo desejo ou querer, concretizado em processos de construção artística da linguagem.

É no discurso narrativo que a posse dos objetos desejados se consuma, figurativizada na movimentação da escrita: hiatos, superposição de fatos e imagens, deformações, projeção hiperbólica do insignificante, são procedimentos que reproduzem o movimento ambivalente do eu-narrador em relação ao meio social, afastamento e aproximação, inserção e desligamento. Ou seja: lançar os mundos

74 MARIA HELOÍSA MARTINS DIAS

visível e invisível numa constante troca de formas e papéis é a operação realizada pela linguagem para subverter o mundo indigesto. Assim, o real se cobre de sombras ou se desfigura e o imaginário conforma-se a contornos nítidos, corporificando-se cada vez mais como acontecimento. Trata-se, afinal, de dois mecanismos de intervenção plástico-deformadora no real, como as passagens abaixo põem em evidência:

> Das visões que me perseguiam naquelas noites compridas umas sombras permanecem, sombras que se misturam à realidade e me produzem calafrios. (Ramos, 1979, p.7)

> Essas sombras se arrastam com lentidão viscosa, misturando-se, formando um novelo confuso. (ibidem, p.9)

> Lia desatento, e as letras esmoreciam na sombra que a mangueira estirava sobre o quintal. (ibidem, p.31)

> Pela porta da cozinha via-se na parede a sombra da cabeça de Vitória, enorme, por cima da sombra do jornal. (ibidem, p.41)

São sombras que não apenas reiteram, na sintagmática narrativa, a opacidade do cotidiano angustiante de Luís da Silva, mas também atuam como metáfora da figura indesejável, sombria, que deverá ser eliminada, apagada da sua existência, ao final do romance. Sombras como signos que assomam (e assombram) na escrita e nela permanecem.

Logo no início da narrativa, essa permanência se concretiza, porém associada à atitude lúdica do narrador em ir riscando palavras e desenhos para formar combinações e traçar rabiscos, aparentemente ao acaso. Há, entretanto, um propósito, o de decompor o nome Marina que passa a funcionar como um plurissigno, ao se desdobrar em outros: "ar, mar, rima, arma, ira, amar" (ibidem, p.8). E o jogo inventado pelo personagem se repete mais adiante na narrativa, com a introdução de outro signo, "ria", e a exclusão do "amar": "ar, mar, ria, arma, ira". Ao contrário, porém, de ser um "passatempo estúpido", como o próprio personagem diz, sua brincadeira com a matéria verbal, entrelaçando-a ao visual, compõe uma linguagem que a narrativa irá oferecendo à decifração em seu percurso: "Quando não consigo formar combinações novas, traço rabiscos que representam uma espada, uma lira, uma cabeça de mulher e outros disparates" (ibidem, p.20).

Ora, se aparentemente o jogo anagramático e o imagético contam com o gratuito ou caótico, como confessa o narrador, tal gratuidade será desmentida pela narrativa, já que tais signos existem como peças de um quebra-cabeça que vai ser recomposto. Fragmentar o signo Marina para formar outros é, antes de mais nada, romper com a imagem de integridade que essa mulher poderia representar, como se Marina só existisse aos olhos de Luís da Silva enquanto corpo violado, subtraído, quebrado, pois distante sexual e socialmente de seu desejo. Por outro lado, os anagramas formados pela prática verbal realizada pelo narrador, para além da ruptura com o nome de que se originam, são índices de uma composição na qual eles irão receber novos sentidos. Portanto, são significantes que significam duplamente: em si mesmos, enquanto elementos pontuais, desconectados no aparente improviso com que comparecem nesse momento na narrativa, e num contexto maior que a narrativa vai construir, graças a seu processo de semantização, em que *ira, amar* e *arma* ligados a *Marina* compõem a trama central.

Há, porém, outro alvo a ser atingido: "engrosso as linhas, suprimo as curvas, até que deixo no papel alguns borrões compridos, umas tarjas muito pretas" (ibidem, p.9). Nesse desenho-texto criado pelo narrador, as linhas grossas, os borrões e tarjas pretas pré-figuram a morte, mas ao mesmo tempo que esta é indiciada, antessaboreada como fato, a linguagem também se encarrega de borrá-la, fazendo-a existir nesse adiamento ou suspensão. Qual é, afinal, o objeto de luto por parte do narrador? Não é demais vermos nesse ato de suprimir as curvas o desejo inconfesso de eliminar o feminino que o seduz e o atormenta, identificado confusamente com sexualidade e morte. Latente em sua escrita, o eu de "engrosso as linhas" está indiciando que não é apenas desenho aquilo com que brinca, mas as linhas de uma escrita que se vai adensando, engrossando as tensões de uma grafia, fora e dentro de si mesmo.

Outro procedimento que ilustra a prática custosa de leitura de seu mundo interior encenada pelo personagem-narrador é o jogo tensivo entre a abertura e possível entrega à imagem que se oferece e a resistência em fruí-la, adiando o prazer. Um dos momentos dessa tática masoquista transparece na cena da primeira visão que Luís da Silva tem de Marina. O prazer do narrador em degustar a aparição da moça no quintal é tão intenso quanto o prazer de sua escrita em trazer a cena para a linguagem. Marina é uma figura que se oferece negaceando, aproximando-se lentamente do campo de observação de Luís da Silva que, entorpecido, tem uma visão do objeto marcada pelo jogo proximidade x afastamento do corpo:

> Um riso semelhante a um cochicho. Curvava-se para a frente: a cintura fina sumia-se, os quadris aumentavam. [...] Um passo, outro passo. As ancas morriam, agora eram as coxas grossas. Outro passo: [...] E a perna cheia ia adelgaçando até findar num jarrete fino encastoado no tacão vermelho do sapato. [...] O cochicho risonho afastava-se. [...] Os tacões vermelhos viravam-se para o outro lado. As biqueiras surgiam e avançavam. (ibidem, p.56)

Nessa descrição do mecanismo de sedução da personagem, movimentando-se hábil entre exposição e recolhimento, malícia e ingenuidade, embaralham-se os planos do irreal e do real, em que incitação e excitação desempenham papel fundamental. Assim, os ruídos são mais imaginados que sentidos ("chegavam-me aos ouvidos como o chiar de um rato"), a mulher é coisificada e objeto de uma desfiguração de corte surrealista, conforme aparecerá em outro momento da narrativa, em que Marina é vista, pelo olhar alucinado de Luís da Silva, serrada ao meio, com a parte inferior do corpo a mexer-se como rabo de lagartixa cortado. Ainda que toda uma sexualidade envolva a relação entre sujeito e objeto ("O rato roía-me por dentro. Senti cheiro de carne assada. Não, cheiro de fêmea..."), ela existe nos interstícios da linguagem, nesse espaço intervalar onde pulsa o desejo, mas não sua consumação – o avanço do corpo e seu recuo, aparecendo e sumindo do alcance da visão, aguçam o *voyeurismo* desse narrador situado à distância, porém, saboreando o negaceio da personagem. É uma dinâmica que desafia o sujeito, porque o desarma; lá onde é mais esperado o objeto não está, ele é instável e volúvel. Um passo, outro passo, mas onde está o corpo inteiro? Segundo a visão do narrador, Marina é uma "cabra" que pula os canteiros e os assuntos com a mesma desenvoltura. L(h)abilidade malandra da personagem e uma linguagem não menos hábil para retratá-la.

Assim como Marina, o narrador Luís da Silva também pula de uma imagem a outra, criando analogias e operando transposições na contiguidade do processo narrativo. Do mesmo modo com que a personagem prolonga masoquisticamente seu prazer para se apossar do objeto que lhe escapa, o sentimento de prazer que nutre pelo sofrimento alheio não atinge diretamente o objeto e sim apega-se a uma espécie de degustação paulatina em relação a ele. É o caso de cenas evocadas da infância, quando de sua aprendizagem de natação, por meio de imagens que servem de impulso para uma série de substituições até chegar em Marina, verdadeiro alvo do narrador adulto:

> [...] meu pai me levava para ali, segurava-me um braço e atirava-me num lugar fundo. Puxava-me para cima e deixava-me respirar um instante. Em seguida repetia a tortura. [...] Mais tarde, na escola de Mestre Antônio Justino, li a história de um pintor e de um cachorro que morria afogado. [...] Sempre imaginei o pintor com a cara de Camilo Pereira da Silva e o cachorro parecia-se comigo. Se eu pudesse fazer o mesmo com Marina, afogá-la devagar, trazendo-a para a superfície quando ela estivesse perdendo o fôlego, prolongar o suplício um dia inteiro... (ibidem, p.15)

No entanto, certamente, é o olhar para si mesmo que sanciona ao narrador as mais intensas estratégias de construção de seu universo subjetivo. Subjetividade dilacerada e deformada pelas corrosões que o convívio social provocou em seu interior, Luísa da Silva só pode projetar de si mesmo uma imagem danificada. Nesse sentido, ele é um Narciso pelo avesso: não se desgruda da autoimagem, projeta-a em tudo, mas o outro que vê a partir de si mesmo só existe como reflexo deformado do próprio eu. No dizer de Genétte (1972, p.19 e 21), "o Outro é um estado paradoxal do Mesmo" e paroxístico, acrescentaríamos. Daqui à alucinação e à loucura, há só mais um passo (ou movimento do olhar...): "O 'eu' desperto parece tão fantástico e monstruoso quanto o 'eu' do sonho e a existência inteira é afetada por essa espécie de ambiguidade reversível".

É nessa reversibilidade que mergulha Luís da Silva, apegando-se à fantasmagoria como modo ideal para lidar com suas fraquezas e incompletudes, então projetadas no outro (o mesmo?), o que resulta em conformações estranhamente perversas. Assim, por exemplo, quando Luís da Silva vai à casa de Marina para falar sobre o casamento dos dois, a aproximação da moça, "enroscando-se como uma cobra de cipó", provoca na personagem uma visão alucinatória em que o darem-se as mãos sofre súbita metamorfose: o braço dele cresce enormemente e a mão de Marina se transforma num formigueiro que toma a conformação de um corpo de mulher, pegajoso e repulsivo:

> As formigas iam e vinham, entravam-me pelos dedos, pela palma e pelas costas da mão, corriam-me por baixo da pele, e eram ferroadas medonhas, eu estava cheio de calombos envenenados. Não distinguia os movimentos desses bichinhos insignificantes que formavam o peito, a cara, as coxas e as nádegas de Marina, mas sentia as picadas – e tinha provavelmente os olhos acesos e esbugalhados. (Ramos, 1979, p.67)

Mais uma vez observamos como o objeto do desejo só pode ser atingido enquanto corpo pervertido, transformado em algo nocivo, que leva à destruição do sujeito; o Eros se converte numa pulsão demoníaca, em vez de prazer, terror.

As DISTINTAS MARGENS DA ESCRITA LITERÁRIA   79

É tão intensa a utilização de armas simbólicas para destruir o real insuportável, que este acaba sendo destruído, menos como fato presente na diegese do que como objetualidade construída nas dobras da enunciação. É como se o narrador precisasse dramatizar, pelo poder de ficcionalização da linguagem, aquilo que deveria ser cumprido na vida real, mas que só pela intervenção dos atos visíveis da escrita é que se torna possível.

Assim se explica a fixação do narrador pela bipartição da imagem, processo frequente no romance: Marina é vista como dois corpos, a parteira D. Albertina é imaginada como duas pessoas opostas e simultâneas (diplomata e delicada/selvagem e inculta), a mulher grávida em que Luís da Silva dá um encontrão na rua transforma-se em "duas imagens distintas: uma barriga que se alargava pela cidade e a mulher que mostrava apenas um pedaço de cara" (ibidem, p.125-126). Esse "pedaço de cara", a propósito, é retomado de outra cena do romance, em que Marina demora a aparecer diante do narrador e lhe responde à distância, "mostrando um pedaço de cara pela porta entreaberta" (ibidem, p.67). E em outro momento: "Horas horrivelmente cacetes, em que pedaços de duas pessoas se encontravam. Só uns pedaços, os outros estavam longe" (ibidem, p.95). Trata-se, portanto, de uma narrativa que, em sua colagem, aproveita pedaços de cenas diversas, procedimento constante e que vai se constituindo como pré-figurações de uma colagem maior, ao final do romance, conforme comentaremos adiante. Mais uma vez, estamos diante de uma linguagem verbal que incorpora em seu fazer técnicas de construção cinematográfica.

A fragmentação é, na verdade, o reflexo de cisões internas do personagem Luís da Silva, sujeito dilacerado duplamente: pelos recalques do passado ainda não resolvido e pelas marcas do mundo presente. Torna-se concreta a sensação de desencontro entre o eu e a realidade exterior, corporificando-se na deambulação atarantada do personagem pelas ruas: tropeços, encontrões, pressa, agressões, ruídos, perseguições, essa experiência do choque se instala no contrapé da visão futurista de Marinetti, pois a modernidade e o dina-

80 MARIA HELOÍSA MARTINS DIAS

mismo da cidade funcionam, no romance de Graciliano, como uma engrenagem desumana que atordoa o indivíduo:

> Frequentemente não me desvio – e são choques que me deixam atordoado: o pau do andaime derruba-me o chapéu, faz-me um calombo na testa; a calçada foge-me dos pés como se se tivesse encolhido de chofre; o automóvel pára bruscamente a alguns centímetros de mim, com um barulho de ferrugem, um raspar violento de borracha na pedra e um berro do chofer. (ibidem, p.123)

Em *Angústia*, a figura do *flâneur* baudelaireano, tal como examinada por Walter Benjamin ("Sobre alguns temas em Baudelaire"), transforma-se num caminhante cego, que anda sem nada ver, para quem "o mundo é empastado e nevoento" e "a multidão é hostil e terrível" (ibidem, p.123). Estranheza dupla e mútua: do espaço urbano, que não acolhe o sujeito, e deste, que se recusa a ver-se como peça integrada. Em vez de fascínio pelo desconhecido e pelo ritmo pausado que permitiria flagrar as sensações da multidão em que se infiltra, há apenas asco.

A desintegração, intensa também na não sintonia do personagem com o meio familiar, figurativiza-se na enunciação através de construções metonímicas para projetar as imagens vistas pelo eu-narrador, como na passagem: "E via o corredor da nossa casa, por onde passavam a batina do Padre Inácio, a farda de cabo José da Luz, o vestido vermelho de Rosenda e o capote do velho Acrísio" (Ramos, 1979, p.17). Ou seja: não são as pessoas que povoam o mundo interior do personagem, mas roupas-objetos com sentidos cristalizados pelo uso e forjados pela convenção, a desfilarem como coisas distantes diante do olhar do Luís da Silva menino. A escolha do imperfeito como tempo verbal, acentuando o caráter durativo da ação, prolonga a sensação de passagem à distância, interminável, desses seres amortecidos pela mesmice de sua aparência e função previsíveis.

Como resposta ao peso negativo das imagens do meio social, o narrador aciona sua ótica/câmera de modo a acelerar as imagens e nelas operar metamorfoses. Nesse sentido, ganha relevo o procedimento da enumeração de elementos, que se sucedem como se uma objetiva os flagrasse num instantâneo. Outro efeito decorrente dessa movimentação são as transfigurações repentinas através de superposição das imagens captadas pelo olhar delirante do sujeito. Mecanismo hábil, que parece reproduzir a técnica cubista: sensações e objetos retidos de cenas passadas são colados às cenas atuais, desfigurando-as pelo processo acumulativo, onde real e imaginário se fundem no plano refractado pela múltipla angulação. Os exemplos são inúmeros, como a figura de um negro a estrebuchar ensanguentado na calçada, que se sobrepõe à evocação de personagens femininas, compondo um painel insólito:

> O negro arquejava. Corria sangue entre as frestas dos paralelepípedos e empoçava na sarjeta. A poça crescia, em pouco tempo transformava-se num regato espumoso e vermelho. [...] a cabeça de D. Rosária tinha os cabelos vermelhos. Antônia, pintada de vermelho, as pernas abertas, passou bamboleando-se. Das saias dela desprendeu-se um cheiro forte de sangue. [...] Eu receava que os transeuntes tropeçassem no moleque estendido no calçamento. (ibidem, p.105-106)

Se, como reconhece o narrador, as imagens que o atormentam na rua "surgiam desbotadas, espaçadas e incompletas" (ibidem, p.152), é por meio de seu visionarismo alucinatório que a incompletude vai adquirindo estranhas formas de relação para recompor as imagens, por mais absurdas que pareçam. Assim, "Julião Tavares era uma sombra que arredondava, tomava a forma de um balãozinho de borracha. Este objeto colorido flutuava, seguro por um cordel" (ibidem). Tal elasticidade plástica, metáfora da própria escrita, é o que possibilita ao narrador Luís da Silva movimentar as personagens causadoras de sua angústia, convertendo-as em cordéis habilmente balançados pela enunciação. Após a analogia criada entre Julião Tavares e um balão colorido, o narrador continua a mover as imagens em sua escrita-cordel, tornando-a maleável aos efeitos visuais das associações imagéticas:

O vento arrastava-o para um lado e para outro, mas o cordão curto não o deixava arredar-se muito do café. Marina era outra sombra que se balançava devagar na rede. [...] A rede ia e vinha, Marina se deslocava um metro para a direita, um metro para a esquerda, e não podia ir mais longe. Desaparecia o risco de se aproximarem os dois, era como se estivessem amarrados. (ibidem)

Amarração das personagens, soltura das cenas pela linguagem.

A habilidade do narrador em manipular a câmera/olhar, resultante de seus impulsos obsessivos, mostra-se também na focalização simultânea de situações em espaços distintos. São *flashes* que vão captando, de modo rápido e alternado, a realidade imaginada e a realidade vivida, cujo efeito é propiciar a interpenetração dos sentidos gerados pela focagem alucinatória. Nesse caso, é exemplar a descrição do furto do dinheiro da criada Vitória por Luís da Silva, em contraponto e em simultâneo com a focagem da vida social, no momento em que as pessoas se dirigem ao teatro.

Mexer nos torrões para desenterrar as moedas configura-se como gesto literal e figurado, na medida em que o contato concreto com a terra pode fazer aflorar tanto o dinheiro escondido quanto o corpo do desejo, pois tinha sido naquele pedaço de quintal que Marina se lhe oferecera. Posse em dois sentidos, portanto, marcados ambos pelo furtivo/esquivo com que o objeto se dá. Assim como Marina, sonegando a entrega e se enroscando sibilina como uma cobra, o dinheiro também se oculta, enroscado na raiz da mangueira e dificultando o roubo. E nesse ato de cavar, já duplamente semantizado, mais uma metáfora se lhe acrescenta: o escavar da consciência, que leva a personagem a revolver suas culpas e justificativas para o impasse de natureza ética.

No romance de Graciliano Ramos, o confronto com as imagens se dá não só como reflexo, foco ou construção plástica, como vimos, mas também como reflexão, uma racionalidade que se corporifica como linguagem. É frequente, nesse sentido, o processo dialético em que se vê enredado o eu-narrador, obcecado por questionamentos e racionalizações para os seus atos. Desse modo, articulam-se ao longo da narrativa dois planos discursivos: uma fala para o outro (leitor) e uma fala para si mesmo (um eu que se vê como outro), enfim, um texto em que se fundem diálogo e monólogo. Até que ponto a autossondagem exteriorizada por Luís da Silva se confina ao espaço ensimesmado? E o impulso dialógico, não estaria atendendo muito mais a um fluxo de consciência que busca autocompreender-se? Difícil, portanto, separar ou conferir nitidez ao espaço híbrido da textualidade que se ficcionaliza em *Angústia*. A obsessão argumentativa da personagem, fixada pelo intuito de autopersuasão, é metáfora da "dignidade curva", expressão com que o narrador se caracteriza. Olhar para baixo e para dentro, fala que circula labiríntica em suas possibilidades, tal percurso de linguagem traduz o confronto do sujeito com seus conflitos éticos:

> Pensam que vou ficar assim curvado, nesta posição que adquiri na carteira suja de Mestre Antônio Justino, no banco do jardim, no tamborete da revisão, na mesa de redação? Pensam? Procuro ajeitar as vértebras, mas as vértebras parecem soltas, presas apenas por um fio [...]. (ibidem, p.113)

Mas entre falar e fazer, ou entre o que seu discurso aciona em termos de consciência e o que seus atos lhe cobram, há uma distância enorme. Apegar-se à palavra é a maneira que encontra para endireitar-se como ser, "ajeitar as vértebras", que só não fraturam de vez porque presas por um fio-discurso que as costura, buscando dar-lhes sentido.

Para Luís da Silva o mundo do capitalismo transforma os homens em "parafusos insignificantes na máquina do Estado", com suas "pequeninas almas de parafusos fazendo voltas num lugar só" (ibidem, p.109), utilizando uma metáfora, afinal, que se ajusta muito bem para si mesmo. O parafuso metaforiza pequenez e automatização do ser humano contaminado pela engrenagem social viciada, e é sempre interessante lembrarmos como Charles Chaplin o mostrou magistralmente em seu famoso filme *Tempos modernos*, no qual o personagem se confunde com o próprio parafuso que está apertando frenética e automaticamente. Por outro lado, para além da conotação histórico-social contida nessa metáfora, o fazer voltas num lugar só, a tentativa de encaixe e a persistência na operação com os mesmos elementos correspondem, também, ao próprio discurso narrativo, "parafuso" que vai se ajustando, com movimentos repetidos de ida e vinda, a uma realidade difícil de ser dominada, áspera e cruel. E a tentativa de superar essa crueldade que o assedia e o encurrala num beco sem saída é o que impulsiona o personagem ao desenrosco operado no discurso: "Por que seria que o peitilho de Julião Tavares brilhava tanto e não se amarrotava? / A minha camisa estufa no peito, é um desastre" (ibidem, p.112).

A operação acionada na narrativa caracteriza-se, em sua maior parte, por uma projeção por contiguidade (o eixo sintagmático no dizer de Jakobson) em que significados latentes só se atualizam após o longo percurso da trama narrativa em ir efetuando analogias, destacando oposições, mobilizando trocas, sugerindo índices, enfim, em ir adiando ao máximo possível o momento do crime, para melhor ser fruída a morte enquanto indiciamento. Proximidade e afastamento simultaneamente antessaboreados.

Por isso se justifica o fato de haver, da metade para o fim do romance, constantes antecipações do assassinato para irem promovendo um aceleramento do ritmo da narrativa, acentuando-se, também, o espelhamento entre as imagens: a corda recebida de presente, a cobra enrolada no pescoço do velho Trajano, o cano na parede, os arames da rede balançando como cordas, a gravata enrolada como corda, Marina enroscando-se como cobra de cipó. Índices intensamente ajustados (lembremos a metáfora do parafuso...), enroscando-se com habilidade na sintaxe narrativa e compondo um tipo de construção-engrenagem que atrai todos os elementos para uma integração dinâmica. O casual é, portanto, a face aparente de uma causalidade concertada pelos poderes do discurso, o que comprova o caráter motivado da trama artística.

Nada é gratuito numa enunciação em que dor e prazer se misturam como pulsões construtivas do enredo. Desse modo, o prazer sádico de trapacear com o outro se revela na atitude de cangaceiro emboscado do narrador, que arma o jogo visível x invisível contra o inimigo, como se o desmascaramento secreto intensificasse o ódio armazenado. A consequência é que o assassinato do antagonista, o Julião Tavares que não irá mais permanecer nem como balãozinho colorido, enfim, o crime enquanto acontecimento diegético, é fraco diante da força do ato concebido e preparado pela linguagem. Não é o crime em si mesmo que interessa (nem a Luís da Silva nem ao leitor), mas a sua percepção como construção de uma escrita armada de pegadas e trilhas que prolongam a chegada ao alvo e, por isso, o tornam ainda mais precioso. É o que o narrador constata, afinal: "Tudo isto é absurdo, é incrível, mas realizou-se naturalmente. [...] Exatamente o que eu havia imaginado" (ibidem, p.182). Essa realização "natural" só poderia vir depois de outra realização, nada natural e sim astuciosa e angustiadamente construída pela narrativa. Daí a descrição rápida do crime, reduzida a poucas linhas, mas intensa nessa brevidade. É como se o corpo do inimigo não pudesse mais escapar, não apenas do alcance ético do personagem-narrador, mas também da moldura composicional em que fora enquadrado para ser espetado como imagem, ficando imobilizada pelo estilete da linguagem do vencedor: "Tanta empáfia, tanta lorota, tanto adjetivo besta em discurso – estava ali, amunhecando, vencido pelo próprio peso, amortalhado na neblina" (ibidem, p.183). Uma mortalha preparada e prolongada com esmero sádico pela narrativa a que o narrador só poderia responder com o máximo de gozo, ao fruir sua própria obra: "Tive um deslumbramento" (ibidem).

O final do romance de Graciliano é o momento máximo da projeção do olhar deformante que se foi afirmando desde o início, operando como verdadeira lente de aumento ao refletir o clímax da leitura imagética que o narrador faz de seu mundo de ruínas. O estado alucinatório toma a forma verbal de um longo monólogo (ou solilóquio dramático?), em que sensações atuais e passadas se misturam, fazendo ressurgirem motivos e signos presentes anteriormente na narrativa. Há um desfile vertiginoso de imagens pelo espaço, num tempo desprovido de horas, no qual paira a memória desfigurada pelo espaço encarcerado. É como se o narrador realizasse, à meia luz da consciência-inconsciência, uma tomada de cena que fora anunciada desde o início do romance: "Tenho a impressão de que uma objetiva me pegou, num instantâneo" Mas, um instantâneo que levou muito tempo para amadurecer sua ótica, exercitando-a até o máximo de suas possibilidades no movimento do relato. Permanece ainda, nesse final, um foco acusador, cuja identidade não importa, mas que não dá trégua para Luís da Silva: "O paletó me espiava com um olho amarelo que mudava de lugar" (ibidem, p.211).

PARTE II

NAVEGAÇÕES NA OUTRA MARGEM

6
PROJEÇÕES ESPECULARES ENTRE O ERÓTICO E O POÉTICO EM "ANTINOUS"[1]

Se a publicação de "Antinous" ("Antínoo"), poema considerado pelo próprio Fernando Pessoa como obsceno, seria inviável na Inglaterra do começo do século, pois chocaria um público ainda condicionado ao puritanismo e moralismo de essência vitoriana, a recepção desse texto em Portugal talvez não fosse muito diferente. A ousadia desse poema inglês de Pessoa pode, ainda hoje, provocar inquietações, não apenas pelo tema colocado em cena (uma relação homossexual), mas principalmente pela forma de tratá-lo. Uma forma marcada pelo excesso de sua exposição, afinal o poema exibe um corpo textual que se estende por 43 estrofes num total de 361 versos.

"Antinous" foi escrito em 1915 e publicado em 1918 e, juntamente com "Inscriptions", "Epithalamium", "35 Sonnets" e "Dispersos", constituem os *Poemas ingleses*, texto este já incluído na obra poética de Fernando Pessoa. Conforme o próprio poeta explica em uma carta a João Gaspar Simões (18 de novembro de 1930), os poemas "Antinous" e "Epithalamium" compõem o círculo do

---

1 Este texto foi uma comunicação apresentada no XVII Encontro de Professores de Literatura Portuguesa e publicada em *Encontros Prodigiosos*. Belo Horizonte: UFMG/PUC, v.2, 2001, p.746-753.

fenômeno amoroso, percorrido por aquilo que Pessoa denomina "ciclo imperial", mas com diferenças: "Antinous" é grego quanto ao sentimento e romano quanto à colocação histórica, enquanto "Epithalamium" é também romano quanto ao sentimento, mas com um assunto que não pode ser delimitado historicamente. Na verdade, nem um nem outro poema se reduz a delimitações históricas, pois sabemos que não se trata apenas de diferenças quanto ao enquadramento de sentimento e temática, mas de formas distintas de abordagem em que o relevo é sempre a linguagem poética, cujo "efeito de real", conforme pontuou Roland Barthes, avulta da própria textura colocada em cena para o olhar crítico.

Para o leitor de hoje, no entanto, já muito distante dos impactos provocados pelas estéticas de vanguarda do início do século XX e familiarizado com as matérias mais ousadas tratadas pela arte, nada mais choca nem fere nossas suscetibilidades. O par Adriano- -Antínoo nos chega como objeto de uma representação artística, esta sim extremamente singular e que instiga as mais diversas formas de abordagem, desafiando a leitura. Tal desafio se dá a partir do resgate, tanto de uma moldura da história antiga (o caso amoroso entre o imperador Adriano e o escravo bitínio Antínoo durante os anos de 123 a 130 d.C.) trazida para o contexto de modernidade (segunda década do século XX), quanto de uma forma poética (a elegia) recriada pela consciência crítica do poeta modernista português. Recuperação de uma tradição estética (herança greco-romana) e visão moderna se conjugam nesse texto perturbador, em que cultuar modelos é também percebê-los ou construí-los como irreais, como não mais possíveis.

O intuito do poeta de apresentar um canto plangente em que há o carpir da mágoa e a lamentação pela morte adquire significados que superam a filiação ao gênero elegíaco, tornando-o apenas ponto de partida para uma focalização com contornos específicos. Da mesma forma, também o conhecimento dos referentes históricos que dão suporte à situação exibida pelo poema não garante, por si mesmo, a compreensão plena do que o texto oferece para além desse contexto. Sabemos, por exemplo, que o imperador Adriano reinou de 76 a 138 d.C., tendo conhecido o escravo bitínio Antínoo por volta de 123 d.C., com quem se relacionou por sete anos; após o suicídio do amante, em 130 d.C., em circunstâncias misteriosas e controvertidas, o imperador romano deificou sua figura e desencadeou, querendo ou não, um culto apaixonado por Antínoo, então transformado em signo estético por diversas produções artísticas. Mas esses dados, que podem ser rastreados por uma investigação mais atenta às fontes, não "explicam" o poema, pois este vai adquirindo uma tal espessura em sua construção, solicitando de forma tão intensa a cumplicidade do leitor na análise do objeto exposto à contemplação, que é como se o texto fosse deslocando o painel histórico para outro plano, dotando-o de novas referências e novo tratamento.

Digamos, juntamente com João Alexandre Barbosa (1986, p.15), que a historicidade do poema não existe por causa de, ou em função de, seu vínculo com as circunstâncias de espaço e tempo reais, mas a partir das relações que os referentes internos à linguagem vão operando e das relações suscitadas por sua inserção num tempo maior, que é também o da leitura que entrelaça diversos (con)textos; "o *tempo* do poema é marcado, agora, pelo grau de seu componente intertextual".

O que o leitor tem diante de si, afinal, é um poema que o incomoda justamente por cultuar, com requinte e desmedida, a sua própria forma de representação; se há uma situação paradigmática – o amor proibido entre Adriano e Antínoo – ela é menos importante que o olhar poético que nela se projeta e a cumplicidade que ela demanda do leitor. Trama-se, assim, um circuito de correspondências entre o olhar manipulado pelo poeta, o das personagens e do próprio leitor.

Ao mesmo tempo que a figura de Antínoo afirma-se como imagem portadora de traços auráticos que o transformam em objeto de culto (e de paixão) aos olhos de Adriano e aos do poeta que recorta as duas personagens, essa aura passa a existir também como princípio constitutivo do próprio texto poético em sua feitura. De núcleo temático, transforma-se em elemento significante, estruturador da performance do texto. De *tradição*, secularizada e cultuada, transforma-se numa *tradução* a ser realizada pela linguagem da poesia. Assim, o poema se transforma num corpo cujas dimensões de seu tecido verbal apontam para um processo de ritualização e sacralidade que a leitura deve recuperar.

Digamos que o que garante, em grande parte, o tom de ritual presente em "Antinous" é a unidade conseguida pelo teor narrativo. O crítico Jorge de Sena, autor do longo prefácio à edição dos *Poemas ingleses* (1974), alude à estrutura narrativa de "Antinous" e à distância que ela provoca para o leitor de hoje, não mais preso a esses moldes clássicos. Não vem ao caso, aqui, discutirmos as implicações que cercam o uso da narrativa em poesia, sobretudo o preconceito contra esse procedimento para avaliar qualitativamente o texto poético. A questão não é propriamente a presença positiva ou negativa da estrutura narrativa no poema para efeitos de avaliação de sua qualidade, como transparece no comentário introdutor de Jorge de Sena, mas sim o porquê dessa presença enquanto construção geradora de sentidos dentro do espaço textual e da forma escolhida.

Há um percurso feito de diversos momentos para flagrar a situação central, que é o velar do corpo morto de Antínoo por Adriano. Mas essa "narrativa" acaba por se desconstruir, graças à insistência no não acontecer; nada acontece a não ser o exercício intenso do olhar contemplativo e do gestual de imagens e reflexos/reflexões em sua tentativa de convivência com a morte. Partilhar uma ausência, viver a perda, eclipsar a morte como se dela pudesse ser resgatada a vida e torná-la real, eis os insólitos impulsos gerados pelo poema, centralizados na personagem de Adriano. E mais ainda: entre o corpo velado e o olhar que o vela, há uma troca tão profunda de motivações que o acontecimento real, histórico, neutraliza-se em favor dessa encenação figurativizada pela linguagem poética em seu percurso.

Um dos procedimentos usados para acentuar essa figurativização é a modulação de diferentes vozes e pontos de vista ao longo do poema: a fala de um enunciador a conduzir narrativamente a cena, o monólogo exaltado de Adriano, o "diálogo" entre o eu poético e o imperador, o solilóquio dramático de Adriano supondo a escuta e a cumplicidade de Antínoo. Nos termos da teoria crítica moderna, diríamos tratar-se de uma polifonia ou dialogismo, próprios de uma discursividade dinâmica que acaba por conferir ao poema caráter dramático, justamente por colocar em cena, movimentando-as, diversas vozes e perspectivas. Entretanto, ao contrário do que sugere o discurso polifônico analisado por Bakhtin, acentuando-lhe o papel social, a multiplicidade de focos no poema de Pessoa ajusta--se mais ao seu próprio projeto poético enquanto encenação erótica da escrita.

Parece criar-se uma homologia entre a multiplicidade de focos discursivos e o motivo estruturador do poema de modo que ambos confluem para uma mesma intenção: singularizar um objeto, recortá-lo para ser celebrado pelo olhar. Mas, se é "aos olhos de Adriano" que o corpo desnudo e morto de Antínoo é flagrado, sob "a umbrosa luz do eclipse-morte", como enunciam o $4^{\underline{o}}$ e $5^{\underline{o}}$ versos,[2] então não pode haver nitidez nessa visão nem posições fixas entre o vidente e o visível. Morte e vida, desejo e interdição, prazer e dor se alimentam mutuamente como fontes para a configuração poética do erotismo. Sujeito e objeto do olhar são dois corpos tragados pelo mesmo impulso: um Eros que subsiste graças à força criadora com que pode transcender até mesmo a morte. O que os une é o *lust throned*" ("entronizado cio"), imagem metafórica da elevação triunfal e sagrada da libido, porém congelada. Por isso é que a morte, no poema, surge como signo maiúsculo; ela se humaniza, adquire vida, acentuando a natureza dupla do erotismo, como assinalou Octavio Paz (1994, p.19); o ato erótico se manifesta como "fascinação diante da vida e diante da morte", amar o morto, contemplá-lo, é também prazer.

A ênfase à morte de Antínoo, expressa em versos que funcionam como *leitmotiv* – "*Antinous is dead, is dead for ever / Is dead for ever*"// "*The boy lay dead*" – atua como uma espécie de punição

---

2 Remeto o leitor à edição de 1974 dos *Poemas ingleses*, p.89-113, obra consultada para este artigo.

ao amor que fere os códigos da moralidade. Não apenas sugerindo uma lamentação pela morte do amante, essas falas também trazem a marca de outro sujeito, a do censor que se deleita, não com a visão de Adriano para com o corpo morto, mas com a morte da relação proibida. Desse modo, a voz que se presentifica nos versos faz ecoar o tabu ou proibição como a prolongar a proibição que cerca a relação entre os dois amantes, em vida e na morte.

Sabemos que o interdito é criador do desejo e constitui a essência do erotismo, segundo Georges Bataille (1985), e é essa componente proibitiva que desperta os mais intensos apelos e reações em Adriano diante do corpo morto de Antínoo. Não basta olhar a beleza da imagem desnuda, é preciso exaltá-la com a força da palavra e do pensamento, que irrompem no poema como instrumentos capazes de violar o interdito. A impotência da consciência diante do amor impossível que a morte ratifica é potencializada no discurso, de maneira indignada, pela ótica de Adriano, que também se desnuda, expondo-se sem receios. Essa exposição se dá, num primeiro momento do poema, sob a forma de uma fala altiva, em que violência e violação estão conjugadas para fazerem explodir os limites da contenção/convenção e da moral:

> O lips whose opening redness erst could touch
> Lust's seats with a live art's variety!
> O fingers stilled in things not to be told!
> O tongue which, counter-tongued, made the blood bold![3]

O que se arma aí é o "jogo dialético entre a consciência do interdito e o empenho de transgredi-lo", próprio da dinâmica do prazer erótico, como nos lembra José Paulo Paes (1990). A transgressão, em "Antinous", resulta do investimento do eu poético numa retórica do excesso, por meio de repetições e construções desdobra-

---

3 "Ó lábios cujo abrir vermelho titilava/ Os sítios da luxúria com tanta arte viva!/ Ó dedos que hábeis eram no de não ser dito!/ Ó língua que na língua o sangue audaz tornava!" (trad. de Jorge de Sena).

das, enumerações, interjeições, exclamações e farta adjetivação que outra coisa não fazem que distender os limites formais e rasgar o véu do pudor semântico: o "não ser dito"(*"not to be told!"*) enunciado se transforma num dizer excessivo da enunciação, ou seja, a língua do desejo torna audaz a língua que o explora pela linguagem. Ou no dizer do próprio verso: "Ó língua que na língua o sangue audaz tornava!".

Por outro lado, o desnudamento da situação amorosa também se dá por meio de um estranho diálogo entre o eu poético (narrador?) e o imperador Adriano, como se aquele incitasse neste o prazer sádico da mortificação pela falta do objeto do desejo:

> *Thy vague hands grope, as if they had dropped joy.*
> [...]
> *There was he wont thy dangling sense to cloy,*
> *And uncloy with more cloying, and annoy*
> *With never uncloying till thy senses bled.*[4]

Não há senso que resista a tamanho "sangramento" que escorre da linguagem, ao ser percorrida por suas formas repetitivas.

Por isso é que de nada adianta a posição moralista ou censória por trás da fala do "narrador", porque a linguagem faz transparecer a sensualidade, confirmando-a em vez de negá-la. Note-se que a linguagem reproduz, mimetiza, a busca do desejo alimentando-se do próprio movimento, ao exibir uma sensualidade materializada na camada significante e na repetição dos signos, quer na língua original, quer em português: *sense, senses, cloy, uncloy, cloying, uncloying // saciar, senso, insaciá-lo, saciando-o, insaciedade, sangrar, senso*. O jogo aliterativo exaspera a própria sede, numa reprodução icônica e infinita do desejo. Eis a natureza performativa da escrita poética: ela diz e faz o que diz, mostra-se, dramatiza o sen-

---

4 "Tuas mãos tateiam vagas alegrias em fuga/ (...) Aí saciar cumpria-lhe teu senso frouxo,/ Insaciá-lo, mais saciando-o irritá-lo/ Com nova insaciedade até sangrar teu senso" (trad. Jorge de Sena).

96 MARIA HELOÍSA MARTINS DIAS

tido na forma. Como diz Bréton, "as palavras fazem amor", como se recuperassem aquilo que morreu. Esse rito criado na linguagem é essencialmente erótico, instaurando a conjunção de uma "poética corporal" com "uma erótica verbal", no dizer de Octavio Paz (1994, p.12). É o que nos mostram os versos 132 a 141, de uma das estrofes localizada no meio do poema:

> *He was a kitten playing with lust, playing*
> *With his own and with Hadrian's, sometimes one*
> *And sometimes two, now linking, now undone;*
> *Now leaving lust, now lust's high lusts delaying;*
> *Now eyeing lust not wide, but from askance*
> *Jumping round on lust's half-unexpectance;*
> *Now softly gripping, then with fury holding,*
> *Now playfully playing, now seriously, now lying*
> *By th'side of lust looking at it, now spying*
> *Which way to take lust in his lust's withholding.*[5]

Note-se como a experiência de uma erótica se faz, no poema inglês de Pessoa, simultaneamente como tema e gesto escritural, interpenetrando-se no corpo da linguagem, por meio de diversos procedimentos: a repetição de signos, a presença insistente do gerúndio nas formas verbais, a modalização temporal intensificando a intermitência (*now, now, sometimes one, sometimes two...*), a reiteração dos sons labiais que iconizam a luxúria do movimento deslizante dos corpos (*lust, playing, linking, leaving, delaying, softly, holding, playfully, seriously, lying, looking...*), o ritmo, ora pausado pela pontuação bem marcada, ora encadeado pelo *enjambement*.

---

5 "Era um gato brincando co'a luxúria,/ A de Adriano e a sua própria, às vezes um/ E às vezes dois, ora se unindo, ora afastando; / A luxúria largando, ora o ápice adiando; / Ora fitando-a não de frente, mas de viés / Ladeando o sexo que semi não espera; / Ora suave empolgando, ora agarrando em fúria, / Ora brinca brincando, agora a sério, ora / Ao lado da luxúria olhando-a, agora espiando/ O modo de tomá-la no aparar da sua" (trad. Jorge de Sena).

Mas, se em alguns momentos do poema a voz de Adriano está mesclada/confundida com a do eu poético ou implícita no tu a quem o eu se dirige, em outros momentos ela se explicita, assumindo-se como 1ª pessoa. A partir do verso em que Adriano anuncia para Antínoo, seu amante, a promessa de esculpi-lo para perpetuar sua imagem (v.179), o discurso se transforma numa longa fala amorosa destacada graficamente pelas aspas, afirmando-se como uma declaração que se estende por 17 estrofes e constitui o trecho mais longo do poema:

> *This picture of our love will bridge the ages.*[6]
> [...]
> *Thy death has given me a higher lust –*
> *A flesh-lust raging for eternity.*[7]
> [...]
> *Love, love, my love! Thow art already a god.*
> *And here, memory or statue, we shall stand*
> *Still the same one, as we were hand in hand*
> *Nor felt each other's hand for feeling feeling.*[8]

Essa fala extensa (e intensa) do imperador, que não oculta seus mais secretos anseios e ousa desafiar as convenções do decoro, revela, conforme as palavras de Roland Barthes (1981, p.98) em seus *Fragmentos de um discurso amoroso*, "a propensão do sujeito apaixonado para falar abundantemente [...] com o ser amado do seu amor, dele, de si, de ambos: a declaração não incide sobre o testemunho do amor, mas sobre a forma, infinitamente comentada, da relação de amor".

---

6 "Esta do amor pintura as eras cruzará" (trad. Jorge de Sena).

7 "A tua morte deu-me alta luxúria mais – / Um carnal cio em raiva por eternidade" (trad. Jorge de Sena).

8 "Amor, amor, ó meu amor! Já és um deus./ E aqui, memória ou estátua, ficaremos / O mesmo um só, qual de mãos dadas éramos / Nem as mãos se sentiam por sentir sentir" (trad. Jorge de Sena).

Elevação, devoção, divinização, celebração de uma unidade corpórea em que se interpenetram, eu e tu são instâncias configuradoras de uma mística erótica. A sede do outro é também sede do eu nele encarnado – narcisismo e outridade se completam na projeção mútua de seus corpos: *"All that thow art now is thyself and I"* (Agora é tudo o que tu és tu próprio e eu).

O que se destaca no poema de Fernando Pessoa, portanto, mais do que a imagem de Antínoo propriamente dita e enunciada no título, é a multiplicidade de relações que ela desperta em Adriano, ao constituir um espaço de tensões móveis entre as duas personagens. A perspectiva do imperador, suas reações e reflexões, seu olhar e sua fala vão se modalizando com tanta intensidade no discurso que já não há mais diferença entre ausência e presença, morte e vida. Ou seja: a espessura criada na construção do poema existe para suprir uma falta, preenchê-la com a ótica depositada na linguagem. Entre Antínoo e Adriano cria-se um elo de cumplicidade tão forte que já não é mais possível distinguir um do outro, ou o real do imaginário, o histórico do mítico, o verossímil do fantástico.

Tal interpenetração de planos é realizada, por exemplo, na passagem em que ocorre uma súbita metamorfose de Antínoo pela visão epifânica do imperador: o corpo morto se transforma em outros seres (deuses gregos) nele personificados para cumprir diferentes funções. Ele é a própria Vênus, saindo alva do mar, ele é o deus Apolo, jovem e dourado, mas é também outra figura que julga e condena o amor proibido, numa insólita transferência imaginada por Adriano. É como se, por meio do deus Júpiter, Antínoo se vingasse por ter se escravizado como amante e pudesse transformar agora o imperador num escravo que se curva a seus pés. Toda uma transfiguração envolve o humano e o divino, corpo e espírito, eu e outro, opostos que se reconciliam por força do rito criado na linguagem poética. O imaginário atua, assim, como "agente que move o ato erótico e o poético", novamente palavras de Octavio Paz (1994, p.12), e a paixão proibida entre os amantes é liberada pelo delírio visionário de Adriano, tornando-a possível:

AS DISTINTAS MARGENS DA ESCRITA LITERÁRIA **99**

Now was he Venus, white out of the seas;
And now was he Apollo, young and golden;
Now was Joves sate he in mock judgment over
The presence at his feet oh his slaved lover;
Now was he an acted rite, by one beholden,
In ever-repositioned mysteries. (p.100)[9]

Ao longo do poema, a permanência da imagem da chuva funcionando como *leitmotiv* amplia as possibilidades semânticas desse signo, pois, de elemento compositivo do cenário exterior, transforma-se em *personagem* que vai se corporificando no espaço da cena interna, recebendo diversas caracterizações e acompanhando as mudanças de situação. Tal agenciamento de sentidos, propiciado pela focalização do ir e vir da chuva, como fato "real" e como marca poética da enunciação, acaba por atender, também, a um ritmo marcado pela eroticidade. O retorno é desejo de permanência (mas não imobilidade), justamente porque feita de pulsações e intermitências, nas quais o mesmo é anúncio e antecipação do outro: *The rain outside was cold in Hadrian's soul.// The rain fell like a sick of Nature at her work in killing him.// The rain is silent.// The rain falls.// To hear that the rain ceases lift thy head// The rain again like a vague pain arose // It rained still.* Recuperemos Octavio Paz ao falar sobre a experiência erótica: "um de seus acordes é separação, o outro é regresso, volta à natureza reconciliada" (Paz, 1994, p.28). Reconciliação provisória, pois sempre na iminência de se dissolver nesse fluxo feito de encontro e perda – morte e vida levadas e lavadas pelo ritmo da recorrência. Umedecer a secura do vazio, renovar o prazer, possibilitar o regresso a um tempo em que o desejo se corporifica como materialidade, fazer ecoar o silêncio pleno de latências, conjugar amor e dor – são caminhos de sentido irrigados pela metáfora da chuva, recorrente no poema.

---

9 "Agora Vênus era, alva dos mar's saindo; / E agora Apolo ele era, jovem e dourado; / E agora Júpiter julgando em troça / A presença a seus pés do escravizado amante; / Agora agido rito, por alguém seguido, / Em mistérios que são sempre repostos" (trad. Jorge de Sena).

100 MARIA HELOÍSA MARTINS DIAS

Entretanto, assim como o texto pessoano se expõe com a força de sua linguagem para flagrar a vivência ardente da paixão entre Adriano e Antínoo, ele também desfaz ou apaga a cena montada, desmontagem que se dá nas duas últimas estrofes do poema. E, desarmado, o leitor estaca diante de versos como: *"All had been something very far, a scroll / Rolled up"* (Algo distante fora tudo: um manuscrito / que se enrolou).

Embora haja um fundo de verdade ou uma versão original da história a envolver as duas personagens, esse "manuscrito" se enrolou, isto é, tanto pode ser conservado como tal e acreditado enquanto documento, como pode ser refeito, reconstituído por novas leituras e transformado num texto renovável permanentemente, porque a "fábula" verdadeira que interessa é a que vai sendo construída pela ficcionalização da escrita-leitura em diálogo possibilitada pelo poema de Pessoa. Em relação à trama amorosa a envolver as duas personagens, o enrolamento do manuscrito pode funcionar como metáfora do silenciamento ou preservação de sua decifração, uma história passional cuja intimidade nem mesmo o espaço da ficção poética pode devassar, cabendo à linguagem recolher seus signos e se recolher. Note-se como, na língua original, a sensação do dobrar--se sobre si mesmo, ou enrodilhar-se, corporifica-se na sonoridade: *"a scroll / Rolled up"*. Distante a história real, a linguagem não é senão uma fala enrolada, literal e figurada: como matéria inabordá-vel e como discurso enredado na sua própria ficção. Por isso, esse "algo" que ficou distante, enunciado pelo verso, já não é somente a história verdadeira, realidade situada em tempo e espaço remotos, mas é também a história ficcionalizada por uma perspectiva que desloca essa distância e a reconfigura poeticamente. Agora estamos diante de um manuscrito-poema que se enrolou, sinal de um jogo com a própria textualidade cênica, desmascarada pela metalingua-gem. Se continuarmos a leitura, essa sensação de apagamento se torna mais explícita.

A imobilidade e alheamento do imperador, flagrado num ges-tual suspenso, complementa-se com uma referência ambígua aos olhos: *"His closed eyes seemed open to him [...]"* (Os seus olhos fechados cria abertos [...]). A imprecisão do pronome *"his"* acentua a indefinição do ser focalizado: é o próprio imperador ou Antínoo? São os olhos de Adriano, semiesquecido e alheio, ou de Antínoo, morto? Tanto faz: o olhar, partindo de um ou de outro, só encontra o não sentido (e o não olhar). O olhar fechado-aberto caracteriza não só o alheamento, mas também o êxtase, condição ideal para a prática do erotismo.

E aí o leitor se depara com o intrigante verso, já ao final do poema, *"And the Emperor slept"*, que desestabiliza toda a leitura feita até então, obrigando-a a se refazer. O sono do imperador (desde quando?) leva-nos a rever toda a cena construída e a pensá--la como sendo objeto do sono, portanto, uma imagem sonhada. O clima de irrealidade em que tudo está imerso triunfa com a chegada dos deuses expressa pela enunciação: *"The gods came now / And bore something away, no sense knows how, / On unseen arms of powerand repose"*.[10] Que "algo" é esse levado pelos deuses? O corpo morto de Antínoo? Adriano? A união impossível entre os dois amantes? O sonho do imperador? Seu sono? O manuscrito-poema que se enro-lou? Seja o que for, essa pluralidade aberta pelas diversas margens de leitura vem reafirmar a natureza performática desse quadro poé-tico, apegado excessivamente ao rito celebrado pela linguagem – um rito que só pode sobreviver se incorporar sua desmontagem ou "ser levado" pela consciência que o construiu. Poder e repouso (in) visíveis mutuamente implicados no ato poético.

Esteticismo e erotismo, estreitamente entrelaçados em "Antí-noo", conjugam-se a mais um propósito: envolver a própria repre-sentação numa visão crítica. Voltemos ao início de nossa leitura.

Cultuar modelos é uma atitude que contém seu reverso. No poema inglês de Fernando Pessoa, o culto excessivo da passiona-lidade, a sacralização da beleza ambígua de Antínoo e a dramatici-dade na focalização da cena constroem um canto em que se mistu-ram pungência e ironia. Embora o poema se feche com a imagem

---

10 "Os deuses vieram / E algo levaram, qual não senso sabe, / Em braços de poder e de repousos invisos".

de repouso, signo que figura ao final do verso no texto inglês, não há tranquilidade nenhuma para o leitor em seu ato decodificador. Estamos, afinal, diante de uma elegia erótica, própria de um tempo moderno, aquela que desloca os sentidos conformados ao molde original, não com o propósito de resolvê-los, mas com o de dar maior relevo à sua impenetrabilidade.

7
A MODERNIDADE
DA FICÇÃO DE CAMILO[1]

O tecido crítico da narrativa

> Andai, meninas, amai santamente, amai idealmente, amai frei-
> raticamente, aguçai os espíritos na pedra das paixões da terra e
> vereis como a alma se desfaz em asas a voejarem para os espirituais
> amores, aí por volta dos cinquenta anos pouco mais ou menos.

Eis o curioso conselho (ou consolo?) às noviças que Camilo Castelo Branco põe na fala de uma religiosa, personagem de *A doida
do Candal*, romance de 1867. Se é consolador esperar meio século
para que a paixão terrena se converta em amor espiritual, o apazi-
guamento do coração só pode se dar mesmo dentro da ironia com
que essa situação é profetizada. A apologia do amor santo, ideal
e freirático não é senão uma veste (um hábito?) habilmente usada
pela linguagem para disfarçar tal retórica religiosa. Evidentemente
que para isso se confirmar e ganhar contornos mais nítidos como
estratégia ficcional, seria preciso analisar o contexto de que foram

---

1 Versão com pequenas modificações do artigo publicado no Jornal *Letras &
Letras. Porto, n.67, 1992, p.7-8.

104 MARIA HELOÍSA MARTINS DIAS

extraídas tais palavras, bem como outras situações e motivos da narrativa. A se confirmar esse traço de modernidade, assim como outros, na construção do texto, então estaremos diante de uma ficção que já no século XIX contém um vetor crítico, no seio mesmo do Romantismo, que a torna atual e instigadora de novos caminhos de leitura.

Incluída no rol das novelas passionais de Camilo, mas ensombreada pelo prestígio das duas novelas-símbolo de sua ficção (*Amor de perdição* e *Amor de salvação*), *A doida do Candal* serve como exemplo de uma criação bem realizada, justamente por suas características contraditórias, denunciadoras de uma trajetória ficcional que parece testar a si mesma. À presença na novela de certas componentes românticas contrapõem-se traços estruturais que, se não põem em causa, pelo menos desequilibram a obediência cerrada aos moldes do Romantismo, movimento ao qual está filiada a narrativa camiliana. Digamos que esse desvio ou quebra da fidelidade à representação romântica corresponderia a uma espécie de maneirismo que desfigura ou "naturaliza" o paradigma do Romantismo, já preparando o que seria dominante na ficção naturalista. É que o foco de interesse se volta à singularização de uma personagem anômala, a doida do Candal, cuja doidice atua também como metáfora do absurdo em querer seguir à risca princípios emolduradores ou os espartilhos do molde romântico. A propósito dessa "naturalização" excessiva do real, quebrando o senso do idealismo subjetivo, é interessante observar o retrato que o narrador faz da personagem Maria de Nazaré, já enlouquecida, ao ser encontrada por outra personagem, Lúcia Peixoto:

> Os ossos da face secos e vestidos de pele esverdinhada faziam por igual compaixão e asco [...] As cicatrizes roxas dos cáusticos chegavam até ao lóbulo inferior das orelhas. O lábio superior mirrado e alvacento acentava sobre as gengivas; e os dentes, apoiados sobre o lábio inferior, ficavam a descoberto e esquálidos. O colo eram umas cordoveias aderentes a proeminências ósseas. (Branco, 1980, p.106)

AS DISTINTAS MARGENS DA ESCRITA LITERÁRIA   **105**

Ou seja, a desfiguração da personagem, tal como é descrita pelo narrador, além de mostrar a loucura como punição ou resultado do melodrama passional, acaba por exibir uma forma de retrato que o Realismo irá colocar em cena e, portanto, já antecipando os aspectos degradantes e patológicos do comportamento humano quando oprimido por injunções sociais.

Sabemos que essa novela pertence à fase de maturidade da produção literária do autor, situada em torno dos anos 1870. Maturidade que coincide, por outro lado, com o agravamento da doença e cegueira de Camilo, como se o mal estar físico acentuasse o pendor para a visão cética da realidade, patente no realismo amargo. Por maior distância que exista entre arte e vida, já que a linguagem literária cria artifícios simuladores para mostrar a embaçada mediação entre os dois espaços, não é possível anular totalmente a relação *homológica* que pode se tecer entre elas. E aqui explico o destaque ao termo em itálico: o ceticismo e a amargura vividos pelo escritor geram procedimentos de construção que acabam acentuando a força posta na linguagem, ou seja, a ironia e o jogo de desmascaramento da própria técnica ficcional são mostras concretas, artísticas, do esvaziamento da ilusão (e de não cegueira...). E é isso que a novela *A doida do Candal* nos faz ver.

Conforme é esclarecido na "Advertência" introdutora da obra, o texto é resultado de um original, "livro infólio manuscrito", oferecido ao autor por um cavalheiro com o qual aquele se encontra casualmente no local-chave dos acontecimentos retratados na obra: o sítio da Mãe-d'Água. Desse modo, a verdadeira "autoria" do texto é atribuída a esse cavalheiro incógnito, que a novela revelará como uma de suas personagens, o qual ascenderá ao primeiro plano da narração ao seu final. Estamos diante, portanto, de uma situação fictícia que antecede a própria ficção, isto é, um jogo com a convenção por meio do qual o autor assume uma aparente posição de distanciamento em relação ao relato, fingindo o não envolvimento direto no que vai ser narrado, como se esse material fosse produto de circunstâncias exteriores. Assim, o que o autor parece nos oferecer não é um relato que se inaugura como original, mas que parte

106 MARIA HELOÍSA MARTINS DIAS

de outro (s), como a "desinaugurá-lo", termo utilizado por Roland Barthes em sua análise estrutural das narrativas: "romances por carta, manuscritos pretensamente achados, autor que se encontrou com o narrador [...]" (1966, p.22), não é exatamente essa a situação que ocorre na narrativa de *A doida do Candal*? No último capítulo, "Conclusão", essa estratégia de composição se desmascara: a "tragédia" que se leu é uma "crônica manuscrita [...] escrita e formada de diferentes cartas" (Branco, 1980, p.158).

Trata-se, portanto, de um texto compósito, tecido de textos vários, "achegas" e "apontamentos", como define o próprio narrador. E é preciso considerar também o diálogo com outros autores, através das citações contidas nas epígrafes que encabeçam os capítulos: Leal Conselheiro, Palmeirim, Novelas Exemplares, Menina e Moça, Cancioneiro Geral, Amadis de Gaula, Sermões... A propósito, a intertextualidade aparece estruturada numa composição bem humorada: no capítulo XXVIII, "Queda", em que o "artigo amar freiras" possibilita que Bocage e outros poetas sejam evocados para se desmistificar o amor conventual. Enfim, a prática do jogo intertextual não é tão moderna quanto poderia parecer ao olhar voltado apenas ao recorte sincrônico, pois esse trato com a linguagem, a chamar atenção para sua própria técnica compositiva, figurou sempre em autores que buscam desafiar os limites do código literário, burlando-os e propondo caminhos de vanguarda. Em pleno momento romântico, por exemplo, quando a linguagem põe em foco a subjetividade com sua carga de sentimentos e emoções egóticas, é curioso que na escrita de Camilo o foco se desloque para o fazer ou tecido escritural, desequilibrando o egocentrismo, seja do narrador, seja das personagens.

É por isso que, ao nos depararmos com essa história "distrativa e doutrinal", como o autor a caracteriza, não devemos nos enganar: a distração e o ensinamento são ambos irônicos, já que se cumprem pelo avesso. Como distrair o leitor, se o que se dá é o seu envolvimento na complexa trama dos acontecimentos, arrazoados e moralismos, nós e conflitos do drama amoroso das personagens? Será possível "destrinçar a rede das intrincadas operações espirituais que passavam entre o coração e o raciocínio de Lúcia" (ibidem, p.1), uma das protagonistas do romance? O narrador admite que não, mas nem por isso deixa de perscrutar as contradições vividas pela personagem.

E a "doutrinação", enquanto concerto exagerado de situações e provações que se enredam para forçar o caminho de edificação moral, só pode se aplicar às personagens, mas não ao leitor. Este é alertado constantemente para que desfaça a ilusão da representação, pois são frequentes as interferências e observações do narrador, à maneira machadiana, que problematizam a questão da verossimilhança em relação à feitura do romance. Desse modo, o espírito "doutrinador" do narrador tem o efeito de atingir (ou provocar) o leitor não tanto pelos valores e verdades da matéria narrada, mas sim pela habilidade com que o convoca para perceber o jogo de montagem da própria ficção:

> O leitor que me fez a honra de reparar e talvez cruzar com a unha inteligente uma ementa marginal, conhece o art. 1463°, § 3°, secção II, Dos Morgados, no Digesto Português de Correia Teles. Creio que pela primeira vez este sujeito e o seu livro são citados em novelas. (ibidem, p.152)

Por vezes, o diálogo do narrador com o leitor, aproximando este do espaço textual, tem menos o efeito de conduzi-lo aos fatos do que fazê-lo participar da trama discursiva permeada pela ironia: "Deixemos em conferência os quatro juízes do tribunal de honra e sigamos ao Candal Marcos Freire" (ibidem, p.83).

Destaque-se também como estratégia o jogo criado entre as razões da lei fora do romance ("disposições testamentárias" e outras questões judiciais que envolvem os protagonistas) e as razões da lei interna ao romance. Nesse sentido, vale a pena ler o capítulo XXIV, com o título provocador "Capítulo indispensavelmente estafador", e o XXXVI, "Explicação aos sábios".

Conferir à história foro de verdade, apoiando-se em referências contextuais, é um projeto que só existe na medida em que se desmascara, portanto, com um efeito duplo da burla: não apenas é atingido o testemunho de autoridade ou os conteúdos veiculados como também o papel da própria ficção:

> Quem escreve romance onde se toca em sucessão de vínculos deve pressupor que há de ler-lho um juiz do supremo tribunal, ou, sequer, um procurador de causas. (ibidem, p.152)

Claro que a obra não se destina necessariamente a esse tipo de leitor, daí que parodiar certas fontes legais como Correia Teles e Bertolo (Bártolo?), jurisconsulto quatrocentista, seja não só pertinente como verossímil. Afinal, tudo faz parte de um jogo com a ficção, em que esta desponta não tanto como uma realidade que se conta, mas principalmente como um modo de refletir, burlescamente, sobre o próprio contar. Os exemplos dessa tática enunciativa são numerosos, basta citar esta curiosa frase, em início de capítulo, que serve como chamada a um *flash back*: "Temos de remexer na sepultura de Simão Salazar Peixoto" (ibidem, p.121). Ora, remexer na sepultura é gesto que aponta para dois planos de significação. Por um lado, trata-se de uma alusão a um fato real já acontecido em nível diegético, isto é, a morte da personagem em duelo com Marcos Freire, seu rival. Por outro lado, corresponde a uma maneira metafórica de remeter o leitor para o nível da enunciação, a camada mais visível, construtiva, revolvida pela escrita, ou seja, é preciso remexer no tempo (sepulto?) da narrativa para recuperar do passado a relação amorosa entre Simão Peixoto e Margarida. Na verdade, trata-se de um novo conflito, que só a essa altura (capítulo XXVII) passa a ser revelado para o leitor.

Por aí se vê o propósito de Camilo de desmi(s)tificar o próprio cenário criado, pois a caricaturização da trama ficcional corre lado a lado com uma visão caricata da realidade narrada. Ambos (realidade factual e ficção) apontam para um excesso melodramático que é necessário corrigir – eis o que a narrativa do autor nos ensina. Seu texto acaba por ilustrar que a dramatização intensa da passionalidade só pode levar ao desajuste em relação ao real e esse desajuste ou desequilíbrio ganha, na escrita de Camilo, uma resolução estilística que transforma o drama em peça manipulada pelos poderes da linguagem. É aí que a ironia se oferece como instrumento eficaz para combater os excessos, relativizando-os. Note-se como o viés irônico permite jogar, sinteticamente, com dualidades: "No entanto, rastreemos com o faro da experiência até onde for escrutável o enigma do súbito luzir e apagar-se do amor de Lúcia ao major" (ibidem, p.113).

Atendendo à postura crítica do autor, deve-se ressaltar o realismo com que é problematizada a relação entre loucura e razão, cujos frágeis limites permitem uma observação como esta, posta na boca da personagem – o médico que examina Maria de Nazaré, às vésperas de sua morte: "Nós, os que nos dizemos ajuizados, somos tão bárbaros que desejamos que os doidos não morram sem saber que o foram" (ibidem, p.108). Não será essa uma constatação que poderia estar na voz de Simão Bacamarte, a célebre personagem que Machado de Assis coloca em cena em seu *O alienista*? Ao final de sua insólita experiência de abrigar quase todos os habitantes de Itaguaí na Casa Verde e depois soltá-los, a personagem machadiana se interroga: "– Mas deveras estariam eles doidos, e foram curados por mim, – ou o que pareceu cura não foi mais do que a descoberta do perfeito desequilíbrio do cérebro?" (Assis, 1973, p.59).

A analogia entre a ótica zombeteira de Camilo e a do escritor do realismo brasileiro já foi sugerida mais atrás e não sem razão. De fato, independentemente das aproximações bastante discutíveis e pouco confiáveis entre vida e obra que insistem em associar o ceticismo e ironia amarga ao agravamento da doença ou envelhecimento (nos dois casos), o que melhor justifica a aproximação entre Camilo e Machado está justamente na concepção moderna que ambos têm da escrita enquanto forma de representação. Não se trata apenas de relativizar os valores e posições habituais que estigmatizam a existência humana, como geralmente apontam os críticos em relação aos romances de Machado de Assis, mas, sobretudo, de mostrar esse relativismo como uma questão formal, construída e discutida pela representação ficcional enquanto espaço artístico.

A paixão segundo (São) Camilo: entre Deus e o Diabo

Na novela passional de Camilo o que mais se destaca não é tanto a paixão em si mesma, enquanto isotopia temática a conduzir as personagens em suas relações, mas o tecido emaranhado das circunstâncias manipuladas providencialmente pelos poderes demiúrgicos do ficcionista para, afinal, desnudar a própria manipulação aos olhos do leitor. Há uma visão onipotente que sacraliza o amor e encerra a paixão numa esfera de impossíveis, porque torna absolutos seus aspectos e impulsos; uma espécie de *impossibilia* ou desmedida que não cabe dentro de moldes terrenos. Ora, não há dúvida de que tal concepção amorosa espelha bem os ideais da espiritualidade romântica, em que a hipertrofia do sentimento só podia conduzir mesmo a transbordamentos para além da esfera do sensível: transcendência, sacralização, idealismo são princípios que "abençoam" os pares amorosos, transportando-os para um espaço em que tudo parece possível desde que justificado pelas razões do coração. É nesse espaço que a legalidade divina do amor pode vencer, ao final de contas, a ilegalidade terrena.

Muito já se escreveu sobre essa "religião do amor", conforme António José Saraiva (Lopes; Saraiva, 1976, p.87) define essa problemática, expressão que aponta para um signo marcante do universo camiliano, a que se pode acrescentar a "doutrina metafísico-cristã", como pontua Jacinto Prado Coelho (1960) para falar da visão de mundo norteadora dessa ficção. No fundo, os traços que constituem o comportamento dos sujeitos são os mesmos – sacrifício, martírio, penitência, masoquismo, abnegação – enfim, todo um quadro hiperbolizado que outra coisa não faz senão acentuar a atitude estoica diante do sofrimento:

> – Venho oferecer-me ao teu ódio, Simão [...] Faze-me de mim o que quiseres [...] Se tens como baixeza esmagar uma mulher debaixo de teus pés, satisfaz-te com a minha humildade que te pede perdão. (Branco, 1980, p.87)

É assim que Lúcia Peixoto apresenta-se diante do irmão, propondo-se "imolar-se" (ele mesmo o reconhece com sarcasmo) humildemente em lugar de seu amor, Marcos Freire, daí não ser por acaso que Simão ironiza o voto de sacrifício feito pela irmã. Acontece que, embora a novela de Camilo retrate esse quadro típico, emoldurando-o numa "retórica sentimentalista superficial do romantismo", segundo palavras de Saraiva (Lopes; Saraiva, 1976, p.877), é preciso ver que tal retrato atua, afinal, com função crítica e não apologética. A superficialidade a que se refere o ensaísta português é, na verdade, um artifício que expõe a própria vulnerabilidade de sua superfície. É justamente por isso que cabe à personagem ironizar a atitude da irmã, como se alertando para o próprio absurdo.

Sendo assim, a entrega extremada à dor e à aceitação resignada de uma imposição sem alternativas – "entrarei hoje mesmo no convento que me destinares" (Branco, 1980, p.87) – é exposta demais para se reduzir a essa transparência ou obediência inocentes de uma alma caridosa, talhada para a perfeição. Há indícios que nos permitem perceber que o talhe não é tão perfeito quanto parece, pois tudo não passa de uma tática hábil do novelista para focar o quadro romântico das paixões, esbatendo-o com uma visão irônica e uma linguagem crítica que funcionam como advertência para o leitor: é preciso não se envolver apaixonada e passivamente nessa mística amorosa intensa que cerca as personagens; ao contrário, deve-se vê-la com desconfiança. Não se trata de negar o *páthos* que marca a ética amorosa, mesmo porque ele é forte demais para não ser percebido; trata-se, sim, de vê-lo como um recorte exagerado de valores e sentimentos que acabam por transformá-lo em imagem próxima da caricatura. A tragicidade do *páthos* é atenuada pelo trato mordaz com que é satirizada:

Baixando do especulativo ao raso das coisas, oferece-me pensar que Lúcia Peixoto cuidou amar José Osório porque amava nele o defensor, a probidade aliada à bravura, e a bravura confederada com sentimento romanesco das lágrimas [...]. (Branco, 1980, p.114)

Trata-se de uma observação do narrador atuando como verdadeiro registro da oscilação entre o alto e o baixo em que se move a enunciação narrativa. Ao elevado e trágico que sela sentimentos e ações dos protagonistas, contrapõe-se o seu rebaixamento, propiciado pelo viés cômico presente nos comentários da voz onisciente, com seu intuito de "baixar do especulativo ao raso" do discurso, desestabilizando a seriedade do relato. Essa espécie de tensão dissonante que resulta da mistura de tons nos remete ao conceito de "mistura de estilos" (*Stilmischung*) utilizado por Auerbach ao falar sobre a nova forma de representação realista assumida pela literatura a partir da segunda metade do século XIX, com Baudelaire especificamente, uma dissonância prenunciadora das tendências de modernidade e descolada já do alinhamento ao corte clássico. Isso quer dizer que a narrativa que se nos oferece mescla estilos e cria distância entre a matéria narrada e a forma de sua abordagem, abrindo campo, portanto, para o texto moderno.

Para falar sobre o sentimento amoroso de Lúcia Peixoto, por exemplo, não basta ao narrador transcender à esfera especulativa e ficar às voltas com questões genéricas sobre a condição das mulheres, focadas por uma radiografia de alma que o narrador realiza nos dois parágrafos anteriores ao trecho citado acima; é preciso descer para o plano das circunstâncias reais e práticas do drama vivido pela personagem, bem como baixar o trato concedido a essa matéria tão dolorosa. Eis, portanto, uma metaironia que acentua o jogo das conveniências concertadas pela narrativa para dar conta da situação amorosa, ao mesmo tempo focando-a e desfocando-a com a ótica desestabilizadora.

Não menos engenhoso é o concerto de qualidades encadeadas pela linguagem para enaltecer o valor moral de José Osório – probidade, bravura, sentimento romanesco – demonstradas na estratégia astuta da personagem que, "em duas horas de palestra", soube despertar o amor de Lúcia. Assim, o ideal romântico de um amor devotado a um objeto inacessível volta-se para a necessidade prática e bem mais próxima da personagem. Entre a distância impossível de ser percorrida, que conduziria Lúcia a Marcos Freire, e a proximi-

AS DISTINTAS MARGENS DA ESCRITA LITERÁRIA **113**

dade de um objeto mais palpável, oferecendo-se-lhe dignamente para dissolver os nós das questões familiares, a personagem não tem dúvida: resolve-se "acolher-se ao abrigo da sublimada alma de José Osório" (Branco, 1980, p.75). É nessa alma que se conjugam, na ótica de Lúcia, as imagens de pai, irmão e esposo que, se "dulcificam" o coração da moça, tornam-na cega para perceber as oscilações emocionais em que está enredada. O diagnóstico do narrador não poderia ser mais sarcástico – "amaurose espiritual" (ibidem, p.74) – expressão com que ele ironiza o estado feminino, servindo--se da metáfora do olhar. E mais ainda, o narrador não apenas qualifica o ato da personagem como gesto cego, como também o inscreve no espaço do contar, onde tal cegueira é focalizada: "Aclaremos este caso de amaurose espiritual" (ibidem).

Novamente, para o leitor brasileiro não há como não reconhecer, infiltrado sorrateiramente nessa observação, o espírito machadiano. Somente as "cegueiras do coração" (ibidem, p.75) podem explicar a estranha e patológica psicologia amorosa de Lúcia Peixoto – moça cujo coração se fecha a jovens que a cobiçam, mas que se abre aos olhos apagados de um quinquagenário, infundindo-lhes luz. É de fato uma situação incomum, que só pode levar o narrador a concluir, como o próprio leitor: "Custa a crer e entender isso" (ibidem). É como se o narrador, porta-voz da instância autoral, estivesse questionando, afinal, o próprio esquematismo absurdo dos moldes deterministas na construção da estética romântica; é como se dissesse: custa a crer, impossível entender obediência tão cega a exageros.

A propósito, das mulheres da novela, Lúcia é a que mais se destaca pela previsibilidade de seu comportamento, reto demais para se reduzir a essa evidência. Retidão que não só significa correção, lisura moral, mas também pode metaforizar o traçado plano da personagem, sem desvios, denunciando seu estatuto de *tipo*, um molde plano, enfim, Lúcia jamais seria uma personagem esférica, pois suas atitudes maternais – o brio, a lealdade ao irmão, a pureza do sentimento dedicado a Marcos, o espírito humanitário para com Margarida – enfim, a supervalorização dessa alma tem um preço imputado aos outros a ser pago para realçar o amor-próprio e a vaidade da personagem. Novamente, estamos perante o mesmo artifício: o exagero é sinal de que ele deve ser lido pelo avesso, pois as qualidades excessivas de Lúcia Peixoto não apontam senão para uma enfermidade psíquica que o narrador detecta com sua ótica arguta: "[...] amor-próprio, vaidade, coração, razão, brio, tudo isso que relampadejou num repente tempestuoso, é febre da alma enferma" (ibidem, p.114).

A previsibilidade que marca a personagem está inclusive na dicotomia característica do ideário romântico: ela é um anjo que leva à perdição, dualidade analisada por Saraiva (1976). Marcos e Simão *morrem* (não é força de expressão e sim reflete uma situação concreta da novela) de amor, pois se entregam a um duelo fatal por causa de Lúcia. E, enquanto esta personagem representa o não desvio do compromisso ético com os valores nobres, Margarida se apresenta como possibilidade de ruptura desse enquadramento. A fuga do convento, como consequência das insistentes investidas de Simão Peixoto atraindo-a para a relação pecaminosa, representa menos a subversão da moralidade religiosa imposta do que um comportamento a serviço da sátira, feita pelo ficcionista, à devoção religiosa. Sóror Margarida é o exemplo vivo do frágil limite existente entre a pecadora de dentro e a de fora do convento. Ela é a personagem por meio da qual o narrador intensifica o teor irônico de sua crítica, ao opor o amor divino (conventual) ao amor terreno. Nela, a imitação de Cristo cede à imitação de modelos bem mais atraentes, tanto mais valiosos porque representantes de uma "moralidade" oficializada:

> Sóror Margarida das Dores, à imitação de Sóror Filomena do Menino Jesus, e à imitação de Sóror Leocádia das Três Divinas Pessoas e à imitação das outras quatro ou cinco, reparou num guapo alferes de cavalaria [...]. (Branco,1980, p.124)

Note como a enunciação discursiva se apoia na estrutura sintática desdobrada paralelisticamente para ridicularizar o próprio princípio da imitação, sobretudo quando esse ato vem cercado de intenções suspeitas, de falsas aparências, como é o comportamento das religiosas. Portanto, em Camilo Castelo Branco, a preocupação com a construção do discurso, para além da transparência do conteúdo narrado, é sinal de uma visão moderna acerca da literatura: a de que é preciso pôr a nu a crise dos códigos estéticos.

A apologia do amor, tingida pela visão caricata do autor, está presente ao longo da obra em muitas passagens, por meio de expressões como "amar à moda conventual" (ibidem, p.124), "amores imateriais dos conventos" (ibidem, p.126) e no termo "amantíssima", frequente na narrativa, o qual sugere que a elevação do amor a um grau absoluto não significa apenas pureza, mas também excesso que leva a aberrações. Maria de Nazaré encarna esse amor que se eleva acima das contingências terrenas, sacralizando, tanto a si mesma como a sua relação com Marcos Freire, num espaço divino ("Candal"), suspenso na sua própria irrealidade, onde a identificação é também distância: "As duas almas distanciavam-se tanto quanto os corações se identificavam" (ibidem, p.31). Nela, a maternidade limpa a impureza moral, valoriza o ego desprezado; o amor mãe--filho sublima-se como forma de compensação à desonra lançada contra a mulher que tem filhos sem o casamento. O resultado não poderia ser outro, portanto, previsível nos quadros românticos, o enlouquecimento, espécie de punição social, mas também sinal de que é impossível querer fazer permanecer na esfera do absoluto as imagens falíveis e relativas do cotidiano. Para ela, a morte de Marcos Freire foi o ápice dramático de uma perda progressiva do contato com o real, a sua loucura significa o coroamento, pelo avesso, de uma vida recortada excessivamente num espaço paradisíaco.

No fundo, bem e mal são duas forças que pecam pelo radicalismo com que atuam sobre o destino dos homens, lançando-os numa oscilação entre o anjo e a besta, "alma" e "lama", como demonstrou Jacinto Coelho (1960, p.10). Acontece que o anagrama envolvendo os dois signos não pode existir apenas como antítese de valores que o Romantismo cultivou à saciedade; é preciso que esse jogo verbal seja visto, também, como trama de um discurso que sabe e quer jogar com essa dualidade – alma e lama – incrustadas na própria enunciação. É o que faz Camilo Castelo Branco: elevação e rebaixamento, melodramatismo e ironia, anjo e demônio cruzando-se no corpo da escrita:

> Seria uma lástima notável, se não fosse caso vulgar, [...] uma angelização da alma – deixem passar a palavra – angelização que dispara em evolução ridícula, porque ninguém pode ser seriamente anjo enquanto o espírito está encouraçado no corpo. (Branco, 1980, p.56)

É possível entendermos, então, que investir nesse maniqueísmo moralista com tanta intensidade, através do contraponto de tipos psicológicos modelares dos dois polos, constitui uma tática com duplo significado, pois é ao mesmo tempo retrato de um mundo e seu desmascaramento. Virtuosos x culpados, prêmio x castigo, martírio x salvação, ceticismo x crença e tantos outros pares antitéticos presentes no universo camiliano são trabalhados com tal nitidez que a própria equação moralista adquire feição caricata. O efeito acaba sendo contrário, portanto, ao que se pregou. Trata-se, na verdade, de uma visão que não se conforma com (nem a) os moldes melodramáticos da realidade romântico-burguesa, muito pelo contrário. É preciso esquematizá-los com toda a transparência possível para que aflore seu absurdo, o que é, sem dúvida, uma posição madura e moderna da escrita.

Mas, se no ficcionista português a ironização da mitologia amorosa romântica apegada a seus arquétipos denuncia a modernidade de Camilo, o resgate de mitos românticos pela narrativa contemporânea pode ser um sinal de que certos ideais do passado estético não estão mortos como poderia parecer. Assim, por exemplo, um romance como *O amor nos tempos do cólera*, de Gabriel García Marquez, parece inscrever-se numa linhagem ou tradição de longa data quanto à temática focalizada pela narrativa. As personagens Florentino Ariza e Fermina Daza engajam-se num drama amoroso cujo intuito é desvelar a força e persistência de um amor invencível, capaz de desafiar as provações da adversidade e de comprovar a fidelidade de meio século de sentimento. E, se "o amor se torna maior e mais nobre na calamidade", como conclui o narrador do romance hispano-americano, é porque esse motivo, tão caro ao imaginário romântico e à concepção tradicional de romance, ainda desperta interesse em certos leitores. Contrariamente, porém, à exacerbação dos protótipos românticos permeados pelo filtro irônico tendendo ao caricaturesco na ficção camiliana, o exagero no cultivo de uma paixão vivida no adiamento de sua consumação, em García Marquez, não pretende satirizar esse ideal platônico de um desejo suspenso. Não há a intenção crítica de troçar de um código estético ou de jogar com a própria ficção, como faz Camilo. A ficção de García Marquez utiliza outros artifícios, em que o viés crítico coexiste com o tom melancólico e profundo, afinal, como marca dos tempos do cólera.

Já em Camilo Castelo Branco, a narrativa não deixa de fundir o sério e o leve, em que se mesclam o factual e a consciência do fictício tramado pela escrita. Diz o narrador, ao final da narrativa:

Ah! O meu livro não subirá do lodo deste mundo, lá onde resplende o ouro daquela alma!

D. Lúcia Peixoto acabou de morrer há seis meses. (Branco, 1980, p.169)

8
ANTÓNIO, ANTO, O SANTO: FICÇÕES IRÔNICAS TRAMADAS PELA POESIA[1]

Se fôssemos ler o *Só*, de António Nobre, atendendo ao conselho do poeta lançado na abertura de sua obra – "Ouvi estes carmes que eu compus no exílio, // Mas, tende cautela, não vos faça mal... / Que é o livro mais triste que há em Portugal!" – portanto, se déssemos crédito sem reservas a essa atmosfera de tristeza extrema tal como é anunciada, certamente cairíamos na armadilha mesma criada por essa poesia, a qual atua como verdadeira isca para os leitores incautos.

A "cautela", estrategicamente colocada, passa a ter uma função ambígua, alertando não apenas para o sentimento doloroso como também para o risco de vê-lo com a simploriedade e evidência com que ele transparece. Uma lição de leitura, perpassada pela ironia, esta sim essencial para tecer as mediações entre o texto e o leitor.

Desse modo, ao contrário de Vitorino Nemésio e de outros críticos, essa tristeza superlativa não pode ser entendida somente como um alerta para se acolher a compunção ou compaixão, mas como uma promessa frágil, cuja tonalidade está em desacordo com muitas passagens que virão a seguir. Ou melhor, a tristeza exposta assim

---

1 Texto publicado em *Voz Lusíada*. São Paulo: Casa de Portugal/Fundação Calouste Gulbenkian, n.17, 2002, p.67-81.

120 MARIA HELOÍSA MARTINS DIAS

sob a forma hiperbólica e imediata irá adquirir matizes que a transformarão em outros sentimentos, em virtude do próprio percurso da passionalidade da linguagem que a reconstrói, revirando-a. A leitura do *Só* acabará por revelar, afinal, a função irônica de seus versos inaugurais, cujo significado real só pode ser percebido num processo de contextualização. É o que faremos em nosso caminho de análise.

Da mesma forma, a melancolia, considerada "cerne e tecido do *Só*" por Vitorino Nemésio, embora constitua um componente essencial da estética que se impunha no contexto finissecular, não existe na poesia de António Nobre como estado puro e absoluto, pois está filtrada pelo viés crítico que a relativiza ou a torna matéria manipulável, passível de corrosão pela força das metáforas:

> Cancros do Tédio a supurar Melancolias!
> Gangrenas verdes, outonais, cor de folhagem!
> O pus do Ódio a escorrer nesta alma sem lavagem!
> (apud Castilho, 1988, p.153)

Ora, mesmo que o eu esteja a falar sobre os "males do Anto", título do poema, não há passividade ou entrega resignada a esse estado disfórico; ao contrário, o intuito de "supurar" a interioridade doentia, gangrenada, transforma o discurso numa feroz operação poética. Se a alma é "sem lavagem", a poesia se encarrega de limpá-la, eliminando sem dó seu material impuro recolhido pela linguagem: cancros, pus, gangrenas, tudo escorre por essa poesia que não destila melancolias nem as glorifica como ideal mas, sim, as exorciza, dá-lhes uma forma concreta para serem enfrentadas. O mesmo procedimento, aliás, se concretiza na poesia de Augusto dos Anjos, poeta brasileiro contaminado, também, pela onipotência febril e narcisista com que foca a si mesmo.

Focar a si mesmo, eis o princípio que funda o projeto poético de António Nobre, uma focagem por demais explícita para ser tomada apenas como transparência, sendo preciso entender, portanto, os ardis dessa pretensa mitologia pessoal, aspecto que desponta na maior parte da fortuna crítica do poeta. Guilherme de Castilho

AS DISTINTAS MARGENS DA ESCRITA LITERÁRIA   **121**

(1988, p.20), por exemplo, reconhece que, para transformar a sua "biografia" em "mitologia", o poeta cria uma série de entidades míticas de raiz portuguesa, sejam familiares ou ligadas a uma tradição histórica resgatada pelo sujeito lírico. Mas aí é que o olhar crítico não pode se enganar com o que capta. Ao assumir o estatuto poético, tal "biografia" deslexicaliza-se enquanto referencialidade para existir como realidade sígnica, dramatizada ou posta em cena por uma óptica desfiguradora, justamente pela singularização excessiva com que é recortada (e recordada) a individualidade. Trata-se, afinal, de uma figuração poética que põe a nu o próprio ritual narcisista engendrado por essa linguagem plena de elementos mitificados: o nome, o personagem, a história, o próprio livro. É assim que esses elementos figuram na composição do *Só* e é dentro desse jogo que devem ser lidos: personagens e imagens são evocadas e se constelam em volta do "Anto" como peças para irem montando um painel ensimesmado.

O sinal maior dessa dramatização é, sem dúvida, a figura mesma do "Anto", "dramatis persona" da poesia neorromântica e que se tornou também um macrossigno literário, no dizer de José Carlos Seabra Pereira (1995, p.184). Entretanto, tal signo, mais do que recuperar o egotismo romântico, propõe-se como sensibilidade perturbadora, um desdobramento estratégico criado pelo poeta, espécie de heterônimo à maneira pessoana, mas, ao contrário do Pessoa desdobrável em múltiplos "eus", o "Anto" se ergue como figura única, como centro de um universo. Digamos que se trata de um *ortônimo heteronimizado*, cuja autobiografia se ficcionaliza por meio de um simulacro para falar de si mesmo: o mesmo é o outro trazido pela linguagem. Vergílio Ferreira (1990, p.239), embora com outros objetivos, também falou desse processo de "independentização" criado por Nobre, graças ao qual "tudo quanto dele disse já não o diz *de si próprio*". Como se vê, o jogo entre aproximação e distância instaura-se na leitura que o poeta faz de si mesmo, e é essa tensão que o leitor deve recuperar.

Se não atentarmos a esses artifícios engendrados pela poética de António Nobre, seremos fisgados por um confessionalismo que, na verdade, pouco tem de ingênuo e sabe simular até mesmo a própria genialidade: "Nasci poeta. Tive gênio e, sem rebuço, / Juro que já senti segundos de Camões!". Ainda que estes versos sejam arroubos juvenis rascunhados em caderno, não deixa de ser intrigante essa singularidade que o poeta exibe, tal como o espumante Castro Alves se expõe ao leitor – "Eu sinto em mim o borbulhar do gênio!" – considerado por Nobre como "o maior poeta brasileiro (olá se é)", em carta de 1885 a Alberto Baltar. A necessidade de explicitar a não dissimulação, confessando hiperbólica e epicamente a genialidade lírica de que se julga dotado, constitui uma tática que não pode nos ludibriar. Seu ultrarromantismo apresenta, assim, uma natureza ambígua: erguer-se altivamente para ser lido também como possível queda.

Essa duplicidade – euforia e disforia recobertas por procedimentos dissimuladores – tensiona a poesia de António Nobre, impedindo-nos de vê-la numa dimensão unilinear. Desse modo, "infantilismo e soberania" (Ferreira, 1990), confessionalismo e ironia, saudosismo e rebeldia, sublimidade e coloquialidade, sacralidade e comicidade macabra não constituem meras antinomias a se disporem de modo alternado ao longo da obra poética de Nobre, mas, sobretudo, são registros de uma dicção tensionada entre essas contradições e, por isso, geradoras de curiosos efeitos semânticos. Servir-se da inspiração e assoprá-la para o espaço (ou para o inferno) podem se oferecer, por exemplo, como impulsos simultâneos: "Oh mães dos Poetas! Sorrindo em seu quarto, / Que são virgens antes e depois do parto!" – e o resultado é essa estranha conspiração de sacralidade e banalização.

O inesperado toma conta do discurso, criando o efeito de estranhamento e lançando, assim, uma ponte entre essa poesia e a modernidade. Não é outra a sensação provocada pelo afeto grotesco sugerido nos versos "Ó velha Morte, minha outra ama! / Para eu dormir, vem dar-me de mamar...", do insólito poema "Meses depois, num cemitério", texto que se arma de um diálogo entre o Anto e o coveiro, entretecido por vozes de outras personagens

AS DISTINTAS MARGENS DA ESCRITA LITERÁRIA **123**

que soam como um estranho coro. Se por um lado, a infiltração do macabro recupera um dos fios da poesia romântica, por outro, esse romantismo deslocado, anacrônico, anuncia outra vertente que seria explorada pela poesia moderna: a audácia na criação de imagens inusitadas em uma poesia que talha o seu recorte singular. Um talhe tão perturbador quanto aquele realizado pelo carpinteiro a quem o poeta encomenda um fato (caixão) para o dia de seu enterro, no poema "Balada do Caixão".

É justamente por conta da estranha conjugação das oposições acima apontadas que a poética de António Nobre contém germens de modernidade. Ao posicionar a tônica da linguagem num determinado aspecto, o discurso poético nos força a perceber a outra tônica nele latente, ou seja, somos levados a desvelar o seu modo irônico de operar com a palavra. Talvez o melhor exemplo desse jogo de ocultação sejam os diminutivos.

Frequentemente utilizados pelo poeta, os diminutivos traçam uma morfologia dúbia, que aponta para a verdadeira ambiguidade dessa poesia: o afeto denotador de proximidade e familiaridade expresso por muitos signos traz embutida uma ironia ou a consciência de que é impossível manter tal proximidade, a não ser por uma forma estratégica de enunciação, a um só tempo sincera e crítica, afável e zombeteira. Curiosamente, é nos poemas mais marcados pela passionalidade do retrato familiar, como "António", por exemplo, que o "Anto" acaba sendo traído (e também tragado) pela função poética desestabilizadora dos significantes aparentemente acolhedores. Note-se como o retrato que o poeta faz de si mesmo reúne piedade e maldade, magistralmente concentradas na forma diminutiva:

> Mas foi a uma festa, vestido de anjinho,
> Que fado cruel!
> (apud Castilho, 1988, p.120)

O adjetivo final acaba se projetando em "anjinho", dessacralizando sua pureza e iluminando a intenção irônica da caracterização.

Ou então, a insólita caracterização de personagens familiares, como a enunciada no verso "A tia Delfina, velhinha tão pura", em que o *i* agudo e aliterante aponta ironicamente para o sentido cruel que envolve o destino dessa tia, que é Delfina e definha, significado que se figurativiza na proximidade entre os signos.

E se continuarmos a percorrer o *Só*, toparemos com "os ceguinhos", a "Purinha", "o avô que dormia, quietinho na vala", "Moirinha da Mágoa" (perífrase para lua), "enterro de anjinhos!" (de quebra, a exclamação vem acrescentar a pitada perversa de autoconsciência da linguagem), "a Prima doidinha", "os pobrezinhos", "fiquei sequinho, amarelo / Que nem uma tocha!" (o poeta a falar de si mesmo), "o aleijadinho", "velhinhas", "Infantes de três anos, coitadinhos!", "o bom povinho de fato novo", "o corpinho numa chaga", "uma esmola p'las alminhas", "o desgraçadinho", "o estudantinho de Direito" (novamente o autorretrato), "ó padeirinhas"... Enfim, o discurso de António Nobre flui com águas que parecem mansas, mas nos chegam como leões, assim como a imagem presente em "Viagens na minha terra" ("Águas do rio vão passando / Muito mansinhas, mas, chegando / Ao Mar, transformam-se em leões!"), que funciona como metáfora da própria poesia: uma crueldade a pulsar, contida, na tranquilidade ingênua. E assim, se "Anto" rima com "santo", conforme o eu poético pretende insinuar em alguns momentos de sua poesia, em outros, transforma essa concordância em total desacordo; o santo faz aflorar o demônio familiar que nele habita.

Na composição dos poemas, em seu nível discursivo, também se pode notar a convivência ambígua do familiar com o estranho, em que a passividade (e passionalidade) da recordação coexiste em tensão com o espírito de rebeldia. Isto se dá graças ao procedimento do poeta em trazer para o tempo presente da enunciação outras vozes, geralmente de seres familiares, seja sob a forma dialogada ou presentificada à maneira dramática, com refrões, seja pela incorporação à voz do próprio eu, ou no dizer de Pereira (1995, p.185), pela presença de "extratos de heterodiscursos" colados na montagem dos poemas, antecipando, segundo ele, a técnica modernista da colagem.

AS DISTINTAS MARGENS DA ESCRITA LITERÁRIA **125**

No entanto, essa espécie de polifonia discursiva concertada por António Nobre, ao contrário do que poderia sugerir, não significa apenas convocação respeitosa desse universo que se faz ouvir para ser acatado, mas, antes, uma ladainha ou acorde contínuo que vai saturando a memória e impelindo-a a perturbações que a desfiguram. Assim ecoa a voz da avó em "Viagens na minha terra", numa insistência cansativa, presença que preenche, mas também afoga, o espaço da individualidade. Essa mesmice sufocante iconiza-se no próprio ritmo discursivo, transformado em ladainha também: "Lá se abrem os portões gradeados, / Lá vêm com velas os criados, / Lá vem, sorrindo, a minha Avó." "Lá vem" um texto que a poesia ruminou como aprendizagem e agora ganha seu espaço de libertação pela leitura crítica.

Não é fácil, porém, a poesia desvencilhar-se das raízes que a prendem a um solo conhecido. Esse solo pode se chamar Simbolismo, Decadentismo, Neo-Garretismo, Saudosismo, mas o verdadeiro trabalho de revitalização do objeto poético pela crítica é o de arrancá-lo da moldura cristalizada em que foi colocado para ser percebido como realidade própria, singular. Nesse sentido, a poesia de António Nobre demanda novas perspectivas hermenêuticas, exatamente por sua natureza desconcertante em relação à história literária, na medida em que desestabiliza os cânones e desativa o intuito classificatório da crítica normativa. Se João Gaspar Simões já apontava António Nobre como precursor da poesia moderna e Óscar Lopes chamou a atenção para a ironia como componente de sua poesia, é sinal de que não há espaço para a crítica oficializar, sacralizando, os estereótipos ou cânones que acredita inabaláveis. Assinalar contradições, iluminar os vazios, perceber intersecções insólitas, desequilíbrios e rupturas é a função mesma da visão desautomatizadora, única capaz de dar conta do objeto artístico, especialmente o texto poético.

Mas é preciso que tal olhar desmonte o objeto em sua constituição mais íntima para acompanhar quais procedimentos a poesia aciona em sua enunciação para desafiar as estéticas codificadas e promover deslocamentos. É o que intentamos realizar a seguir, focando o poema "A Vida", com um olhar mais atento.

Visão singular de uma poética: olhos que não pousam

Assim como muitos outros poemas do poeta, "A Vida" (Castilho, 1988, p.143-145) se desdobra num longo texto, composto de várias estrofes com número variável de versos e com três versos desgarrados, os quais provocam certo estranhamento pela quebra da configuração visual em bloco, presente no corpo do poema. Tal ruptura ocorre no final da primeira estrofe e no final da última, nas quais os versos ficam bipartidos, de modo que seus segmentos deslocados graficamente podem ser lidos como versos autônomos. Assim, "Ó Quarta-feira de Trevas!" e "Ó meu Amor! Antes fosses ceguinha...", apesar do destaque que recebem, apontam semanticamente para a ausência de luz e do olhar, contrapondo-se ao excesso de olhos, imagem insistente ao longo de todo o poema.

Como se vê, a poesia de António Nobre pode não ser tão ingênua quanto parece à primeira vista e, se nosso olhar souber desarmar-se de seus condicionamentos, ou para usar a feliz expressão drummondiana, de suas "retinas fatigadas" para poder acolher a coisa oferta, então poderemos nos surpreender, não com a "máquina do mundo" de Carlos Drummond de Andrade, mas com essa "vida" engenhosamente montada pela maquinaria pseudossimbolista de António Nobre.

O outro verso que se destaca graficamente é o que antecede a última estrofe – "Jesus! Jesus! Jesus! o que aí vai de aflição!" – e que, ao contrário dos outros dois, recupera o traçado completo do verso, não se bipartindo. Recuperação de uma métrica, mas principalmente recuperação de uma intensidade exclamativa que não quer cortar sua força expressiva.

Na verdade, tradição e modernidade coexistem na escrita poética de Nobre, o que pode ser percebido, por exemplo, pelo jogo entre a liberdade formal, do ponto de vista estrófico, e a regularidade métrica dos versos alexandrinos em rimas também regulares, pelo emparelhamento. Mas a modernidade do poema está também em outros aspectos.

AS DISTINTAS MARGENS DA ESCRITA LITERÁRIA   **127**

O que singulariza o poema em questão, diferindo-o de outros do poeta, é o abandono do círculo narcisístico de autocompadecimento em que o eu imerge para que ganhe espessura a realidade observada, a qual se projeta num primeiro plano e desfila diante do sujeito poético. Ou seja, o foco de atenção não é o "Anto" ensimesmado na aura mítica de seu passado, mas uma profusão de imagens captadas pelos "olhos de gênio, aonde o Bardo molha a pena" (6º verso da 2ª estrofe). A presunção ainda permanece, mas, dado curioso, é bom notar que o bardo que se insinua nesse poema não é o que faz pena ou fala de suas penas, como é usual em seus poemas, mas é o que "molha a pena", portanto, apodera-se de uma escrita capaz de transformar seus males em outra coisa. Amolecê-los? Liquefazê-los? Essa outra coisa, se não é o mito pessoal edificado em linguagem, é a projeção metonímica de um eu que simula distanciamento, mas se presentifica no recorte singularizador dos *olhos* a se movimentarem por todo o poema. Assim, se há uma realidade focalizada pelo poeta – a condição humana (tragicomédia humana?) como um grande painel que se desenrola diante de nosso olhar –, tal realidade só passa a se configurar como imagem graças ao percurso semiótico do olhar enquanto signo que lê e ressignifica os dados recolhidos ao longo de sua trajetória pelo poema.

Tal percurso se inicia pela convocação da imagem fulcral "ó grandes olhos outonais", que não apenas aciona o movimento do eu lírico na captura de um mundo cuja decifração lhe escapa, mas também aciona um movimento que o próprio discurso poético realiza enquanto feitura do tecido textual.

Embora grandes, os olhos são outonais, adjetivação esta que numa primeira instância nos remete à condição paradigmática do poeta simbolista em sua relação com a realidade exterior. Natureza outonal, queda e esvaimento, indefinição, vaguidez e obscuridade, essa percepção impressionista funciona como índice de uma atmosfera finissecular marcada pelo signo da imprecisão. A tonalidade disfórica sugerida pela sensação de tristeza ("Mais tristes que o Amor, solenes como as cruzes") e pela reiteração da cor negra dos olhos ("Ó olhos pretos! Olhos pretos! Olhos cor / Da capa d'Hamlet, das gangrenas do Senhor! / Ó olhos negros como Noites, como poços!") cria um curioso contraponto com as exclamações que reerguem as notações imagéticas, como se reinstaurando uma possível euforia ou, noutros termos, reforçando os matizes disfóricos.

O apelo à forma exclamativa, recurso recorrente na poética de António Nobre, ou seja, os típicos "ó" analisados por Vergílio Ferreira (1990, p.240) como reflexo da "contemplação extática, magoada e olímpica" talvez mereçam outra análise. Embora frequentes nas poesias marcadas pelo discurso da memória e, portanto, denunciando "o espanto da evocação" como quer Vergílio Ferreira, as interjeições podem assumir outra função, dependendo do recorte realizado pelo poeta em seu confronto com o real. No poema que estamos considerando, por exemplo, a presença obsessiva dos numerosos "ó" (sonoridade que parece evocar o significante contido nos nomes António Nobre...) tem uma estreita relação com *olhos* e com a ritualização do movimento dessa imagem que vai se corporificando ao longo de todo o texto. É como se contemplação e intervenção se encontrassem nesse momento em que a distância deixa de existir para que a forma evocativa do discurso se concretize como realidade. O que cumpre ao eu poético realizar em seu percurso é a captação da flutuação entre sublimidade e rebaixamento, pureza e impureza:

> Ó puros como o Céu! Ó tristes como levas
> De degredados!
> Ó Quarta-feira de Trevas!
> (apud Castilho, 1988, p.143)

Mais do que tonalidade emocional, os versos acabam focalizando uma espacialização da interjeição, facilitada pelo jogo sonoro entre abertura e fechamento (ó / puros / Céu / ó / tristes / levas // degredados / Trevas), uma modulação, afinal, que figurativiza o próprio movimento dos olhos solicitados desde o início do poema.

Interessante notar que essa espécie de enfermidade outoniça dos olhos vai gerando uma presença insistente dessa imagem pelos versos, o que poderia nos reportar à noção baudelaireana da visão febril do artista, visão tão mais intensa quanto mais embebida pela entrega às sensações inusuais no contacto com a realidade circundante. Entretanto, António Nobre não é o pintor da vida moderna ou o *flâneur* que mergulha na multidão, mesmo conservando seu ritmo próprio para focá-la como lhe apraz; não, o espaço recortado pela visão do poeta português é o que resiste ao cosmopolitismo do progresso urbano e tecnológico para flanar, não sem nostalgia, pelas fontes genuínas da lusitanidade. O que não deixa de ser febril, outonal.

Mas há outro aspecto instigante a envolver a presença dos olhos como signo recorrente no poema. As apóstrofes alusivas a essa imagem, quer pela referência explícita, quer pela implícita ("Ó fontes de luar, num corpo todo ossos!"), deixam-na pairar, de certo modo, como se despregada de seu portador (eu), elemento elíptico ou oculto pelos versos e que só se denunciará na quarta estrofe, após mais de quarenta versos. Trata-se de um procedimento hábil quanto à tática de enunciação poética, na medida em que impessoaliza o olhar em favor desse corpo/foco que se projeta como móvel ou luz para ir captando e matizando com suas impressões a paisagem humana.

O primeiro grande movimento que o poema traça em seu percurso exibe uma mística do olhar, ritualizada até a quarta estrofe. Nem é preciso recolher os numerosos signos situados numa mesma isotopia, a da tradição religiosa, para percebermos o quanto essa figuração dos olhos se sacraliza, quer como atitude existencial, quer como processo de linguagem. Os olhos outonais, enunciados na abertura do poema como "místicas luzes", desdobram-se, na segunda estrofe, em "cheios de Graça". Desse modo, a partir do olhar místico evocado pelo poeta – "Olhos acesos como altares de novena!" – há todo um desdobramento imagético pelo poema, que vai propiciando a metamorfose dos olhos em outras imagens, como se estas também fossem se acendendo e iluminando a realidade construída pelo eu: "lume das velhinhas", "lume do mar", "farolim da barra", "pirilampos", "turíbulos de luar", "Luas", "círios", "olhos ofélicos", "dois sóis", "olhos cristãos", "Ave-Marias/

130   MARIA HELOÍSA MARTINS DIAS

cheias de Luz", "Estrelas do Pastor" etc. Enfim, entre as "janelas de treva" e as "portas do céu", apóstofres presentes no primeiro momento do poema, os olhos circulam e traçam sua trajetória, cujo rastro é o jogo de correspondências (novamente Baudelaire) tecido entre as imagens vistas nesse percurso iniciático do eu. Mas é bom entender essa iniciação, pois não se trata de uma entrega inocente a um estado desconhecido; trata-se, antes, de um percurso inusitado performatizado na própria construção poética, espaço em que os ritos da linguagem põem em cena seus artifícios.

Um deles, por exemplo, é a projeção antitética de luz e sombra, negro e branco, procedimento que, como outros nesse texto, é legitimado pela força dos "olhos acesos" que fazem proliferar os raios de sua percepção.

> Turíbulos de luar! Luas Cheias d'Agosto!
> Luas d'Estio! Luas negras de veludo!
> Ó Luas negras, cujo luar é tudo, tudo
> Quanto há de branco: véus de noivas, cal
> Da ermida, velas do iate, sol de Portugal.
> (apud Castilho, 1988, p.143-144)

Note-se como a atmosfera mística propiciada pelas imagens--chave da poética simbolista é desmi(s)tificada pelos versos de António Nobre, graças à saturação da própria carga simbólica e à reiteração do jogo aliterativo entre os signos: turíbulo / luar / luas / veludo / tudo. Assim como é preciso reiterar e revirar as luas negras para fazer despontar a sua outra face, isto é, o tanto que há de branco no luar, é preciso também insistir na imagética para que ela faça despertar outra leitura: aquela em que o Simbolismo é perpassado pela visão crítica. O exagero ou investimento excessivo no transcendente é denunciado pelo próprio poeta – "tudo, tudo/ Que há de branco". Portanto, não é demais ver por trás dessa aura hipercodificada de imagens uma outra "aura": a de uma metalinguagem que desveste a inocência para a instalação do familiar. Tal familiaridade se dá, quer em relação a uma imagética conhecida, simbolista por excelência, quer em relação a um espaço evocado, já que o poeta repassa toda uma paisagem portuguesa – as religiosas, os navegantes, os camponeses, a ermida, os barcos, o sol de Portugal – elementos que constelam, para o poeta, a sua "mitogenia", expressão com que José Carlos Seabra Pereira nomeia o fundamento do projeto poético de Nobre.

Entretanto, no poema "A vida" não é a "mitologia pessoal" que se destaca, como já observamos, mas um culto outro: o de uma percepção singular, um *olhar* que funciona como metáfora de sua poética. Eis o motivo da onipresença dos olhos, ocupando diversos lugares ao longo do poema, como sinal de uma focagem que não é direcionada apenas à "Dona de olhos tais" ou à "vida" que ela é chamada a ver, com todas as suas misérias sociais, mas principalmente à própria trajetória de uma poesia que foi construindo seus mitos e artifícios poéticos. Por isso, ainda que o poeta fale dos olhos ou evoque os olhos da amada para flagrar a dramática condição humana, a presença insistente pela corporificação móvel dada ao olhar faz que este funcione como macrossigno, apontando para um modo de (re)ver o próprio projeto poético.

Assim, o poema descortina uma autotextualidade, enquanto modo crítico de reapropriação de signos já trabalhados em outros poemas do poeta, como "os *Olhos Verdes* de Joaninha" (v.33) que retornam e a "Dona de olhos tais" (v.44), perífrase que nos remete à menina dos olhos do poeta, a Purinha, figura esta que, embora represente o ideal amoroso hegemônico no *Só*, irradia uma ambiguidade e uma pluralidade de sentidos que desafiam a leitura, pois "complicam a semiótica dos afetos e do desejo" nessa poesia, conforme Pereira (1995, p.181).

Mas a autotextualidade se completa com a prática intertextual. Desse modo, nos olhos verdes de Joaninha podemos ler outros olhos enquanto motivo pertencente a outras poéticas, como a de Garrett ou a menina dos olhos verdes das redondilhas de Camões, figura recorrente em sua poesia, como também a do olhar. E aqui as aproximações da poesia de Nobre com o texto camoniano se tornam mais intensas.

132 MARIA HELOÍSA MARTINS DIAS

No segundo momento do poema, a partir do verso 44, o discurso abandona o diálogo com os olhos impessoalizados ainda que fartamente caracterizados, para voltar-se à dona dos olhos, solicitando-lhe que dê atenção à realidade social degradada e carente de um olhar acolhedor. Se nas cantigas camonianas a mulher não tem olhos para o poeta e para o mundo, alheamento e distância expressos magistralmente pelo jogo figurativo com a menina dos olhos (literal e metafórica) que se movimenta volúvel, "sem assento" ("Quem se confia em olhos"), no poema de António Nobre o ser feminino também é distante e dono de um olhar altivo que não sabe (não quer?) abaixar-se para captar o que passa à sua volta: "De que te serve uns astros sem iguais? / Olha em redor, poisa os teus olhos!". Pousar os olhos significaria enxergar o mal que vem do mundo, expresso na enumeração de mazelas expostas pelo eu poético para comover a mulher impassível – torturas, injustiças, martírios, doentes, doidos, órfãos, mortes, remorsos, seres infelizes, velhos, ladrões, violência, degredados – enfim, uma procissão de horrores que se estende por mais de 50 versos e para a qual não há solução, mas que é preciso exibir para perturbar o olhar acomodado na autossuficiência alienada. Assim como a menina dos olhos verdes, em Camões, mostra "isenção a molhos", esquivando-se à correspondência amorosa, a dona dos olhos, no poema de Nobre, também se isenta de cumplicidade, permanecendo na sua apatia e na fatalidade do amor inconsumado, refletido nos "olhos ofélicos", "olhos sem bulir como águas mortas" (vv.31-32).

Interessante notar, porém, a engenhosa contraposição criada pelo poeta entre a isenção da mulher, cujos olhos negros são "duas noites fechadas / como o céu das trovoadas" (vv.42-43), e a presença maciça dos seres arrolados nos versos, culminando com o procedimento de transformar o signo *olhos* do primeiro momento do poema na ação de *olhar*, presente no segundo momento. É como se os olhos, antes ausentes, não pudessem mais se furtar a uma intervenção prática no real, concretizada pelo artifício poético de trazer o olhar para uma nova função morfológica. À mística do olhar, ritualizada no início do poema, contrapõe-se a atualização

AS DISTINTAS MARGENS DA ESCRITA LITERÁRIA   **133**

desalienadora capaz de transformar o êxtase contemplativo em ação conscientizadora:

> Olha um filho a espancar o pai que tem cem anos!
> Olha um moço a chorar seus cruéis desenganos!
> Olha o nome de Deus cuspido num jornal!
> Olha aquele que habita uma Torre de sal.
> (apud Castilho, 1988, p.145)

Aos "olhos outonais" agenciadores de uma poética simbolista presente na primeira sequência do poema contrapõe-se o olhar instigado por uma visão realista, que não apenas desfaz o misticismo e idealismo transcendentes, como também desmitifica o modo altivo com que essa poética cultivou suas imagens de transcendência. Estamos, assim, diante de uma metalinguagem, implícita. mas não ausente.

O apelo inicial do poeta – "Olhos tranquilos e serenos como pias!" (v.34) – não funciona simplesmente como exaltação à religiosidade (o que seria uma leitura ingênua, condicionada ao estereótipo canônico), mas funciona antes como um alerta irônico ao que se seguirá a essa tranquilidade, já na segunda sequência do poema, isto é, uma realidade cruel que não pode ser captada por essa cegueira dos olhos sacros e belos, mas alheios e alienados. De que servem, afinal, os "Olhos silenciosos, / E milagrosos, e misericordiosos" (vv.38-39), se o objeto a ser visto extrapola qualquer medida de bondade e humanidade? Eis a ironia maior do poema "A Vida", estratégia discursiva que acaba se revelando no final, após o verso destacado graficamente "Jesus! Jesus! Jesus! o que aí vai de aflição!", já comentado.

A última estrofe recupera o diálogo com a figura feminina – "Ó meu Amor!" – mas, rompendo totalmente com a expectativa do leitor, que esperaria encontrar um desfecho positivo por meio de uma atitude transformadora do poeta ou de sua amada, o poema escancara a visão irônica que estivera oculta em seu bojo, denunciando o absurdo ou inutilidade, não apenas de um mundo sem solução, mas também de um olhar que se descondicionasse da alienação para poder enxergar melhor. Conservando a mulher como pura (resgate da Purinha?), com "lindos olhos" que não veem os "abrolhos" contidos no mundo, o poeta decreta a falência do olhar da consciência, elegendo a cegueira como hipótese desejável, eis a imagem que nos fica do último verso do poema: "Ó meu Amor! antes fosses ceguinha...". Uma ironia sem tamanho, vinda de quem investiu ao máximo, ao longo do poema, em imagens desafiadoras e provocadoras ao olhar contemplativo, abrindo os olhos (da linguagem e do leitor) para a vida que brota, com tantos abrolhos, ao nosso redor. E abrindo nossos olhos, afinal, para a própria ironia.

Outra ironia, essa explícita no discurso, configura-se em: "essa bola de lama / Que pelo Espaço vai leve como a andorinha, / A Terra!", versos que antecedem o último do poema. Leve e pesada, essa bola que rola pelo espaço pode metaforizar a própria poesia de António Nobre, corpo ambíguo que só aos olhos cegos mostra-se ingênua ou pura, pois essa leveza só existe para movimentar sua outra face; a que deve ser desocultada pelos olhos atentos.

Desmitificando a cegueira

Retomando as reflexões colocadas no início de nosso percurso crítico, não é mais possível aceitar a estreiteza da visão canonizante com que alguns leitores ainda insistem em focar a poesia de António Nobre.

Tomar os estereótipos ou valores codificados por um movimento estético como ponto de partida para interpretar uma obra literária a ele pertencente é incorrer em duplo erro de leitura. O primeiro é em relação à história literária, como se ela fosse constituída de momentos cristalizados, emoldurados em sua esfera programática com seus pressupostos estéticos "resolvidos" na representatividade que os enforma. Por outras palavras, examinar assim o sistema literário é desconsiderar não só as intersecções necessárias entre diacronia e sincronia como também o fato de que o próprio recorte sincrônico não significa imobilidade. O outro equívoco diz respeito à obra literária, vista como produto de um sistema no qual se encaixa para atender demandas exteriores, extratextuais, desconsiderando-se, assim, a singularidade de um objeto que dinamiza tensões dialéticas na sua relação com o sistema.

Mesmo as obras que aparentemente se fazem como "reflexo" de um programa estético-cultural acabam por fazer aflorar a ironia dessa transparência, por meio de elementos que indiciam rupturas na relação mimética. É o caso, como vimos, da poesia de António Nobre. A sua inserção no Simbolismo, estética finissecular, se faz de modo atípico, fazendo despontar a posição pouco confortável e inconformada desse encaixe, o que é facultado pela visão crítica com que opera.

A própria condição humana que o poeta expressa contém a ambivalência do olhar, simultaneamente eufórico e disfórico, a jogar com as esferas temporais. Passado e presente se misturam numa passagem desfocada na qual acolhimento e recusa permutam os seus impulsos. Olhar para o passado, recolhendo a "poética do sentimento e do nacional", as tradições e o apego ao popular, à "discursividade emocional", segundo Pereira (1995, p.179), trazendo esse passado para um tempo em que ele não tem mais lugar, não estaria significando justamente uma percepção grotesca desse deslocamento?

Essa lírica de raiz romântica, marcada por traços como o "narcisismo, o egocentrismo, a volúpia do sofrimento, o seu dualismo de andrógino, o sentimento do tédio, o infantilismo de suas queixas, a piedade pelas próprias dores, a convicção de sua insularidade exemplar", (Castilho, 1988, p.104), ao exibir, enfim, o seu próprio anacronismo, ergue-se como simulacro ou uma ficção de si mesma. Trata-se, na verdade, de um narcisismo estratégico, utilizado como procedimento que figurativiza o próprio fingimento poético. Como entender o desejo confessado do poeta em assumir-se como entidade coletiva vocacionada para os sentimentos intensos e extremos, senão como uma "genialidade" excêntrica, grotesca, cuja face perversa não consegue ocultar? Assim como o neogarretismo dessa poesia é ao mesmo tempo resgate e ficcionalização, a "poética do desafogo" que se transforma num "ritual de sagração", expressões de José Carlos Pereira, só pode ser colocada sob suspeita. Eis o ardil do discurso poético de António Nobre: simular uma transparência de confessionalismo sobreposta a uma densidade de reflexos que só o ato de leitura pode (e deve) recuperar.

Se é preciso "reconhecer os vetores de modernidade no *Só*", proposta de Pereira (1995, p.185) com a qual compactuamos, tal reconhecimento depende de um olhar desautomatizador, isto é, descondicionado dos clichês consagrados a essa poesia que plasmou intencionalmente o mito pessoal como seu signo maior.

Parafraseando o final do poema "A Vida", se quisermos continuar vendo a poesia de António Nobre como mero reflexo de uma mitogenia deslumbrada com suas próprias imagens, "antes fôssemos ceguinhos".

9
ALMADA NEGREIROS:
"UM HOMEM MUITO SENHOR
DA SUA VONTADE"[1]

Um dos mais instigantes textos em prosa de Almada Negreiros mostra a curiosa aventura de um homem em sua alucinada perseguição a um cágado para exibi-lo à família. Tal núcleo dramático, grotesco em si mesmo, serve de impulso a uma narrativa insólita em que a "lógica" do irreal vai cavando fundos buracos na lógica da realidade. Trata-se do conto "O cágado", publicado pela primeira vez na revista *ABC*, nº 51, Lisboa, 30 de junho, 1921. Além da edição da Estampa, o conto figura também em outra edição, de 1993, como volume IV – *Contos e novelas*, das *Obras completas*, Lisboa, Imprensa Nacional/Casa da Moeda.

O leitor depara-se com o choque entre o familiar e o estranho, a normalidade e a anormalidade, de modo que o texto irá confirmar aquilo que o título comporta em sua camada significante: a estranha sonoridade do signo anuncia, de saída, uma realidade fabulesca a ser desmascarada pela leitura. Nesse sentido, o ato de cavar a terra para encontrar o cágado, ação em que se vê imerso o personagem, reveste-se de um absurdo lucidamente tramado pelo discurso narrativo.

---

1 Versão levemente modificada do artigo publicado em *Colóquio/Letras*. Lisboa: Fundação Calouste Gulbenkian, n.149/150, 1998, p.111-117.

O foco adotado para a narração, o do narrador em sua posição de onisciência e com o olhar irônico, é uma estratégia eficaz para focalizar o personagem, demarcado este por uma característica que o acompanha durante todo o seu percurso: a autodeterminação. Trata-se de uma vontade obsessiva e superlativa, uma *boutade*, que não é apenas do sujeito com seu bizarro projeto, mas também do próprio conto enquanto processo de construção narrativa apegado a seus perturbadores impulsos. Desse modo, "o homem que era muito senhor da sua vontade" é uma a afirmação que funciona como *leitmotiv*, percorrendo insistentemente o texto (dezessete vezes...) em que ser e fazer estão ligados por um visionarismo hiperbólico que os amarra à esfera do impossível. No entanto, se o enunciado reafirma, a cada passo, a extrema vontade que se apossa do homem, por outro lado, a própria repetição acaba por enredar o personagem num labirinto que parece esvaziar essa qualidade ou deslegitimá-la, justamente pelo excesso com que é focada.

Movido por uma atitude infantiloide, o personagem acredita haver uma diferença entre contar que viu o animal e mostrá-lo concretamente, ação esta muito mais convincente do que aquela, como se houvesse uma consciência de que é preciso corrigir a lógica do universo infantil; ou seja, a invenção não merecedora de crédito deve ceder lugar à comprovação real dos fatos, o que resulta numa sobreposição inusual da consciência adulta ao comportamento infantil. É preciso *ver* o objeto, como se este se oferecesse pela primeira vez ao conhecimento e ao contato, demandando um olhar ingênuo o suficiente para fruir ao máximo as potencialidades dessa visão mágica. Ver não como reconhecimento e sim como descoberta ou percepção inaugural. Por outro lado, a aproximação entre o personagem e o animal existe como situação para caricaturizar a verdade contida no discurso proverbialmente conhecido segundo o qual é preciso ver para crer: "Acercou-se mais e viu com os olhos da cara que aquilo era, na verdade, o tal cágado da zoologia".

Assim, a decisão de pegar o animal para levá-lo à casa corresponde a uma espécie de intervenção surrealista do sujeito: fazer penetrar no espaço habitual e estabilizado um objeto que perturba tal contexto, principalmente pelo caráter lúdico da inversão de papéis entre criança e adulto. Seja como for, torna-se evidente a *vontade* de bulir com os hábitos cotidianos de comportamento. O personagem, assim como o narrador (e por trás dele o autor), não descansará enquanto não conseguir *épater* a família (e o leitor); mas nem desconfia (agora, só o personagem) de que a surpresa maior está por vir e que o feitiço virará contra o feiticeiro, ao final das contas. A primeira armadilha está na esquivança do animal, como a provocar o processo de busca a aguçar ainda mais suas armas de conhecimento.

O humor perpassa todo o conto, a começar pelo sumiço do cágado, cena que se reveste de comicidade análoga à do desenho animado, na medida em que se acentua o espírito trocista do animal que, como "já tinha desconfiado da primeira vez, enfiou buraco abaixo como quem não quer a coisa". Além da coloquialidade tendendo ao cômico, a semelhança com a linguagem de animação fica ainda mais patente pela presença do exagero, próprio do mundo animado: "cheio até mais não", "chegou a noventa e oito baldes", "já não tinha certeza se era a quinquagésima milionésima octogésima quarta", "atravessar uma dessas rochas gigantescas", "o maior monte da Europa", "estava cansadíssimo por ter feito duas vezes o diâmetro da Terra".

A partir de então, tudo se torna possível para justificar a ação desse herói grotesco, e os componentes típicos da narrativa popular estão presentes no conto: a busca do objeto perdido, as aventuras do herói, as provações e obstáculos enfrentados, o encontro do objeto. Porém, subvertendo a tradição do conto popular, a narrativa de Almada, texto modernista por excelência, só pode se fazer às avessas, o que resulta em transgressões:

– a determinação que impele o personagem não tem uma motivação elevada ou heroica, ao contrário, parte de um capricho extremamente prosaico e sem fundamento (encontrar um cágado escondido num buraco), cujo galardão pela missão, se cumprida, é digno de riso porque ridículo (ser visto pela família);

– o objeto em si mesmo pouco importa e se transforma em mero pretexto para que outros fatos ganhem sentido, "fosse ou não por um cágado", o ato de cavar a terra servirá para metaforizar outros atos, como veremos adiante;

– as aventuras do personagem, ainda que sejam impulsionadas por um motivo inicial, passam a se mover em meio à gratuidade e ao exagero habilmente construídos pelo narrador;

– o encontro do objeto se dá quando não é mais esperado, chocando pelo surpreendente e burlesco da situação.

Como se vê, embora os aspectos acima lembrem a estrutura arquetípica dos contos analisada por Propp (1970), o conto de Almada Negreiros traça uma "morfologia" singular, distante daquele modelo.

Ora, se o cágado pode burlar a inteligência e racionalidade do herói, também a fábula pode burlar o seu próprio caráter fabulesco, tornando possível toda uma série de incongruências e estranhezas, legitimadas pela lógica do encadeamento de seu absurdo: cavar a terra com mais de cinquenta milhões de pazadas, utilizar todos os meios existentes e possíveis e não ter êxito, furar a Terra de lado a lado, abrir a greta com as unhas para ver do outro lado, descobrir um país estrangeiro onde tudo existe às avessas, andar o buraco todo ao contrário, restituir à Terra todas as camadas removidas, encontrar o cágado. Trata-se de uma cadeia de impossíveis calcados na irônica inversão do sistema do mundo, recurso de linguagem que a retórica clássica cunhou de *adynata* e cujo efeito é explodir a lógica que sustenta o universo. Ou seja, o fantástico deixa de sê-lo porque tratado com extrema lucidez. Sendo assim, se a busca do cágado vai recebendo dimensões fantasiosas ao longo da narrativa, estas são assumidas irônica e criticamente pelo narrador: "uma vara compridíssima, que nem é habitual em varas haver assim tão compridas". Desmitifica-se o ato mesmo de contar, desmascara-se a inverossimilhança.

Assim como pelo fio que liga as ações aventurescas do herói o inverossímil torna-se verossímil, também cada ação em específico

AS DISTINTAS MARGENS DA ESCRITA LITERÁRIA   **141**

acaba burlando o *non sense* para transformá-lo num sentido razoável, justificado pela totalidade de que faz parte. É que dentro desse contexto, o esburacamento da terra, por exemplo, se faz como ato que dispensa as noções lógicas de tempo e espaço, promovendo descobertas e realizações totalmente contrárias à teoria euclidiana: a Terra é perfurada, as suas camadas são revolvidas, passa-se pelo seu centro etc. Em outras palavras, a realidade é virada do avesso, revolvida, literalmente. Essa viagem ao centro da terra/Terra, motivada pela busca do cágado, ergue-se como caricatura a outras viagens nas quais a ficção se alia ao espírito de curiosidade científica (Júlio Verne e afins).

Todavia, o propósito de subversão do real por uma ótica demolidora que quer minar as bases do conhecido, fazendo-o explodir ou descolar-se do estabelecido, é preocupação constante da arte (ficcional ou não) e, no caso da literatura portuguesa contemporânea, encontrou fértil terreno, por exemplo, em Saramago. Na sua *Jangada de pedra* (1986), metáfora de um país que caminha à deriva, descolado da península e cindidos seus elos com a tradição, parece estar recuperada a imagem criada por Almada Negreiros em seu conto; remexer a terra, esburacando-a e examinando-a por sua fenda, é também uma maneira de não se acomodar ao universo estabelecido, cujas raízes precisam ser expostas e desmascaradas. Importa perceber, entretanto, que, na viagem ficcionalizada por Almada em "O cágado", a Ciência se esvazia enquanto forma de conhecimento para que a experiência com o impossível se estenda ao máximo.

O resultado não poderia ser outro senão o de uma comicidade como dispositivo que concretiza essa desmedida do absurdo. Assim: "O buraco do cágado era efetivamente interminável" – eis uma curiosa construção de linguagem cujo efeito cômico não está apenas na camada semântica, mas também no estranhamento sonoro que se figurativiza na cacofonia gerada entre os signos ("buraco do cágado"), propiciando a reiteração da sonoridade grotesca anunciada no título do conto. O caráter sintético da afirmação acaba por jogar ambiguamente com o sentido, projetando-o para uma esfera escatológica, como se já não fosse apenas o buraco onde o cágado se escondeu, mas também o buraco do próprio animal. E nessa abertura de relações lançada pelo "interminável", o buraco passa a metaforizar o próprio espaço da narrativa – corpo misterioso, a ser compulsiva e infinitamente percorrido pelo narrador em seu gesto escritural.

Linguagem da provocação e do excesso, a ludicidade serve como contraponto ao apego obsessivo do personagem à vontade, que vai solidificando e reiterando a persistência do ato de cavar. Só mesmo o trocadilho ou o comportamento móvel da linguagem para distender as possibilidades de construção dessa vontade, relaxá-la: "já não tinha a certeza se era a quinquagésima milionésima octogésima quarta pazada", pois "já não acreditava no fim das covas". Ou no fim das contas?, é o que nós, leitores, podemos perguntar. É aqui que reside a riqueza profunda desse "buraco" construído pela narrativa, no qual as possibilidades de sentido estão latentes para que o ato da leitura as atualize.

Por outro lado, para que o lúdico e o absurdo ganhem sentido ou se projetem com toda sua força, é preciso fazê-los coexistir com o sério, com a lógica do real, até mesmo para que o contraste entre ambos se dê com maior eficácia. Assim ocorre, por exemplo, quando o narrador retrata o momento de consciência do homem, ao final da primeira sequência da narrativa. É o momento em que a vontade atinge o ápice e se esgota, levando o personagem a um impasse: ao dar com o vazio por não encontrar o objeto procurado, não há como sustentar a ação porque agora destituída de finalidade, por isso a realidade se impõe e exibe o sem-sentido do absurdo. O homem "estava despejado de todas as coisas" diz o narrador – eis uma belíssima imagem que reflete simbolicamente o revolver de si mesmo, gesto que se deu até o impossível, esvaziando a própria vontade. Cria-se, assim, uma relação homológica entre revolver (cavar) a terra e revolver a si mesmo, isto é, mexer com as forças interiores: assim como a terra, o homem estava "despejado" de suas camadas. Que camadas são essas? Aquelas armazenadas por sua vontade, mas que foram sendo desgastadas num projeto bizarro que mais não fez que esgotar todos os impulsos, até mesmo os apegados à força visionária. Não havia como buscar "decisões, novas decisões, outras", como afirma o narrador, a não ser desfazendo o projeto inicial, virando-o do avesso e retornando ao ponto de partida.

Porém, antes de iniciar esse outro/mesmo percurso, o personagem se depara com o desconhecido, dá com uma abertura para o inesperado, "uma greta aberta por onde entrava uma coisa de que ele já se tinha esquecido há muito – a luz do sol". Espécie de epifania ou iluminação (no duplo sentido, literal e figurada) que descortina para o personagem uma evidência ao mesmo tempo real e fantástica, que o leva a indagar: "teria na verdade furado a Terra de lado a lado?" Portanto, uma descoberta que só acentua o absurdo, pois a alegria se converte em assombro. Esse momento inaugura um novo rumo para a narrativa, uma segunda sequência. Novas relações se oferecem para o homem; o mundo visto e experimentado por ele incomoda porque é estranho, é um país cujos mecanismos contrariam por completo os sentidos e a percepção habituais, enfim, um país virado literalmente de pernas para o ar: sol cor de cobre a fazer barulho nos reflexos, seres com proporções diferentes das conhecidas, fala-se com o nariz, anda-se com as mãos no chão...

Ora, diante de tal desarranjo cósmico, é necessário recuar, restituir a lógica ao real, reinstalar-se no conhecido. E assim tem início o percurso inverso: "Felizmente estava aberto o caminho até casa, fora ele próprio que o abrira com uma pá de ferro". Trata-se aqui da imagem arquetípica do retorno ao lar, um dos *topoi* da tradição narrativa, mas que nesse texto moderno não reaparece sem a intenção desmitificadora. Note-se a maneira criativa com que a linguagem retrata o caminho de volta, o final de um périplo tão absurdo quanto fora o seu início, tão marcado quanto este pela fantasia desmedida: "começou a andar o buraco todo ao contrário. Andou, andou, andou; subiu, subiu, subiu..." O curioso é que a imagem do retorno não está construída apenas por uma via concreta, material (cavar o espaço que conduz a), mas principalmente por um meio simbólico e indireto: o da recuperação de elos familiares que devolveriam ao ser os valores habituais. Andar o buraco ao contrário significa percorrer o que já é dominado, mas nem por isso deixa de ser uma provação, pois é um percurso tão extenso quanto o da ida. O trajeto é inverso ao anterior, porém, só pode se fazer depois de conhecido, *in loco*, o estranho, o não familiar, o insólito.

A imagem metonímica "pá de ferro" (vontade de ferro) é o instrumento que abre espaço, literal e figurado, para a reconquista da realidade abandonada. É importante destacar que o contato com um mundo virado literalmente do avesso é a via necessária para a experiência da desfamiliarização (*"unhomeliness"*), conceito fundamental para o trato com a identidade e questões ligadas ao verdadeiro local da cultura. Assim, não é demais vermos nessa prática iniciática ou ritualística da personagem de Almada o deslocamento das fronteiras entre casa e mundo, o privado e o público, confundidos, enfim, num movimento vital para a real percepção das diferenças, conforme nos mostra a análise de Homi Bhabha (1998, p.30).

Um terceiro e último momento da narrativa focaliza a volta ao lado de cima da terra, é preciso "desfazer o monte maior da Europa". Assim, inicia-se a restituição à terra de suas camadas, "uma por uma, todas as pazadas com que a tinha esburacado de lado a lado". Se a hipérbole continua, nem por isso deixa de mostrar a incrível lógica que a sustenta. Essa restituição à terra de sua constituição orgânica funciona como metáfora da restituição ao sujeito da constituição sólida que pré-existe nele, isto é, antes de sua vontade (e sem sua vontade...), porque fruto de uma tradição ou história de vida na qual está imerso e com que é difícil romper. Não é por acaso a lembrança de registros carregados de carga afetiva e de uma vida cujos valores estão condicionados ao conforto: "[...] a cama com lençóis, travesseiro e almofada fofa, tão longe!", "vieram-lhe [...] as saudades da casa, da família e do quarto de dormir". Diante de uma ficção desestabilizadora como a de Almada Negreiros, não é possível lermos nessa passagem uma apologia do estado eufórico sugerido pelas imagens de positividade contidas nos recessos do espaço doméstico. Evidentemente, essas "saudades de casa" estão perpassadas pelo filtro irônico de um narrador cuja visão crítica ridiculariza o mito da volta ao lar e de suas benesses, não permitindo uma solução tranquilizadora.

AS DISTINTAS MARGENS DA ESCRITA LITERÁRIA   145

À medida que a personagem restitui a ordem natural das coisas, um elemento inesperado (mais um entre tantos no conto) desconcerta a personagem (e o leitor). Ao tocar na última, portanto, primeira porção de terra que tirara, o homem dá com o cágado. Aqui se encontra o clímax de uma narrativa em que o encadeamento de absurdos foi traçando seu lúcido caminho até fazer despontar a surpresa maior. A lucidez está justamente no sentido amplo desse final intrigante. Há uma aprendizagem que nasce em meio ao próprio insólito: exatamente quando se abandona ou se esquece de determinado propósito é que ele surge como resultado, desafiando o próprio processo da conquista que, afinal, se dá quando não é mais esperada.

Acontece que o conto de Almada Negreiros, assim como todo texto ficcional, não pode se reduzir a essa camada mais visível de significação, por mais rica que aparente ser; ele demanda um segundo nível de leitura, aquele que possa dar conta das relações mais profundas entre as imagens trabalhadas e os sentidos de um contexto maior. É como se nós, assim como a personagem, porém com uma perspectiva crítica capaz de enxergar à distância, também fôssemos revolvendo as camadas do texto narrativo em busca de outros e novos elementos. Nesse caso, é o momento de indagarmos: o que significa a atitude estranha de penetrar na terra por meio de um gesto compulsivo que não consegue se deter? Por que criar uma situação tão grotesca se comparada aos moldes que regem o real? Haveria uma relação entre esse homem, voluntarioso até o excesso do impossível, e o próprio autor do conto?

A singular narrativa de "O cágado", tal como quase todas as obras de Almada Negreiros, vem ao encontro do "essencialismo" que caracteriza o seu pensamento, conforme assinalou Fernando Guimarães (1993). A produção artística de Almada alimenta-se de uma concepção de natureza heideggeriana, isto é, a preocupação com a descoberta do próprio ser ou o "desocultamento ontológico" é o que fundamenta o percurso empreendido pela linguagem, também esta objeto de desvelamento e de construção da própria procura. Nesse gesto, que envolve escrita e leitura do ser, o avanço se confunde com a busca da origem, portanto, a volta ao princípio é essencial para o conhecimento, feito de evidências sempre postas à prova. Eis o que justifica o apenas aparente percurso realizado pelo "homem senhor da sua vontade" do conto. Por isso, ver o animal buscado com tanta volúpia adquire um sentido amplo que abrange a superação da transparência ou da lógica amortecida pelos condicionamentos, a fim de atingir essências mais verdadeiras. É o que impulsiona o personagem em sua louca aventura, toda motivada por constantes descobertas, daí suas ações concretas serem acompanhadas por indagações: "teria na verdade furado a Terra de lado a lado? Para se certificar alargou a greta com as unhas e espreitou para fora".

Para além da postura filosófica alegorizada na aventura do personagem, pode-se vislumbrar seu vínculo com um comportamento estético de natureza profundamente surrealista, movimento cujos traços o autor prenunciou, sem dúvida. Penetrar/cavar a terra serve como reflexo de uma atitude fundamental do espírito – a de mexer com as raízes. Trata-se da penetração aguda da visão que perfura a camada mais visível e evidente da realidade à busca de essências e sentidos, para, então, perceber, com assombro, que tais sentidos se encontram na superfície, onde menos se espera achá-los. O cágado permanece lá, onde sempre esteve. Eis o ensinamento desse curioso percurso iniciático, regido pelo princípio de que tudo o que está em cima é igual ao que está embaixo. Só que ao personagem faltava experimentar essa "verdade" concretamente, como forma de aprendizagem.

Interior e exterior, aqui e além, princípio e fim, real e imaginário se tocam num ponto em que é impossível diferenciá-los, pois deixam de ser percebidos como contrários. É a alquimia esotérica levando à grande síntese dos opostos, uma das lições de André Breton (2005, p.72-73) proposta em seu *Segundo manifesto*: "*Tout porte à croire qu'il existe um certain point de l'esprit d'oú la vie et la morte, le réel et l'imaginaire, le passe et le futur, le communicable et l'incommunicable, le haut et le bas cessent d'etre perçus contradictoirement*".

As DISTINTAS MARGENS DA ESCRITA LITERÁRIA **147**

Mas há outros elementos surrealistas sugeridos pelo conto. O propósito inicial que move o sujeito deixa de existir à medida que sua aventura se realiza, passando a ser alimentada pela gratuidade ou pelo "acaso objetivo" de que fala Breton. Mais do que a ação em si mesma o que conta, a partir de então, é a força da subjetividade desencadeadora de gestos desmedidos que vão dando vazão à dimensão egotista do eu. Diz, com firmeza, o personagem: "– Já não se trata de eu ser um incompreendido com a história do cágado, não; agora trata-se apenas da minha força de vontade. É a minha força de vontade que está em prova [...]". Trata-se do desejo de afirmação de uma onipotência mágica com a qual pretende transmutar o real. Nada detém o homem, porque sua vontade é pôr à prova uma razão sensorial e intuitiva (e não lógico-racional) como alimento para uma visão poética e uma conduta ética próximas às do louco ou da criança. Daí que a busca de riscos se imponha como nova forma de aprendizagem – a que vê o mundo exatamente como é, destituindo os objetos e seres de seu sentido utilitário para inscrevê-los noutra esfera, a do arbitrário. Os surrealistas se apoiaram nessa necessidade de denunciar a estrutura precária e arbitrária dos sistemas absolutos que devem ser combatidos. Nada mais pertinente a tal projeto que a violação de regras, já que estas se impõem como interpretações unilaterais do racionalismo redutor: "ainda que seja cientificamente impossível que a terra rachasse de cada vez que ele lhe metia a pá, contudo era indiscutivelmente esta a impressão que lhe dava".

Trata-se, na verdade, de uma exploração do real escorada no experimentalismo lúdico e que vai conspirando com elementos fantásticos à medida que penetra no abismo ou lado oculto da vida, gesto que ganha uma configuração concreta magistral no ato de cavar a terra. Digamos que essa "iluminação sistemática dos lugares ocultos", tal como sugere Breton no *Segundo manifesto*, corresponde ao caminho progressivo que busca obscurecer a ótica racionalizadora e castradora para que outro foco possa transformar o mundo. Fazer tábua rasa da sabedoria acumulada pela lógica que embota o real e abrir-se a aventuras novas, mesmo diante do nada –

assim se comporta o personagem do conto, que "tinha esquecido tudo, estava despejado de todas as coisas" e, por isso, deve reaprender com o imprevisível.

Dentro dessa cosmovisão mágica que serve de fundamento para o universo surrealista, o humor se oferece como meio eficaz que possibilita o regresso do mundo ao prazer, burlando, assim, o princípio de realidade. O texto de Almada é reflexo desse espírito inquieto, movido pela rapidez oportunista e por uma fina ironia que desarmam o mecanismo repressivo imposto ao homem pela razão. "Por mais que avançasse, o buraco continuava ainda e sempre. Só assim se explica ser tão rara a presença de cágados à superfície devido à extensão dos corredores desde a porta da rua até aos aposentos propriamente ditos". Só pelo humor é possível construir analogias desconcertantes como esta, em que o buraco ("casa") do cágado é comparado a uma casa verdadeira para caricaturizar a imagem de privacidade e recolhimento do ser humano.

A viagem fantástica empreendida pelo personagem do conto de Almada Negreiros parece afirmar-se na contramão do paradigma das viagens do universo português. Não é o mar que interessa percorrer direcionando a aventura das conquistas, mas a terra, e uma terra escavada, interiorizada, enquanto cerne de um mundo ainda por descobrir. Mas, de certa forma, o périplo tresloucado a que se entrega o personagem, aferrado à sua vontade, não é muito diferente do visionarismo que sustenta o propósito colonizador ou o espírito messiânico português. O que impulsiona a aventura da escrita é o desejo de desvendar o encoberto, quer como símbolo da figura que viria salvar o povo português (lenda histórica), quer como objeto grotesco que precisa ser resgatado para satisfazer o sujeito (texto ficcional). No conto de Almada, "o homem muito senhor da sua vontade" põe-se a nu, totalmente a descoberto para encarar a ousadia esdrúxula (quixotesca?) que marca sua atitude. Trata-se, sem dúvida, de uma virada irônica do mito do encoberto, pois o que se encontra, afinal, é o que já existia no princípio, sem mistério algum.

Para Almada, o uso de choques reveladores, tanto em sua obra como em sua vida, atende à função subversiva da arte, na medida em que coloca o leitor diante do inesperado – o final do conto que o diga, quando o cágado já era uma imagem abandonada pela leitura e retorna como um objeto retirado da cartola mágica do texto. É que o reino do absurdo parece ser o único possível à realização da união do mundo visível com o invisível.

Podemos dizer, assim, que o conto de Almada Negreiros funciona como uma alegoria a simbolizar a sua própria aventura órfica: a volúpia por originalidade, o amor ao ultramoderno, o intuito de *bouleverser* os sentidos do real, revirando e desestabilizando suas camadas, o caráter polimórfico de seu temperamento artístico – tudo isso fez de Almada *um homem muito senhor de sua vontade*.

Diz ele: "os olhos são para ver e o que os olhos veem o desenho o sabe", e a escrita persegue com seu traço, dizemos nós.

10
MATÉRIA DE AMOR OU A POÉTICA ERÓTICA DE ANTÔNIO RAMOS ROSA

Antônio Ramos Rosa surge para o espaço literário português ligado à revista *Árvore* (década de 1950), de que foi seu cofundador ao lado de Antônio Luís Moita. Destituída de um *corpus* ideológico e estético coeso, a revista acolhia variadas tendências, propondo "uma concepção heterodoxa de cultura atuante" e buscando "uma integração ativa na cultura europeia", segundo Melo e Castro (1973, p.30). Seus colaboradores – José Terra, Luís Amaro, Raul de Carvalho, Egito Gonçalves e Vítor Matos e Sá – defendiam o propósito da poesia como ato coletivo (lema, aliás, de inspiração surrealista), mas extremamente voltado à depuração da linguagem. Posteriormente, a colaboração de Antônio Ramos Rosa estendeu-se às revistas *Cassiopéia*, *Cadernos do meio-dia*, *Vértice*, *Seara nova*, *Colóquio*, *O tempo e o modo*.

Tanto a linguagem poética como a crítica que, no momento, procuravam se afirmar mostravam uma necessidade de comunicação que não contava, ou contava pouco, com pontos de apoio e de referência alheios aos seus próprios meios, obrigando-as a buscar força para existir por si e em si mesmas. Isso se deve, segundo a avaliação do próprio poeta Antônio Ramos Rosa (1979, p.54), à "atual impossibilidade muito geral de meios materiais para toda uma comunidade que quase se ignora. (Impossibilidade de poesia

152 MARIA HELOÍSA MARTINS DIAS

para os poetas: impossibilidade de vida para aqueles que a cada instante a possibilitam com o suor de seu corpo)". Ou seja, a própria prática de produção com que essa linguagem vai se operando revela uma poesia voltada menos para a castradora realidade exterior do que para o seu espaço interno de construção, em busca das possibilidades do dizer; linguagem que quer experimentar-se como textualidade, dotando-a de acentuada consciência crítica. A interdição, enquanto ato alimentado pelo sistema contra a arte de vanguarda das décadas de cinquenta e sessenta, transforma-se, paradoxalmente, num potencial criador; construindo-se como resistência à repressão, o signo poético reforça seus meios de operação. O próprio movimento da vanguarda editorial, conduzida à publicação em periódicos que iriam precisar ainda de um tempo de maturação para se firmar, acaba por construir essa espécie de *work in progress* coletivo de uma geração "cada vez mais consciente do seu próprio percurso e do sentido que ele vai tomando", no dizer de Antônio Ramos Rosa (1979, p.59-60).

Linguagem-grito, "palavras de pedra", discurso que se propõe como um alerta às suas próprias funções e como atentado à impossibilidade que o rodeia: "Poesia que é grito, grito que nasce sufocando outros gritos, grito dilacerado [...]" – estas palavras do poeta correspondem a uma fala crítica em que o ressoar do grito é a sua possibilidade de existir. Trata-se de um apelo não somente ao canto-provocação ou canto-denúncia, como seria previsível dentro do espírito programático dessa vanguarda poética, mas principalmente à ressonância múltipla e uníssona dos cantos, a busca de um texto plural. Espécie de acordar de diversos gritos numa fraternidade de intenções e numa reciprocidade de funções que possam franquear o caminho à poesia portuguesa. É a redescoberta e reafirmação de que esse encontro deve tramar-se no seio mesmo da linguagem – eis a proposta do grupo dirigente da *Árvore*, que não deixa de evocar o eco de outro tecido: "Um galo sozinho não tece uma manhã/ ele precisará sempre de outros galos". Os "fios de sol" tecidos pelo poema de João Cabral em sua perturbadora construção apontam, em outro tempo e espaço, para a mesma necessi-

AS DISTINTAS MARGENS DA ESCRITA LITERÁRIA **153**

dade de entretecer os gritos em meio a dissonâncias e resistências. Tanto num caso como no outro, o que importa é a singularidade com que esse canto se tece: um fazer armado de consciência. A palavra poética é assim metáfora de um texto-grito coletivo cuja função é ambígua: grito proferido e ao mesmo tempo calado na iminência de se proferir; grito que apela à solidariedade (transparência), mas se fecha na singularidade do seu ser opaco. Desse modo, a obra de Ramos Rosa aparece menos como reflexo de um quadro cultural específico (o português) do que como uma das manifestações da intertextualidade em que está imerso o poeta moderno.

A procura de um espaço literário que permita a troca de experiências com a linguagem viabiliza também outra prática: poesia e crítica passam a existir num círculo de contaminações mútuas, diminuindo suas fronteiras e modificando a natureza de seu discurso. Esse exercício com dois tipos de linguagem fará aparecer, por volta dos anos 1960 e 1970, o efeito de tal reciprocidade: se a poesia erige em seu corpo a consciência do fazer e a crise mesma da representação, a crítica não apenas toma o objeto poético como referência, mas incorpora-o como processo criador em sua própria linguagem.

Mas retornemos à década de 1950. A arte emergente se vê obrigada a reconstruir seus caminhos e a propor novo funcionamento do poético, porque consciente das hostilidades do meio exterior, quer do ponto de vista político (o sistema fascista defendido por Salazar), quer do ponto de vista socioliterário, e este parece ser o maior obstáculo para os novos poetas. O individualismo de uma cultura que olha narcisicamente para seus próprios reflexos acaba gerando identidades conformadas com e a esse ensimesmamento egoico ou com dificuldades para dele sair. Em seu artigo "A poesia é um diálogo com o universo", publicado na *Árvore*, Antônio Ramos Rosa fala de sua (des)esperança em relação a um círculo fraternal entre os poetas. É preciso, no entanto, que a fidelidade exterior comece por uma fidelidade interior, por um respeito às intenções internas ou demandas da própria poesia. O texto poético deve estar em consonância com o texto do mundo, porque a ética da linguagem não se justifica se não houver um compromisso ético do escritor diante de seus companheiros e a confiança nos destinos da poesia. Pelo menos são essas as palavras de ordem de um movimento poético flagrado na sua emergência. Na verdade, essa "ética" de fraternidade reclamada pelo poeta atenua-se como exigência, até mesmo por conta dos caminhos que vão sendo conquistados pela produção poética, muito mais engajada em suas próprias descobertas e reinvenções do que em apelos exteriores.

A obra de Ramos Rosa acompanha momentos diversos, em Portugal, do difícil enfrentamento com sua história: da ditadura salazarista à Revolução do 25 de abril, da situação equívoca desta "revolução" (romper com um sistema repressivo e totalitário, mas que não chegou a mudar radicalmente com uma estrutura política anterior) aos dias de hoje — o que resta? O espaço contraditório de valores e preocupações, num contexto móvel e suscetível a numerosas oscilações.

O ensaísta Eduardo Prado Coelho assinalou, para esse momento, um conjunto de aspectos como "a aceleração da história, a inflação ideológica, a súbita promoção do essencial e desqualificação de todas as manifestações secundárias e simuladas da existência" (1979, p.53), o falseamento da verdade, o clima de insegurança "controlada". No entanto, é justamente essa realidade abalada em suas raízes e certezas que possibilitará, senão o estabelecimento de novas raízes, o que só poderia acontecer num longo processo histórico, pelo menos a absorção das incertezas para amadurecê-las. Dizendo de outro modo, a incoerência histórica como que sedimenta uma possível coerência. Trata-se, porém, de uma sedimentação fluida, a um só tempo recolha de elementos e o seu desgarramento ou uma tradição sempre ameaçada.

É dentro dessa subtração ou roubo da história que deve surgir uma nova escrita, espécie de "corpo de linguagem que vai ao encontro da linguagem de outros corpos", na feliz expressão de Eduardo Prado Coelho (1979, p.15). Agarrar-se ao espaço da textualidade, erigindo-se como instrumento de intervenção criadora, como um discurso feito de sua própria sustentação, é o modo historicamente possível de firmar uma identidade. Proposta que coincide com o pensamento de Ana Hatherly (1979, p.13), para quem é preciso conceber o texto como "área de luta, centro de divergência em relação ao contexto, mas também em relação ao seu próprio espaço". Trata-se de uma atitude revolucionária, sim, porém a única revolução de que pode surtir algum efeito: aquela que assume a negatividade e o vazio do real transformado em cravos espezinhados — eis a matéria impura que a Revolução de Abril de 1974 deixou para o país, como signo de uma traição que cabe à arte reconfigurar como outro signo.

A obra poética e crítica de Ramos Rosa é o exemplo concreto desse comportamento da linguagem como resposta ao meio histórico em que irrompe. Seu texto é o nascimento de um "grito claro" (título da obra que inaugura sua produção, em 1958), cuja claridade é o despojamento de garantias e certezas para a transparência de suas imagens opacas e dissonantes; menos o real impuro, do qual o grito emerge, do que o caminho aberto pela consciência para a purificação da palavra, o inominado em busca de corporalidade:

> De escadas insubmissas
> de fechaduras alerta
> de chaves submersas
> e roucos subterrâneos
> onde a esperança enlouqueceu
> de notas dissonantes
> de um grito de loucura
> de toda a matéria escura
> sufocada e contraída
> nasce o grito claro
> (Rosa, 1977a, p.17)

A claridade do grito incorpora a opacidade que o cerca e faz da estrutura de desesperança e dissonância dos nove versos um instrumento para que o grito aflore e permaneça como último verso: o dizer encontrou o seu momento de afirmação em meio à resistência.

Afirmação que se reconhece provisória, justamente porque refratária às imposições e limites de todo enquadramento. Desvencilhando-se das malhas da história, esse grito poético atende, muito mais "à historicidade do sentido, à possibilidade do seu devir", como propõe Jacques Derrida (1971, p.84). Trata-se, enfim, de uma disponibilidade para acolher a abertura das relações, as configurações dinâmicas, ou seja, o modo consciente de operar com sua insuficiência. Ora, tal postura fenomenológica, caracterizada pela entrega à imediaticidade e atualidade dos fenômenos e definida por Umberto Eco (1979, p.223) como "uma cumplicidade primordial com o objeto" para senti-lo em sua "epifanicidade imediata", prepara o caminho para uma posterior ontologia apoiada nas manifestações concretas da existência, no fazer.

A possibilidade de operar com os signos adquire uma função crítica: desdobramentos, projeções ambíguas, distanciamento, recuos, silêncio são formas pelas quais a linguagem experimenta a si mesma e afirma sua anterioridade perante o sujeito. Heidegger: a linguagem acolhe o "ser-aí" da existência, é o âmbito ou o corpo de (des)velamento do ser. Fala e silêncio, ocultamento e descoberta. Sartre: o ser deve inventar-se a cada instante, nada o justifica antes dele, apenas o desejo e a liberdade que lhe possibilitam construir-se a si mesmo; existir é correr o risco de nada ser.

A densidade ou a espessura da linguagem, existindo como materialidade centrada em suas projeções e relações, acaba por transformar a palavra em um corpo que se faz como meio de apresentação ou a "figuração" que "afigura a realidade", no dizer de Wittgenstein (1968, p.60). Eis o projeto poético de Antônio Ramos Rosa (1980a, p.3): "No corpo do texto, a palavra assume a fisiologia das suas próprias referências".

Essa espécie de ontologia da palavra reflete, afinal, o desejo sequioso da linguagem por si mesma, pelo seu próprio corpo, existindo como instância que se emancipa do sujeito. Descoberta de imagens, abertura de movimentos, investimento na disseminação dos sentidos, o texto se transforma num espaço ideal para a experimentação da palavra. A linguagem se desvela como signo,

AS DISTINTAS MARGENS DA ESCRITA LITERÁRIA   157

oferecendo-se a um só tempo como instrumento crítico e objeto de prazer. Aqui, a evocação de Barthes (1977, p.13) parece necessária. Instigado a um funcionamento erótico, o texto inscreve-se como uma perda, uma fenda, um corte, "o *fading* que se apodera do sujeito no imo da fruição", caminhos estimuladores do prazer. É justamente essa margem subversiva, a do deslizamento constante do sentido, que sustenta a fruição ao deslocá-la para um espaço destituído de certezas e alimentado pelo risco.

Ana Hatherly (1979, p.13) também valorizou essa vulnerabilidade deliberada que torna o texto um "espaço de perigo" ou "espaço em perigo" para a ideologia dominante de uma sociedade burguesa e capitalista, para a qual tudo deve fazer sentido, nada pode desviar-se do *establishment* que impõe e dirige seu próprio contexto.

Imagem visual, grafismo, espaços em branco, ideogramas, deslocamento de palavras – tentativas de distender e ousar o funcionamento poético da linguagem, por uma experimentação sígnica que empurra os sentidos para margens inapreensíveis, tornando-os esquivos à dominação. O texto torna-se, como bem pontuou Ernesto de Melo e Castro (1973, p.16-17), o lugar de uma "linguagem substantivada", um "objeto-operação", "uma tensão aberta no espaço-tempo, um devir que continuamente se reprojeta num espaço que é sua própria substância".

Emergindo exatamente desse posicionamento perante o poético, e do qual se tornou um eco, a poesia de Ramos Rosa foi-se construindo em atendimento às suas necessidades internas, orgânicas, de operação. Se o engajamento em seu próprio fazer, através do apego obsessivo à prática da escrita enquanto processo dinâmico e construtivo da linguagem, é uma constante em seu percurso poético, isso se deve menos ao compromisso com os projetos e manifestos de um contexto poético revolucionário do que a uma trajetória que foi conquistando aquelas necessidades como se desentranhadas da própria natureza textual dessa poética.

Nesse sentido, uma forma possível de ruptura encontrada pela poesia de Ramos Rosa é a *abordagem* (no duplo sentido: como tratamento reflexivo e como assédio corporal, sensual) da palavra, que

158 MARIA HELOÍSA MARTINS DIAS

se afirma como verdadeiro objeto da escrita: palavra-instrumento, ("lâmina", "tenazes", "pedra", "estaca" são, para o poeta português o signo dessa instrumentação); palavra-corpo com o qual trabalha, num gesto de crítica à apropriação e dominação. Mas é preciso que tal gesto se inscreva no papel como ato concreto; trata-se de uma *inscrição* propriamente dita, porque a escrita é uma marca física, é o sinal que deixa na página o rastro de sua violação; é

> a palavra rasgada
> > a sangue
> e ferida
> > a negro
> (Rosa, 1977b, p.97)

Escrever, para o poeta, é um ato físico em que a mão roça o papel, "a ponta do lápis" coincide "com a ponta da sombra do lápis", a folha, "ó feliz falha", se abre ao escorrer da tinta, o pulso acende palavras. Estas imagens exploradas por Ramos Rosa presentificam a concepção da poesia como *fazer*; a linguagem é um ser com o qual o eu mantém uma relação ativa, presente e contínua, marcada sensorial e sensualmente. Estamos no campo do prazer e é dentro dessa perspectiva erótica que a poesia de Ramos Rosa deve ser lida.

Não é por acaso o título *Matéria de amor*, dado pelo poeta a uma das antologias de suas poesias (1983). Tal enunciado não apenas sugere o tratamento do amor enquanto motivo recorrente, "matéria" de todo um conjunto de obras que se estende por duas décadas (de 1960 a 1980);[1] mas, principalmente, aponta para o exercício de

---

1 Essa antologia recolhe poesias das obras: *Viagem através de uma nebulosa* (1960), *Voz inicial* (1961), *Ocupação do espaço* (1963), *Terrear* (1964), *Estou vivo e escrevo sol* (1960), *A construção do corpo* (1969), *Nos seus olhos de silêncio* (1970), *A pedra nua* (1973), *Ciclo do cavalo* (1975), *Boca incompleta* (1977), *A nuvem sobre a página* (1978), *As marcas do deserto* (1978) e *O incêndio dos aspectos* (1980). Posteriormente, o poeta publicou outras antologias de sua obra: *A mão de água e a mão de fogo* (1987), *Obra poética – I* (1989), *Poemas escolhidos* (1997), *Antologia poética* (2001).

uma poética atraída pela paixão por sua própria composição. Insistir na (re)construção dos poemas é manter a escrita num permanente agenciamento da relação texto-poeta. A "matéria", a mesma e outra, impulsiona e renova o desejo de sua feitura. "Matéria de amor" passa, assim, a servir como metáfora do impulso estruturador dos próprios poemas: o trato com a palavra, mantida numa fértil produção, inesgotável, apaixonante. Essa trajetória circular que a obra poética percorre, retornando a seus textos e retomando-os, reproduz o ritmo amoroso com que essa poesia joga seus impulsos mais intensos: a paixão pela proliferação dos textos não é maior que a paixão por vê-los reinventados. Não é a permanência que preocupa o poeta; o seu ofício, quase vício, é saciar a urgência das palavras, que se levantam oferecendo-se como uma língua acesa a reclamar a leitura:

> Alguns dirão: subsiste o tema: mas só palavras se levantam
> só palavras se leem no vento das candeias
> só a língua é legível e acende a íris.
> (Rosa, 1980b, p.62)

Eis o que nos surpreende nessa poesia: o poder autoconstitutivo da sua linguagem, ou no dizer do próprio poeta, o "presente existencial" do texto poético, aberto à atualização permanente de uma forma insaciável. Não se trata de erigir a palavra como objeto referencial ou ser capturável pelo olhar do poeta, mas de colocá-la em situação, fazê-la falar, incitá-la a mostrar suas "deambulações oblíquas" (título de uma obra de Ramos Rosa, de 2001), recolhidas pelo traçado impulsivo da escrita. Metalinguagem é pouco para expressar tal processo. O discurso fala de si mesmo, mas através de seus movimentos, recorrências, desdobramentos, enfim, de uma linguagem autoexcitante. O falar se planta como realidade vertical, erétil, refratário à horizontalidade que o colocaria nas relações previsíveis, por isso resiste como um osso, um corpo que se potencializa sexualmente, um falo:

MARIA HELOÍSA MARTINS DIAS

> Falo
> como se o osso falasse
> falo
> com o osso desta sombra
> (Rosa, 2001, p.57)

Ler a poesia de Ramos Rosa é estar atento à funcionalidade corporal da escrita, que passa a existir como uma segunda pessoa estimuladora do jogo entre oferta e recusa, indiciando uma posse permanentemente adiada. É o que vemos em um poema do livro *Boca incompleta*:

> Mas não estarás tu sempre presente na ausência? Não serás tu a figura nula inacessível que vive no silêncio do espaço branco? Não sei já quem tu és se tens um corpo se escrever é perder-te ainda mais se caminho em vão ou se te encontro na própria perda se já te achei e te acho a cada passo
> (Rosa, 1977b, p.41)

Como compreender esse "tu" senão como um ser cuja natureza se faz pela textura liberada da linguagem? Como vê-lo, senão enquanto um corpo que constrói seu ser móvel no percurso sequioso do texto para conquistá-lo? Escrever é a simultaneidade de perda e encontro em que o "tu" vai (des)figurando a sua presença.

Poética que se experimenta eroticamente, a palavra é o signo do desejo de se consumir em energias até o limite do impossível para dizer o seu ser; é a pulsação de formas que se atraem para fazer o corpo textual sentir a si mesmo e ao mundo; segundo o próprio poeta em um de seus textos críticos, é a "explosão de energia do ser, graça e jogo, pura delícia de viver ou dor suprema da ruptura, do absoluto risco de existir" (Rosa, 1979, p.92).

Sem penetrarmos nesse espaço de prazer que o texto poético de Ramos Rosa oferece, sem compactuarmos com a volúpia escritural de sua linguagem, dificilmente entenderíamos essa poesia. Porque

AS DISTINTAS MARGENS DA ESCRITA LITERÁRIA **161**

os flancos que ela abre com seu corpo, no fazer poético, não podem ser preenchidos senão por um olhar que se mova entre esses espaços, para ir sulcando, também, os sentidos possíveis germinados na folha. Com cuidado, porém, de não fixá-los ou tomá-los como definitivos, pois a escrita é um curso permanentemente alimentado pela tensão entre perda e encontro, oferta e recusa. Ao se moverem pela página, escrita e leitura arriscam-se a enfrentar o provisório, os traços intensamente precários e, talvez por isso mesmo, mais excitantes:

> A mão move-se na página como se fosse um falo numa cabeça
> porque nela ondula uma lascívia branca
> que nada requer ou requer a verdura do mundo
> A palavra está prestes a perder-se nos seus ramos redondos
> e se culmina pulveriza-se numa poalha de ouro
> (Rosa, 2001, p.95)

Como muitos poemas de *Deambulações oblíquas*, o fragmento acima expõe um traçado de escrita que não se faz apenas como luta verbal, mas como afirmação de um corpo em meio a impulsos vitais, orgânicos, para se projetar enquanto realidade concreta. É a reafirmação de uma poesia que, desde o início de sua produção, vem demarcando-se pela conjunção erótica entre *dizer* e *fazer:* desprender a palavra, transformá-la em linguagem, é criá-la como *fala* e *falo*, uma língua poética que somente se potencializa fazendo explodir os limites da disciplina e do decoro, abrindo fendas no ritmo discursivo. Note-se como a sensação de labilidade se materializa nos sons líquidos e lascivos (falo/ nela/ ondula/ lascívia), impulsionando a linguagem para um caminho não necessariamente rumo ao encontro do sentido ou à consumação do dizer, "que nada requer" a não ser perder-se nos meandros da volúpia. O êxtase é também perdição, pois à palavra não é dado culminar seu trajeto ou cristalizar-se como forma ("se culmina pulveriza-se"), mas apenas existir como posse sempre adiada. É oportuno lembrar, aqui, a noção lacaniana, retomada por Barthes (1977, p.31), acerca da

162 MARIA HELOÍSA MARTINS DIAS

fruição. Esta é "in-dizível, inter-dita", um dizer que nasce e se faz como interdição, existindo apenas entre as margens, falar e não falar, des-velar:

> É difícil acompanhar esse ritmo embora vagaroso
> porque ela vai sempre além de si mesma com o seu cio vermelho
> e repentinamente abre-se como uma mulher que levanta a saia
> para mostrar o seixo que tem entre as virilhas em vez de uma vagina
> (Rosa, 2001, p.95)

É difícil acompanhar esse ritmo, porque a palavra que encontramos a cada passo da poesia é a de um corpo esquivo, que se abre para um sentido, simula entregar o real, mas se fecha para o previsível, oferecendo o inesperado que nos desconcerta. Intensa, "com o seu cio vermelho", essa palavra-mulher que o poeta busca flagrar com sua linguagem guarda um *seixo* em seu interior, contrariando o *sexo* esperado, mas nem por isso negado. É justamente a sonegação da imagem, mas recuperada pela leitura, que incita o prazer. Ali, onde mais se espera encontrar o corpo, é onde ele se oculta ou se mostra como outro, surpreendente, imprevisto. Ou melhor, é a *perversão* que os versos constroem, assim definida por Barthes (1977, p.68): "extremo sempre deslocado, extremo vazio, móvel, imprevisível"; em vez de sexo seixo, no lugar do signo áspero, surdo, o signo chiante, sonoro.

As obras mais recentes do poeta vêm confirmar, afinal, a coerência de um longo percurso sulcado com uma imagética em que se encarna o desejo do poético, despontando com uma energia que nos espanta. Mesmo distante daquele "grito claro" que emergiu de sua primeira obra poética, há mais de cinquenta anos, então comprometido com um contexto subversivo em busca de espaço para sua afirmação, a escrita poética de Antônio Ramos Rosa ainda se faz com as nervuras que sempre marcaram sua textura. A que mais se destaca aos olhos do leitor é a transfusão de substâncias naturais no corpo da linguagem, compondo uma realidade outra, uma "língua" outra, que ao atrair a leitura também a engole em seu silêncio:

AS DISTINTAS MARGENS DA ESCRITA LITERÁRIA **163**

Nudez entre nuvens ou o corpo vago
no ócio de ser só o seu esboço
assim o olhar vê a página branca
na sua espuma unânime e ambígua
(Rosa, 2001, p.25)

Essa nudez anunciada pelo primeiro verso, e que refletiria o desejo de despir as palavras de tudo o que não interessa à percepção original ou virginal, acaba sendo traída pelo investimento no significante, o qual vai vestindo os signos com a insistente aliteração em /s/ do segundo verso: um "esboço" que ecoa intenso, apesar do "ócio" querer negá-lo. A abertura de diálogo com o olhar (do leitor e do próprio eu que deambula pela página branca) é frequente na poesia de Ramos Rosa, e assinala a cumplicidade entre instâncias que se procuram no ato performativo da escrita. É por isso que, nos versos seguintes aos da estrofe acima citada, o poema lança a possibilidade de uma escrita feita por um sujeito plural – "Podemos escrever [...]", "como se seguíssemos" –, cuja identidade não interessa precisar, justamente porque é o escrever que se desgarra como impulso e vai recortando-se como instância. Escrever se faz com um instrumento que foge da rede previsível da escrita – em vez de lápis, um peixe que desliza e se oculta para não ser apanhado:

Podemos escrever com esse peixe de claro fogo
que flui entre os ramos das árvores
e deslizar sobre a página que não é veludo nem vidro
como se seguíssemos pelos sulcos de um ouvido
até onde o silêncio é coado por um véu vegetal
(ibidem)

Nem veludo (maciez) nem vidro (transparência), a página é um espaço enganoso, abertura traiçoeira que lança o ser da escrita num labirinto ou nos "sulcos de um ouvido", em que ouvir é também cair no olvido, apagar a escuta, esquecer, não ter memória. Esse é

164   MARIA HELOÍSA MARTINS DIAS

o caminho perseguido pelo poema, é esse seu desejo: "alheia-se do mundo para perspectivá-lo / segundo as suas linhas de surpresa e harmonia", desliza em seu próprio labirinto, inaugurando ou descobrindo veios ainda não ocupados, sensualizando o contato com formas ainda intocadas:

> O poema é um sistema de nervos e de músculos
> que fluem entre pausas com o veludo do seu sangue
> como um peixe flexível e sinuoso e lento
> [...]
> Por isso o poema é uma tensão constante
> entre o que se sente e a sua língua de vento
> que modela a palavra com o seu virtuosismo de inseto
> (Rosa, 2001, p.87)

Assim como para o poeta, "o mais difícil é encontrar a preciosa pausa / do percurso para que a gestação coincida com a palavra" (ibidem, p.45), para o leitor é difícil colocar uma pausa na leitura dessa poesia, tão intensamente apegada ao erotismo de seus movimentos e à gestação consciente de seus processos.

Porque sensuais são os movimentos permanentes do texto, a busca ávida por um significado que se desloca e desliza estrategicamente; sensual é o ritmo dos versos, fluxo intermitente de afirmações contidas e trêmulas, ousadas e lancinantes; sensual é a aproximação tensa dos contrários; sensual é a página que se oferece à penetração imagética do "branco" com o "sangue"; sensuais são as vibrações e reiterações sonoras das palavras; sensuais são as coxas, ancas, língua, pernas, sexo; o "ardor do instante", as hastes livres, a palavra que vibra como estaca no ar; as palavras que ferem e que abrem a fenda da folha, "onde pulsa o desejo"; a mão sobre a mão, "bocas que dizem bocas", o gérmen na página, o "sangue das palavras", a "contínua curva dos flancos", a "pulsação da terra", "um espasmo de frescura nas palavras", "a ferida se escreve / lentamente", nomes que pousam "tão deslumbrantes e espessos como o púbis da montanha".

Ou, para concluirmos nosso percurso com o dizer do próprio poema:

> A marca do corpo desfaz
> o texto
> que se apaga
> e arde
> de letra em letra
> de ferida em ferida
>> (Rosa, 1983b, p.46)

11
INFILTRAÇÃO DO MÍTICO NA NARRATIVA DE TEOLINDA GERSÃO[1]

Focalizar elementos míticos em uma determinada ficção significa considerá-los em um universo específico em que atuam com significações próprias, ou seja, significa tratá-los como elementos já filtrados por uma consciência crítica que lhes deu uma configuração singular, deslocando-os de sua origem primitiva para novo contexto.

É com esse intuito que passo a falar na presença de certos mitos na narrativa de Teolinda Gersão, escritora portuguesa contemporânea, autora das obras *O silêncio* (1981), *Paisagem com mulher e mar ao fundo* (1982), *Os guarda-chuvas cintilantes* (1984), *O cavalo de sol* (1989), *A casa da cabeça de cavalo* (1995), *A árvore das palavras* (1997), *Os teclados* (1999), *Os anjos* (2000), *Histórias de ver e andar* (2001), *A mulher que prendeu a chuva* (2007) e *A cidade de Ulisses* (2011).

As relações entre mito e literatura são extremamente estreitas e vêm se tecendo há muito tempo, o que pode se explicar pelo próprio sentido original de mito (em grego *mythos*), narrativa ou fábula. Entretanto, justamente por causa dessa conjunção natural (mítica?) entre as duas linguagens, que se recorrem mutuamente, é preciso tomar com cuidado tal inter-relação para não se correr o risco de incidir na evidência das significações simbólicas genéricas.

---

1 Texto publicado em *Notandum*. Murcia/São Paulo: Ucam/USP, n.7, 2001, p.31-38.

168   MARIA HELOÍSA MARTINS DIAS

Tomar os mitos como imagens ou representações que têm a força de resistir, graças à moldura que os formou e aos valores que instituíram, é acentuar o traço de *permanência* ou de uma sacralidade que desafia o tempo. Nesse sentido, estaríamos diante daquilo que Roland Barthes (1978) denomina de "protótipo imóvel" ao falar sobre o mito. Na visão barthesiana, o mito acaba por instituir um dogma e um ritual, não levando à criação, e sim à perpetuação de valores sacralizados, exibindo para o homem uma identidade deformada e paralisante. "Estando à direita", o mito comporta uma ideologia estagnadora, sustentada por valores absolutos que se pretendem eternos, imutáveis, emoldurados na sua aura própria.

Ora, para enxergar o mito como algo destituído dessa negatividade ou reacionarismo assinalados por Barthes, é preciso deslocar essa permanência, ou melhor, desequilibrar a moldura que cerca o mito, o que só pode se fazer por um olhar transgressor e criativo. Aí, sim, as relações entre mito e literatura podem ganhar conotações insuspeitadas. O que importa perceber, nesse caso, é o tratamento singularizado dado aos mitos por uma linguagem narrativa que os recria, em seus procedimentos de construção, para gerar novos significados.

Olhando as coisas desse modo, isto é, com um olhar não ingênuo nem anacrônico, mas atento a seu percurso histórico rumo à modernidade, é possível compreender que os mitos não interessam como imagens em si mesmas, pairando em sua esfera absoluta, autônoma, mas como objetos passíveis de reconstrução permanente. Por outras palavras, para a consciência moderna, o resgate do mito, por via ficcional ou crítica, só pode se fazer se soubermos transformá-lo em uma realidade móvel, colocando passado e presente em uma contínua circulação de trocas.

A noção de permanência, e com ela a de tradição, incrustadas no mito, nos fazem pensar na inevitável relação entre passado e presente, dimensões que se projetam na história e ajudam a construí-la.

Se os mitos permanecem com toda a força de sua simbologia, não é porque esta seja imutável, e sim porque as leituras que ela possibilita vão modificando esses significados originais, instaurando novas funções para as imagens mitificadas ou já codificadas. Digamos que se trata de uma des-mitificação que opera, portanto, em dois sentidos: retirar as imagens da "imobilidade" (Barthes, novamente) de sua função enquanto arquétipos e revitalizar os mitos, construindo-os como outros.

Trata-se, afinal, do mesmo processo móvel de leitura que coloca em jogo passado e presente, conforme postularam T. S. Eliot, Walter Benjamin e Borges. Todos, cada um à sua maneira e atento ao seu sistema próprio de referências, trouxeram importantes reflexões para o estudo da literatura. Em seus ensaios, respectivamente, "Tradição e talento individual" (1919), "Sobre o conceito de história" (1942) e "Kafka e seus precursores" (1951), defendem a necessidade de se perceber o círculo de correspondências tensivas entre tradição e modernidade, de modo a tornar ambos universos relativos e igualmente necessários como impulsos históricos. A famosa afirmação de Borges de que "cada escritor cria seus precursores; sua obra modifica nossa concepção do passado, como há de modificar o futuro", bem como o não menos famoso comentário de Benjamin sobre a gravura *Angelus Novus*, de Paul Klee, para definir a história, chamam a atenção para o fato de que a recuperação do passado só pode se dar por um movimento dialético que projeta as tensões entre afirmação e negação, olhar e não olhar, costas e face; um gesto ambíguo, tal como o anjo do quadro citado. Essa ambiguidade posta na relação entre passado e presente tem como maior propósito desfazer a representação homogênea ou contínua da história, em favor de uma mobilização ou atualização do passado. Este, segundo a postulação benjaminiana, não se entrega a nós como um conjunto de acontecimentos acabados, mas somente nos envia sinais cifrados que precisam ser trabalhados pela consciência crítica a fim de reconstruí-los em sua relação com o presente. Noutros termos, é preciso evitar a eterna repetição do mesmo, escapar à tirania do peso do passado; "é preciso arrancar a tradição ao conformismo, que está sempre procurando dominá-la". E aqui parece que encontram ressonância as palavras de Barthes acerca do mito. De fato, a força do passado, positiva ou negativa, deixa de existir quando ele é focado pelo presente que o relativiza. Continuando com a leitura de Benjamin, só poderemos aproveitar a riqueza das energias humanas encerradas no passado se formos capazes de agir, no presente, com paixão libertadora.

Ora, é com esse tipo de "paixão" que devemos nos relacionar com os mitos. Retomá-los não significa uma entrega passiva ou encantatória às suas imagens e funções, mas um gesto duplo de aproximação e distanciamento, contemplação e crítica. É desse modo que o mito vem sendo revisitado pela consciência do homem moderno. E uma escritora contemporânea como a de que me ocupo neste ensaio não poderia deixar de assumir, em sua ficção, esse posicionamento frente aos mitos. Considerando-se, ainda, tratar-se de uma escritora portuguesa, então nosso quadro de reflexões torna-se mais complexo.

O ensaísta Eduardo Lourenço (1991), ao abordar o que denomina "psicanálise mítica do destino português", subtítulo de seu livro *O labirinto da saudade*, parece trilhar o mesmo caminho de Barthes, embora centrando-se no universo português. Também para ele, determinados mitos acabam se cristalizando como símbolos permanentes, atuando de forma poderosa junto ao povo, na medida em que o subjugam a uma atitude cultual. Essa subserviência, habilmente trabalhada por uma ideologia dominante que soube cultivar valores "ideais" e utópicos, contém uma natureza dupla de fascínio e temor. É, então, que se torna necessário exorcizar essas imagens mitificadas, paralisantes, que não conduzem à emancipação (à "paixão libertária", segundo Benjamin) ou ao amadurecimento, ao contrário, perpetuam o imobilismo e a alienação. Se quisermos aproveitar também a noção junguiana de arquétipo – imagens psíquicas do inconsciente coletivo existindo como impulsos permanentes e carregados de uma simbologia já incorporada universalmente –, apenas teremos de recortar esse universal. Assim, poderíamos falar em arquétipos relacionados à história da nação portuguesa, portanto, elementos fundadores de uma identidade nacional internalizados no comportamento do povo lusitano. Antonio Quadros, outro ensaísta português, recolhe em sua obra

(1986) esses arquétipos, embora os analise por um viés que se diferencia radicalmente do de Eduardo Lourenço. Segundo as reflexões de Antonio Quadros, o arquétipo é um elemento matricial, gerador de recorrências que caracterizam um modo de ser ou uma identidade; os elementos físicos ou substâncias primordiais, por exemplo, são considerados pelo autor como arquétipos, pois portadores de funções simbólicas e existindo como matrizes configuradoras de um percurso histórico. Dentre essas imagens ligadas a uma tradição que se impôs ao país, certamente o arquétipo marítimo é a mais evidente, pela força com que engendrou diversos mitos, conforme será analisado a seguir.

***

Dos romances de Teolinda Gersão, *Paisagem com mulher e mar ao fundo* é o que mais intensamente enredou nas malhas de sua ficção os referentes históricos enquanto poderosos instrumentos de petrificação da consciência ou edificadores de mitos, que a narrativa se incumbe de exorcizar com a força de seus artifícios de construção.

Ao longo de seu percurso narrativo vão despontando imagens e motivos alusivos à isotopia nuclear desse discurso – a opressão – signo que adquire numerosas conotações, o que acaba por espelhar o desdobramento de sua força de atuação. Se algumas das imagens tornam transparente o significado que trazem em seu corpo significante, como é o caso de O. S. – signo a apontar de imediato para a figura paradigmática da ditadura salazarista –, outras são menos evidentes, mas investidas também de forte carga semântica, graças à trama alegórica em que vêm envolvidas. Aqui, o exemplo melhor é a passagem, no final da segunda parte da obra, em que é focalizada a cerimônia de coroação do santo ou "Senhor do Mar", segundo a visão coletiva que o cultua, prestando-lhe homenagem. Uma homenagem que tem duas faces, conforme veremos.

O episódio contém todos os elementos necessários à composição de um cenário dramatizado: culto, rituais, peregrinação do povo em procissão, canto, descrição das personagens, celebração da

172   MARIA HELOÍSA MARTINS DIAS

imagem do santo. A identificação do "santo" a uma figura mítica e tirânica fica evidenciada na expressão "Senhor do Mar", com maiúsculas, numa clara alusão ao poder manipulador representado por esse arquétipo secularmente cultuado: sustentar a ideologia de um nacionalismo garantido pelas conquistas obtidas por via marítima. Esse "Senhor" ou santo às avessas, que se impôs ao país como saída (literal e figurada) para o encontro de outros espaços e à custa de abandonos e perdas, exerce a mais cruel das tiranias: a que afoga lentamente a consciência e a esperança. Essa é a voz do mar: "entrega-te ao meu poder e dorme em minhas águas, um povo de afogados, sem revolta [...]" (Gersão, 1982, p.109).

Interessante é a confluência, criada pela narrativa, das duas forças injustamente colocadas em confronto: o exercício tirânico do poder do Senhor do Mar se opõe à prática ilimitada do imaginário associado à euforia mística. Maior tirania não há que essa correspondência entre a violência com que o Mar se apossou historicamente do povo e a violência apaixonada e deformante do culto a esse arquétipo. Assim, o mito da grandeza ou vocação marítima do país oculta o mito da opressão desse desígnio imposto ao povo, por isso é que vem representado pela figura de um santo a ser celebrado.

A dramatização se acentua pelo fato de toda a cena vir envolvida por uma mescla de diferentes vozes que se vão alternando para articular o substrato ideológico, qual seja, o da exploração e manutenção de domínio. Desse modo, vão se sobrepondo a prece/canto do povo, o discurso da pregação e a voz do mar. Mesmo que dessa polifonia desponte uma "litania confusa" como confessa o narrador, é possível identificar essas diferentes falas, marcadas por traços distintivos.

A prece do povo se faz como fala coletiva, posta entre parênteses, registro gráfico que figurativiza a clausura que cerca essa voz sem ressonância, a esbarrar em seus próprios limites, com uma indignação que não encontra saídas nem respostas:

(tudo o que temos não é ainda, talvez, suficiente, diz-nos qual é o preço do resgate e nós o pagaremos, mas não há talvez preço, por-

AS DISTINTAS MARGENS DA ESCRITA LITERÁRIA **173**

que tu não tens limite, leva também as nossas vidas [...] tens de ter um limite para que possamos existir, mas tu não tens limite e é isso que nos enlouquece). (ibidem, p.108)

Já o outro discurso, o da pregação, se faz como atitude condenatória por um enunciador indeterminado, mas que representa uma entidade que critica a história portuguesa: "Pelos vossos pecados padeceis [...] Povo ingrato e maldito, do vosso coração soltaram-se demônios, que andam entre vós, fazendo a sua obra; estais possessos do demônio e sois a perdição da vossa raça" (ibidem, p.109). Discurso que funciona como intertexto, na medida em que recolhe outro, o da voz poética do poema épico camoniano. É possível lermos nessa fala ecos da fala do gigante Adamastor, em *Os lusíadas*, que também amaldiçoa a ousadia e ambição dessa gente que "por trabalhos vãos nunca repousa[s]".

Mas a tais vozes se sobrepõe outra, bem mais poderosa – a fala do mar – que castra e corta ao povo a manifestação de sua consciência, operando de modo semelhante à voz de O. S.:

cala-te, cala-te, não fales, não grites, disse o mar, tapa com as mãos a tua boca [...] deita-te de bruços e enterra no chão a tua voz, mas faz uma cova bem funda, para que a tua voz não se ouça nunca. (ibidem, p.109)

Voz da interdição, afogando palavras e ações, a sua força está também na apropriação estratégica do discurso bíblico para melhor conseguir seu intento, o de impor seu domínio. Não é mais e somente o mar que fala, mas Deus, portanto, a voz do mando conjugada à onipotência do Criador:

não queiras entender os meus desígnios, porque eles são imperscrutáveis, nem lutes contra mim, porque eu sou mais forte, por cada filho teu que cai sempre um outro teu filho se levanta, e a vida que perderes em mim estará [...] porque eu sou o princípio e o fim e não há saída do meu reino [...]. (ibidem)

No momento-clímax da celebração, isto é, aquele em que o povo está prestes a se curvar aos prodígios do Senhor, ocorre uma total ruptura com o previsível, transformando a celebração no seu avesso. A imagem do santo é quebrada, os homens despem suas fantasias, correm, pisoteiam, rasgam as rosas de papel, rompem o andor:

> mas de repente, no extremo da falésia, a imagem cai [...] os homens surgem à luz do dia [...] os anjos tiram as asas e são apenas crianças [...] a música muda e há uma outra voz no altifalante,
> é um milagre, diz o povo, e acorre, porque a festa se alterou e nada do que acontece era previsível, nos termos do programa. (ibidem, p.114)

Essa súbita alteração do real, ou o milagre segundo a voz popular, pode ser lida como uma epifania, na medida em que se dá a revelação de uma verdade só agora visível para o povo. A atitude transgressora por parte deste resulta da percepção do absurdo de um culto que só trouxe malefícios, por isso, deve se converter no seu contrário. A sacralização transmuta-se em profanação. É então que se dá o desvendamento de uma verdade há séculos ocultada pela figura mítica do mar: a terra pertence ao povo, que não precisa partir mais, basta inverter a rota de seu destino em relação ao que lhe fora imposto. A obediência aos rituais – o caminhar lento, o culto apaixonado da imagem, a peregrinação mecânica e passiva – cede lugar à ruptura: "deitam ao chão os festões e as luzes e arrancam as rosas de papel, o andor quebrou-se ao meio e o pálio está rasgado" (ibidem, p.114).

Ao fanatismo do culto contrapõe-se o fanatismo da revolta, a subserviência se transforma em revolução. E, como todas as revoluções, a do povo português usurpado em seus direitos também assume uma natureza desmedida, pois inspirada pelo ideal profético, tão "tirânico" quanto o poder contra o qual se insurge. Lembro, a propósito, os comentários de Octavio Paz (1986, p.1290) em "Revolta e Ressurreição", capítulo IV de *O tempo nublado*:

"Todos os movimentos revolucionários se propõem a fundar uma ordem nova ou restaurar uma ordem imemorial". Mesmo que essa nova ordem ainda espelhe o mito do mando, internalizado no inconsciente:

> [...] ele caiu do seu trono e somos nós agora os senhores do mar e os senhores da terra, desvendamos o enigma e encontramos a saída do seu reino, não partiremos mais porque esta terra é nossa, [...] ele não tinha limite, e por isso o derrubamos, e doravante faremos nós a lei. (Gersão, 1982, p.114)

Concluindo com Paz (1986, p.129), "as revoltas e revoluções são mitos encarnados".

É interessante recuperar também as colocações do ensaísta mexicano sobre a festa, considerada por ele como "estética da perdição", na qual se dá a coexistência de vida e morte, celebração e destruição. Em Teolinda: "era a festa da morte, gritam, mas doravante é a festa da vida [...]" (Gersão, 1982, p.114). Enquanto ato coletivo e alimentado por uma natureza ritualística, a festa propicia a projeção simbólica dos universos apocalíptico e dionisíaco, impulsos com funções e significados complementares. Por um lado, há a transformação ou a virada do mundo indesejado pelo avesso, por meio da destruição da imagem e morte do arquétipo marítimo, o que corresponde a uma ruptura criativa; por outro, a presença de elementos demoníacos como o monstruoso, o caótico, os pesadelos, o delírio, associados a uma religiosidade deformante, geradora de sentimentos de culpa e pecado.

E mais um ritual se acrescenta a toda essa encenação focalizada pela narrativa: a queima da imagem do santo, após ter sido desnudada. Uma epifania sacrílega, portanto. Digamos que se trata de uma recriação moderna do auto de fé medieval, enquanto fato histórico (mais um mito nocivo entranhado na História) que deve ser queimado, literalmente. O que o leitor presencia, afinal, é uma "inquisição" posta em cena para ser desmistificada, queimada, como uma imagem que não deve servir como modelo, dado o monstruoso de sua natureza. Eis o mito reatualizado e ritualizado, de maneira crítica, pela narrativa. É o que nos ensina a ficção de Teolinda: cultuar modelos só pode se fazer, nos tempos atuais, como ritual grotesco alimentado por uma consciência irônica que esvazia a fonte ou revira-a para mostrar seu absurdo. Se nos autos de fé queimavam-se hereges, representantes da heterodoxia, na festa do Senhor do Mar queima-se a ortodoxia ou a ideologia imposta por um sistema opressor.

Para usarmos uma expressão de Walter Benjamin, digamos que esse episódio de *Paisagem com mulher e mar ao fundo* funciona como verdadeira "iluminação profana", em que o visionarismo assume duplo papel: compromisso com o real para modificá-lo (homenagear o santo e destruí-lo) e compromisso com o imaginário, o qual fornece símbolos vitais à revolução (fogo, música, canto, foguetes, vestes, imagem). Novamente, é o caráter ambivalente da festa encenada pela linguagem, para a qual confluem impulsos complementares: o imaginário se reveste de uma dimensão política, ou seja, é por meio dessa visão profética que o espírito revolucionário se atualiza. Enfim, o olhar visionário é libertador, não apenas porque contraria o poder instituído, mas principalmente porque se apoia em figurações que (des)realizam o real, permitindo que este revele novas faces.

Nesse sentido, é interessante acompanharmos as observações de José Miguel Wisnik em seu artigo contido em *O olhar* (1988), no qual dialoga com as teses de W. Benjamin. E, para ficarmos em Benjamin, o que a ficção exibe, nessa insólita alegoria criada pela autora portuguesa, são as "ruínas" ou escombros deixados pela História para serem exorcizados pela força do imaginário, sobretudo quando este atende a uma voz/consciência coletiva.

O fogo, substância primordial, é outro arquétipo presente no episódio em questão, atuando como instrumento necessário à encenação festiva em que mergulha o povo, então liberto da divindade opressora. A natureza ambivalente do fogo também concorre para a força criadora instaurada no espaço, na medida em que propicia a destruição e a renovação do mundo. Morte e ressurreição. Queima do santo, queda de imagens, revolta e blasfêmia, são representações da negação da religião, da morte de Deus, um tema de inspiração romântica da qual a modernidade é herdeira, mas a que dá um tratamento singular, conforme discute Octávio Paz, em *Los hijos del limo* (1974). A afirmação de um mundo sem deus significa o corte da ligação com uma tradição apegada a arquétipos e mitos, para que seja assumido o presente histórico. Tempo de um mundo que faculta ao homem lidar com o Poder, desfigurando-o para exibir sua feição demoníaca. Não é por acaso a presença, no final do episódio do Senhor do Mar, de um cenário intensamente marcado pelo caos: correria, gritos, confusão, enlouquecimento, olhar deslumbrado para a imagem desfeita – tudo isso sinaliza um mundo sem hierarquias, onde prevalecem as formas do excesso, desestabilizadoras da ordem e do poder. Um mundo, afinal, carnavalizado, nos termos bakhtinianos, em que é preciso revirar as camadas e virá-las. Uma maneira burlesca de desacomodar a sedimentação ideológica.

Todo esse ritual místico mesclado à profanação tem, na verdade, uma função crítico-purgativa, pois o objeto de ataque é um outro arquétipo incrustado na tradição portuguesa. Trata-se da religiosidade deformante, mais uma herança do mundo medieval, onde o pecado, o monstruoso, a sexualidade e a bruxaria se tramam numa aliança demoníaca. Nesse contexto, fé e inferno acabam se aproximando como imagens do medo, pela força deformadora com que atuam sobre os homens. E se nos lembrarmos do papel da mulher em meio a esse cenário, então o diabólico parece afiar mais ainda suas garras. A associação do feminino ao ser demoníaco e feiticeiro só pode levar a uma visão deformada, habilmente retratada pela ficção: "Havia quem assegurasse que tal mulher da aldeia dava guarida aos demônios em sua casa, que dormia na cama com o maior de todos eles, e que os seus risos ecoavam sobre as campas até ao romper da aurora" (Gersão, 1982, p.107). O perigo representado pela mulher no imaginário medieval, vista como agente sedutor de práticas perversas e como figura enigmática, é resgatado pela ficção de Teolinda, que lhe dá um tratamento crítico.

178 MARIA HELOÍSA MARTINS DIAS

Em obras posteriores da autora portuguesa, como *O cavalo de sol* (1989), por exemplo, a religiosidade macabra, responsável por obsessões traumáticas persistindo nas personagens, ressurge como mito a ser exorcizado.

Mesmo adulta, a personagem central, Vitória, não está livre de demônios trazidos da infância. A vivência num ambiente religioso impregnado de um "cheiro a suor e a mofo, a alho e a cera queimada" (Gersão, 1989, p.41) faz o coração ficar pequeno, como afirma a voz narradora. Santos e anjos são figuras grotescas e maléficas, infundindo terror: "parados, no vazio, como à espera" (ibidem); "com aquele seu ar de decadência e de idiotia, chorando por terem perdido os seus poderes e servirem apenas para alumiar a escada" (ibidem, p.55). Mas se essa aprendizagem do mal foi imputada à personagem, o desejo de apagá-la ou, no dizer de Álvaro de Campos, de "descer dela pela janela das traseiras da casa" no famoso poema "Tabacaria" (Pessoa, 1976, p.363), é mais intenso que os malefícios causados por esses seres estranhos. Em seu exercício de desaprendizagem, o imaginário de Vitória alça voos para dar outra forma aos anjos do passado:

> [...] os anjos maléficos que vogavam no ar e no vento e povoavam os sonhos, os que cresciam no ventre liso da água, no bafo dos animais e no vaivém dos insetos, onde estavam esses, os maléficos, os verdadeiros, os que ela via andar, transparentes, brilhantes, no meio do rebanho, quando ia ao campo e falava com Aprígio? (Gersão, 1989, p.55-56)

Curiosamente, onze anos depois, esses anjos se corporificam numa nova versão, como se acordados por essa visão imaginária e criadora aí anunciada. Trata-se de *Os anjos* (2000), uma narrativa curta de Teolinda Gersão, em que o mito da religiosidade nociva, castradora, parece definitivamente expurgado. É então que esses novos anjos adquirem outra função no tecido narrativo. Mas esta já seria uma outra história, de que eu gostaria de tratar em outro ensaio.

Por ora, o que importa é salientar a presença da "mitogenia", uma das componentes da "arqueologia da tradição portuguesa", proposta por Antonio Quadros (1986), e considerada por ele como visão fundamental e necessária para se resgatar o projeto áureo de uma pátria em seu destino supratemporal. Contrariamente a essa visão ancorada em princípios auráticos (e que não cabe aqui discutir), procurei mostrar nesta análise a outra face da mitogenia, valendo-se das colocações de Eduardo Lourenço, Roland Barthes, Walter Benjamin e Borges.

Apegar-se excessivamente à mitogenia, representada, por exemplo, por figuras tutelares ou totêmicas, seja o Mar, a Nação, D. Sebastião, a Religião, só pode levar ao entorpecimento e à alienação, a um enterrar cabeça e voz numa cova bem funda, como ordena o Senhor do Mar, personagem da narrativa de Teolinda. Sendo assim, é preciso romper com o culto apaixonado aos mitos para que seja vivido o risco da ausência, da perda e do vazio. Negar a sacralidade e a tradição cristalizada dos arquétipos é assumir-se como sujeito agente da História, mesmo que feita de "ruínas" (Benjamin) ou de "ritualismos degradados" (Mircea Eliade).

Voltemos à imagem do quadro de Paul Klee, mencionada atrás.

O "anjo novo" que o pintor exibe nos fascina e nos perturba, justamente pela ambiguidade de seu olhar. Seus olhos arregalados, a boca e as asas abertas imobilizadas apontam para o duplo desejo de olhar e se afastar do que vê, conforme a leitura que dele faz Benjamin. Ora, é esse mesmo gesto que a ficção de Teolinda Gersão (1982, p.61) nos exibe, ao descrever os atos e vontades do povo em seu confronto com o espaço português: "Voltar as costas ao mar e encontrar a terra". O enfrentamento com o passado e o desafio do futuro se conjugam num momento suspenso, que é assumido com intensidade, mas também precariedade. A dificuldade de abandonar o conhecido, porém insustentável, não é menor que a necessidade de buscar outro caminho, seja qual for. Recusar o espaço imposto como saída do país e ir ao encontro de outro espaço. Onde estão os mitos? Não há como não arregalar os olhos e não ficar com as "asas" suspensas.

Parte III

Poéticas que se cruzam

12
CAMÕES E DRUMMOND ÀS *VOLTAS* COM O EXPERIMENTALISMO VERBAL[1]

O diálogo que a poética de Carlos Drummond de Andrade estabelece com Camões, incorporando essa matriz lírica em muitas de suas poesias, tornou-se objeto de diversos estudos que apontaram a importância desse entrecruzamento de fontes para a construção de uma perspectiva móvel do fenômeno literário.

A intertextualidade tecida entre as duas poéticas, possibilitada pelo olhar crítico de Drummond, revela que modernidade e classicismo são, afinal, conceitos permutáveis, graças às intensas correspondências que os tornam complementares. Daí a necessidade de inscrever esses dois recortes temporais numa "poética sincrônica", aproveitando-me da expressão com que Haroldo de Campos trata o binômio diacronia-sincronia na análise do objeto literário (1969). Vejamos como esse trânsito pode criar tensões interessantes na poesia, quando esta dinamiza em seu fazer o jogo intertextual. Que sirva de exemplo "O amor e seus contratos", poema contido em *Corpo* (1984).

---

1 Versão atualizada de comunicação homônima apresentada no V Congresso da Associação Internacional de Lusitanistas, em Oxford, e publicada nas *Atas do Encontro*. Oxford/Coimbra, 1998, p.625-630.

No Drummond dos anos 1980, o teor erótico de sua lírica amorosa transparece menos nas imagens focalizadas do que na consciência com que Eros se enreda no tecido da linguagem para recuperar motivos de uma tradição: falar de amor e construí-lo reflexivamente pela linguagem são necessidades que se cruzam numa poética atenta ao corpo original que lhe deu forma. Assim, no poema acima citado, o "tu" a quem se dirige o eu-poético, longe de ser uma figura feminina, parece exercer uma função ambígua, pois tanto pode ser o próprio Amor, maiúsculo e personificado, quanto esse outro poeta que cultivou intensamente em sua lírica esse mesmo objeto para tratá-lo com singularidade. Diálogo com o Amor e com Camões, os "contratos" que figuram no poema de Drummond permitem que o tema amoroso se transforme num (con)trato com a própria palavra, clássica ou moderna, não importa. Vamos ao poema.

> Voltas a um mote de Joaquim-Francisco Coelho
>
> Nos contratos que tu lavras
> não vi, Amor, valimento.
> Só palavras e palavras
> feitas de sonho e de vento.
>
> Tanto nas juras mais vivas
> como nos beijos mais longos
> em que perduram salivas
> de outras paixões ainda ativas,
> sopro de angolas e congos,
> eu sinto a turva incerteza
> (ai, ouro de tredas lavras)
> da enovelada surpresa
> que põe tanto de estranheza
>
> *nos contratos que tu lavras*
>
> Por mais que no teu falar
> brilhe a promessa incessante

AS DISTINTAS MARGENS DA ESCRITA LITERÁRIA **185**

de um afeto a perdurar
até o mundo acabar
e mesmo depois – diamante
de mil prismas incendidos,
amarga-me o pensamento
de serem pactos fingidos
e nos seus subentendidos

não vi, Amor, valimento

Experiências de escrituras,
eu tenho. De que me serve?
após sofridas leituras
de ementas e rasuras,
no peito a dúvida ferve,
se nos mais doutos cartórios
de Londres, Londrina, Lavras
para assuntos amatórios,
teus itens são ilusórios.

só palavras e palavras.

As nulidades tamanhas
que te invalidam o trato
não sei se provêm de manhas
ou de vistas mais estranhas.
Serão talvez teu retrato
gravado em vento ou em sonho
como aéreo documento
que nunca mais recomponho.
são todas – digo tristonho

feitas de sonho e de vento.
(Drummond de Andrade, 1984, p.34)

Na verdade, a palavra-título da obra de Drummond (*Corpo*)
figura como um significado amplo, que engloba não apenas o

eu-poético que se expõe crítica e ironicamente, mas principalmente o corpo textual, a linguagem. Esse "corpo" corresponde a uma modalidade de escrita que coloca em confronto presente e passado, reabsorvendo outros corpos poéticos de uma dicção tradicional.

Mais do que empenho "contratual" com as necessidades da realidade moderna de que essa poética é testemunha, o texto de Drummond é o empenho em uma tradição da qual é impossível se desenredar. Que tradição é essa e a que espécie de "contrato" se ajusta tal poética?

O poema se estrutura como voltas em torno de um mote, recuperando, assim, uma forma de composição poética medieval (vilancete), que fora resgatada também pela lírica camoniana, através das redondilhas. Abre-se, desse modo, um diálogo não apenas com uma forma/fôrma convencionais, mas também com certa temática, a concepção da relação amorosa, que parece resistir a essa "experiência de escrituras" ou às "sofridas leituras /de ementas e de rasuras". Enquanto alusão direta ao ato duplo de reescrita e releitura, tais expressões apontam para uma evidência que a prática textual não desconhece – falar sobre o amor é um impulso que se desdobra em outra fala, a do texto com outros textos – mas que a vivência do amor tem dificuldade para reconhecer. Se "no peito a dúvida ferve" (3ª volta) é porque até mesmo a armação dialógica intertextual não pode dar conta de resolver os enigmas de "assuntos amatórios", apenas colocá-los como peças móveis do discurso.

Os quatro versos do mote servem como matrizes para o desenvolvimento do texto; sustentam a argumentação em favor do tema amoroso, como também possibilitam a coerência formal e circular da composição. Cada verso é repetido no final de cada estrofe ou volta, assim como as retomadas, as rimas constantes, a organização estrófica e métrica regulares, enfim, a presença "redonda" da redondilha maior (versos de sete sílabas) denuncia um pacto não fingido com a tradição. Ao contrário do que são os subentendidos e planos traiçoeiros do amor de que fala o poema, o pacto criado pela linguagem é sincero: fidelidade à tradição, sem traição. Faz parte desse pacto, por exemplo, a exploração de formas latinizadas – "tredas", "ementas", "doutos", "amatórios" – registros de um contexto que tem seu "valimento", mas é preciso saber recriá--lo. Justamente porque, como sabemos, a busca de raízes é a tônica da poesia drummondiana, a retomada se faz de relações tensas, na medida em que a filiação é também corte, a aproximação não elimina a distância, a identificação se converte em desvio. Trata-se, afinal, da fina ironia filtrando o olhar crítico, numa confirmação da célebre posição *gauche* do poeta, não já no que concerne à sua posição diante do mundo, mas à sua postura diante do resgate criado pela linguagem; o familiar é desacomodado das certezas e incomoda os juízos estabelecidos.

O código que habitualmente rege a relação amorosa na práxis mundana é bem conhecido: contratos de respeito, fidelidade, proximidade e entendimento entre os seres amados são promessas que não se cumprem, a não ser como fingimento. Essa temática, obsessivamente cultivada por Camões tanto nas redondilhas quanto nos sonetos, perdura num poeta moderno como Drummond, não pela significação em si mesma, mas pela consciência que desperta e pela percepção crítica de seus desdobramentos. Realimentar tal situação amorosa é carregá-la de signos mais concretos, de uma matéria viva, ativa, alimentá-la de "salivas" (1ª estrofe).

Se o amor não é correspondido ou gera incertezas e estranhamentos, como confessa o eu-lírico drummondiano, essa inquietação não o impede de degustar o próprio distanciamento. Desse modo, o perdurar das salivas (alimento que fica do contato amoroso) é a experiência concreta de uma perda que frui e trabalha o seu amargor; experiência sensível, portanto, e não uma idealização inatingível, intacta na sua esfera espiritual, como convém à concepção platônica do amor. Este sim o traço de modernidade do poema de Drummond. Assim também como "angolas e congos" são índices de domínios geográficos que se libertaram e traíram o contrato político-militar que os subjugava. A libertação configura--se na própria escrita, a qual esvazia a referência maiúscula dos locais africanos e os liga a sopro de paixões, como se vindas de quaisquer espaços que buscam romper seus limites/fronteiras,

188 MARIA HELOÍSA MARTINS DIAS

principalmente quando se trata de enlaces afetivos. Daí o plural dos nomes, deslocando a especificação espacial, geográfica. Ou seja, para os interlocutores amorosos o sentimento é "atopos", como reconhece Roland Barthes (1981, p.49) recuperando Sócrates, pois não só é inclassificável, como também de uma originalidade sempre imprevista, um não lugar. Quer nas relações humanas, quer nas territoriais, a posse é sempre perigosa, e é somente dentro de uma perspectiva histórica moderna que esse registro pode se fazer.

A ruptura de laços que se pretendiam permanentes, a conquista de independência das legítimas necessidades individuais, o reconhecimento de que a relação a dois se vê atraída a desvios são traços que ensinaram o homem moderno a assumir sua existência precária e falível: a "enovelada surpresa" e "estranheza" (final da 1ª estrofe) é o que fica dos contatos humanos. Noutros termos: é a sensação de desencanto do mundo, tema constante em Drummond, que, no poeta clássico português, existiu também como motivo central de sua poesia, transformado no "desconcerto do mundo". Tanto num poeta como noutro, a única possibilidade de rimar com o mundo é pelas palavras postas em jogo pela escrita poética. E Drummond soube troçar seriamente desse desarranjo amoroso, patente em sua "Quadrilha", poema de *Alguma poesia* (1930), o qual encena a dança desencontrada dos sujeitos amorosos.

A fala, enquanto instrumento de persuasão, é uma promessa que acaba caindo em suas próprias armadilhas – eis o que se depreende da segunda estrofe ou volta do poema. Por mais que o "tu" ou o outro tente convencer o poeta da existência infinita do afeto, essa imagem hiperbólica da esperança – "até o mundo acabar/ e mesmo depois" – é fictícia e acaba sendo neutralizada pela consciência do real. A ficcionalidade transparece na *impossibilia* ou *adynaton*, figura de linguagem codificada pela retórica poética clássica para expressar o paroxismo do sentimento não correspondido, enfim, mais um elemento da tradição que a poesia de Drummond recolhe, ressignificando-o. O "falar", a "promessa" e afeto são expressões de uma instabilidade desmedida que se intensifica e se justifica pela imagem do mundo: "diamante / de mil prismas incendidos". Ora, o que aí se manifesta é a "loquela", apontada por Barthes em seus *Fragmentos de um discurso amoroso*, como a "forma enfática do 'discorrer' apaixonado", ou "a infatigável argumentação" (1981, p.183) de que o sujeito não quer abrir mão para falar do amor, mesmo que tecido na ausência.

Assim, o apelo à imagem, via hipérbole, é primoroso para refletir (no duplo sentido, como projeção visual e pensamento) o mundo partido, porém inflamado intensamente ("mil prismas incendidos"), da experiência amorosa: universo em desarranjo, contraditório e fragmentado por múltiplos reflexos enganosos. Por isso, a loquacidade de que se alimenta o "tu" para atingir o "eu" ("por mais que no teu falar / brilhe a promessa incessante") acaba se refratando na consciência com que este a reproduz. E assim, a fala que busca o outro não encontra ressonância, a não ser em si mesma.

Na dialética camoniana, a consciência da traição arma-se de um jogo racionalizador que mais não faz que mover as mesmas peças de um equacionamento sem brechas. No fundo, a mesma insatisfação, "resolvida" apenas no plano da linguagem. Não se trata, entretanto, de uma disforia presente no estado do sujeito poético, porque a modalização irônica operada pelo discurso desloca a tonalidade para outro registro:

> Uma diz que me quer' bem;
> Outra jura que mo quere;
> Mas em jura de mulher
> Quem crerá, se elas não creem?
> Não posso, não, crer a Helena,
> A Maria, nem Joana:
> Mas não sei qual mais me engana.
> (apud Moisés, 1972, p.67)

Crença e descrença, juras que circulam no volúvel, engano e desengano, cabe à linguagem poética das redondilhas dar forma, em sua performance, a esse engodo amoroso que aprisiona os sujeitos.

190   MARIA HELOÍSA MARTINS DIAS

É essa consciência que Drummond recupera em sua poesia, revitalizando, portanto, a tradição quinhentista, justamente por atualizá-la, movimentando seus valores em outro espaço. Seus contratos com a tradição camoniana indicam, por outro lado, a importância da memória na obra drummondiana. Não um memorialismo no nível biográfico, mas estético-cultural: o resgate do passado, da infância do lirismo poético, carregado de formas medievais.

Trata-se de um diálogo armado da consciência de que, mesmo se apropriando de fontes seguras ("doutos cartórios") e de experiências diversas de prática ("escrituras", "leituras", "ementas" e "rasuras"), em matéria de amor a única fidelidade possível é com a dúvida; afinal, restam "só palavras e palavras". Habilmente, o poeta inscrevera esse verso no mote, como manda a convenção do vilancete, mas, ao retomá-lo, não o faz segundo a receita (no final da volta) e sim como verso isolado, livre, como uma espécie de eco que se desliga da fonte, ou seja, passa a existir como uma voz própria. Acontece que a lucidez da escrita de Drummond não permite que essas "palavras e palavras" constituam apenas uma referência ao dizer ilusório das promessas de amor, na relação entre os amantes, mas sim palavras já ditas por outros poetas, sobretudo Camões, em seu trato insistente dessa matéria em sua poesia. Novamente, o diálogo intertextual parece se instaurar.

Entretanto, há ainda outra possibilidade de leitura desse verso, na medida em que as palavras não são apenas ditas e sim lavradas pelo trabalho de reconstrução poética de uma linguagem moderna, em que desponta a consciência do signo: "Londres, Londrina, Lavras". Nesse caso, a aproximação irônica de localidades tão díspares, reunidas pelo acaso (concertado) do som, parece compensar e preencher a distância em relação ao outro, seja este o ser amado ou a voz do passado, da tradição. Destaque-se que o contexto a envolver a fala sobre o amor não é uma realidade metafísica, projetada para além do mundo sensível, característica do neoplatonismo que enforma a poesia de Camões; ao contrário, trata-se de realidades concretas encravadas no seu espaço geográfico – Londres, Londrina, Lavras – e, por isso mesmo, um corpo mais permeável à

AS DISTINTAS MARGENS DA ESCRITA LITERÁRIA **191**

transformação de sua matéria pela linguagem. Apegar-se à palavra, aos seus circuitos de recorrência sonora, é uma maneira de estruturar aquilo que se esquiva; é como se o empenho na forma legitimasse as verdadeiras intenções – "lavras"/ "palavras"/ "Lavras"/ "trato"/ "retratos" / "contrato".

Trata-se, enfim, da aparelhagem lúcido-lúdica de uma linguagem que enfrenta o desafio de dizer e não dizer, ou de jogar seriamente com as sutilezas do amor. E de colocar também em causa a própria memória, tecido em que se conjugam razão e acaso. A lavra de Drummond, assim, reconstitui o virtuosismo verbal apegado a trocadilhos, jogos de palavras, característicos da lírica camoniana. É como se Drummond garimpasse, no terreno textual do espaço lírico camoniano, as mesmas pedras lavradas pelo poeta português, as quais desconcertam o mundo ao mesmo tempo que as reorganizam no funcionamento do jogo poético. Lembremos, a propósito, tal desconcerto criado por Camões ao falar sobre o Amor:

> Reinando Amor em dous peitos,
> Tece tantas falsidades,
> Que de conformes vontades
> Faz desconformes efeitos.
> Igualmente vive em nós;
> Mas, por desconcerto seu,
> Vos leva, se venho eu,
> Me leva, se vindes vós.
>
> (ibidem, p.82)

E, em Drummond, o que são as "tamanhas" "manhas" "estranhas", na última estrofe de seu poema, senão a reatualização de uma forma de linguagem impulsionada pelo mesmo propósito de performatizar na escrita o circuito dialético entre conformidade e desconformidade? O reino (de que fala Camões), afinal, não é do Amor apenas, mas o das palavras que o recriam em seu corpo textual. Assim como em Camões, o reinar adquire sentido duplo, sugerindo a soberania do sentimento e suas armadilhas, mas tam-

192 MARIA HELOÍSA MARTINS DIAS

bém o espírito trocista que reina, travessamente, nas dobras da linguagem. Enfim, o que a escrita drummondiana nos mostra é um discurso a glosar ironicamente as combinações verbais de uma poética conhecida. Como conhecido também é o verso arquetípico que figura e um soneto camoniano – "Por virtude do muito imaginar" – tomado como fonte para o imaginário moderno da poética de Drummond. Nesta, o imaginar é, sobretudo, uma experiência sensível com a materialidade da linguagem, a via possível para construir o retrato do ser amado: imagens de sonho e de vento lavradas pelas palavras. Com a diferença de que o lavrar em Camões se faz por meio de uma atitude elevada do eu-poético que, mesmo diante dos desacertos e fingimentos amorosos, não abdica de seu orgulho altivo e elegância épica, ainda que seja para admitir seus males:

> Fiquei, deste mal sobejo
> A quem a causa compete
> Dizer-lhe tudo o que vejo,
> Que Amor aceita o desejo,
> Mas mente no que promete.
> Que se a mim se obrigou
> A dar-me bens soberanos,
> Foi engano que ordenou,
> Que do bem tudo levou,
> Do mal ficaram meus danos.
>   (ibidem, p.102)

Eis a matriz em que se inspirou o confessionalismo inquieto de Drummond, poeta para quem, assim como para Camões, a mulher se transforma numa imagem "debuxada", gravada no sonho ou na linguagem que a reconstrói. Em Drummond: "retrato / gravado em vento ou em sonho / como aéreo documento / que nunca mais recomponho". Trata-se aqui, sem dúvida, de um retrato que emoldura outro, de Camões: "Vejo-a na alma pintada", que se reconfigura na última estrofe do poema drummondiano.

AS DISTINTAS MARGENS DA ESCRITA LITERÁRIA **193**

Certamente que o texto do poeta brasileiro não está demonstrando apenas a engenhosidade construtiva da linguagem, às voltas (e nas *voltas*) com suas armadilhas e traições no enfoque de um tema amoroso.

Lutar com palavras, projeto fiel à poética drummondiana, não é um processo que se esgota na feitura interna do texto; é uma luta que se projeta a um contexto mais amplo de significação. Desde "O Lutador" (*Poesias*, 1942), passando por "Procura da Poesia" (*A rosa do povo*, 1945), atingindo seu ápice em *Lição de coisas* (1962), a consciência posta no exercício árduo das tensões entre palavras e coisas tem construído um caminho fértil de procura, não da poesia apenas, mas de um posicionamento crítico (e corrosivo) de tratá-la em relação ao real. Após os anos 1980, essa consciência inscrita na palavra passa a demandar também a apropriação de outros corpos de linguagem, a aceitação crítica de outros códigos, "contratos" e escrituras. É o momento em que se intensifica o diálogo com o processo histórico-literário, sem perder a dimensão do presente.

Há muito que percebemos nos textos modernos essa consciência de que não há texto definitivo, não há texto em si mesmo, único, mas sim um texto coletivo, fruto da simultaneidade de signos e sentidos em constante circulação. Octavio Paz (1974, p.209) demonstrou bem essa permuta criadora entre escrita e leitura, atos que a um só tempo se complementam, realizando-se na história e a superando: "*el poema es una virtualidad transhistórica que se actualizaen la historia, en la lectura*". É pelo presente da leitura, a intra e a intertextual, que o poema se descola da lavra ou do espaço petrificado para ganhar vida, possibilitando tanto remodelar o passado quanto perceber melhor o presente, graças à projeção mútua dos tempos.

Fugir da percepção da alteridade, não querer reconhecê-la, é dificultar (se não negar) a consciência de si mesmo. A volúpia por reinventar, retomar, reconstituir signos passados não quer dizer voltar, de modo saudosista, às origens ou acreditar fielmente em valores do passado. Quer dizer, isto sim, assumir uma postura crítica perante as instâncias temporais de modo a projetá-las num sistema de permuta e analogia de experiências. Universo circular que contempla as possibilidades da criação plural, móvel e mutável, o texto contemporâneo é o recolhimento de muitas vozes e falares.

Não é por acaso que "O amor e seus contratos" se desenvolva na forma de redondilha. Aceitando o desafio de um mote conhecido (mas que poderia ser *alheio*, como em muitas composições de Camões), o poema serve como metáfora dessa aprendizagem cíclica, em que retomar é criar, mas uma criação que se afirma tão intensamente quanto se nega, para sugerir outra – eis a luta do poeta moderno.

Falar sobre o amor é sempre uma experiência gratificante, desde que a fala não se iluda com palavras atraentes e fictícias ou com o poder da linguagem de encobrir as traições da relação amorosa. E mais ainda: desde que não se iluda com a pretensão de reinar soberana e única. É preciso que a atração pela linguagem se estruture como saber crítico em relação a si mesma e é isso que nos ensina o texto de Drummond. Seu poema não é uma "vassalagem" prestada a um código de amor e a uma poética convencionais, nem a recusa irônica desses signos, mas as duas coisas em simultâneo confronto. É o jogo de uma fala que testa seu "valimento", numa atualidade sempre criadora. Validar invalidando, recompor desfigurando, amar traindo; porque são essas contradições que alimentam o texto literário.

13
A CONSTRUÇÃO DE MICROPAISAGENS POÉTICAS EM JOÃO CABRAL E CARLOS DE OLIVEIRA[1]

João Cabral de Melo Neto e Carlos de Oliveira – dois poetas do século XX que, em seus respectivos contextos culturais, podem ser aproximados em função da singularidade com que tecem, em suas poéticas, as relações entre as paisagens natural e humana tensionadas pela linguagem.

Tanto no poeta brasileiro como no português, o tecido poético é resultado de um compromisso que passa necessariamente pela consciência de que só o fazer pela linguagem pode reconstruir o real ou operar com suas possibilidades construtivas. Há uma "micropaisagem" que vai se construindo a partir da escrita e que só pode surgir se forem sendo captados os estranhos mecanismos do real, "os vazios do homem" (João Cabral) ou a "radioscopia incerta" (Carlos de Oliveira) da insólita geometria que desafia a ordem das coisas. A leitura da poesia, via de construção homóloga à da leitura do mundo, é um ato que resulta, como quer Cabral, da "física do susto percebida / entre seus gestos diários", "susto das coisas jamais pousadas / porém imóveis – naturezas vivas". ("A lição de poesia"). Também para Carlos de Oliveira, a "arquitetura duvidosa de símbolos"

---

1 Versão atualizada de comunicação apresentada no V Congresso Abralic e publicada em *Cânones & Contextos*. Rio de Janeiro: UFRJ, v.2, 1996, p.585-590.

("Árvore"), que cresce no interior da linguagem, ou o "espaço / de tensões obscuras / que passa / pelo cristal / esquivo" ("Estalactite") só podem ser percebidos por um olhar móvel, inquieto e cúmplice desse modo de ser esquivo e instável com que a escrita se traça. Portanto, não a representação figurativa que emoldura e imobiliza as pulsações do objeto, mas uma concepção de criação capaz de lidar com o imprevisível e o jamais pousado. O que o receptor tem para fruir como paisagem são "naturezas vivas", contrárias, portanto, às esperadas naturezas-mortas de molduras cerradas nos moldes de uma tradição que condicionou o olhar à passividade do objeto retratado.

Nas duas poéticas, para o percurso/traçado da escrita confluem dois impulsos, opostos e complementares: o cálculo (a medida, o rigor) e o acaso (liberdade, desprendimento). Em ambas, "o texto vai tecendo a razão das suas fórmulas", no dizer de Eduardo Prado Coelho (1979, p.180), isto é, concedendo espaço à criação, mas ao mesmo tempo reconduzindo-a reflexivamente. Digamos que se trata de um acaso habilmente engendrado pelos vetores de um impulso escritural obcecado pelos próprios caminhos com que se estrutura. Autoconsciência do espaço do dizer, obsessão estrutural, metalinguagem, seja qual for o nome que se dê a essa construção encapsulada em si mesma, o fato é que ela permite estabelecermos o diálogo entre os dois poetas, já que suas poesias se erguem como uma espécie de "didática": ao mesmo tempo que o texto segrega suas imagens, ensina caminhos de sua leitura. Mas é preciso atentarmos bem para o sentido desse ensinamento, pois não se trata de facilitação ou oferta de meios que viabilizem o resultado do conhecimento, e sim de um percurso árido onde a fluência e a clareza jamais escorrem do discurso. Para dizer como João Cabral, topar com a pedra/palavra é tornar a leitura "fluviante, flutual", obstruindo-a, mas também iscando-a com o risco, como dizem os dois últimos versos do poema "Catar feijão". Somente uma leitura que esbarre nas insólitas formas criadas pela linguagem, como os adjetivos do verso concretizam, é que pode compreender o efeito de sentido provocado por essa troca analógica criada entre os dois signos – flutuar é um ato que implica o enfrentamento de desvios, variações e obstáculos, um fluir com sobressaltos. Assim como a linguagem criada pelo poeta.

AS DISTINTAS MARGENS DA ESCRITA LITERÁRIA   **197**

Em *Trabalho poético II* de Carlos de Oliveira, coletânea de poemas escritos entre 1956 e 1971, é visível a vocação metalinguística, levando a poesia a afirmar-se como construção que ilumina constantemente a si mesma. Há um rigor na observação com que o texto vai fazendo pulsar suas formas, uma espécie de visão interiorizada de seu próprio movimento de fabricação da linguagem, como "se o poema / analisasse a própria oscilação / interior" e pudesse atingir o seu microrrigor. Estar atento à germinação da palavra enquanto processo, apoiando-se em materiais concretos, porém instáveis e tensos para a produção da escrita, é esse o posicionamento do eu poético com sua lente microscópica. O poema "Estalactite", por exemplo, o mais longo de *Micropaisagem* (1968), ilustra de modo magistral esse processo.

Composto de 24 segmentos indicados por algarismos romanos (técnica frequente nos poemas da coletânea), o texto parece denunciar, já na sua própria extensão, os lentos movimentos dos passos com que a mineralização da linguagem se faz. Note-se, como, mesmo em meio ao poema, portanto no segmento X, a meticulosidade do ato escritural concentrado em si mesmo não abandona a atenção do sujeito poético para falar do poema:

> A lenta
> contração
> das pétalas,
> a tensa construção
> de algo
> mais denso,
> de algas
> ritmadas
> na corola que
> se defende
> e concentra
> contra a ação
> dum mar
> de microscópio.
>
> (Oliveira, s. d., p.40)

Há uma identificação entre pétalas e letras que vai realizando-se como ato de linguagem, já que tanto uma quanto a outra são corpos que simultaneamente se dilatam e se retraem, abrem-se e fecham-se com o toque, como a solicitar cuidado no trato com sua matéria. A mobilidade de pétalas e de letras depende de condições favoráveis como o aéreo, o leve, o sopro. Diferentemente, porém, da prática proposta no poema "Catar feijão", de Cabral, em que não são pétalas que compõem a escrita, mas sim pedras, grãos duros e imastigáveis; o sopro só serve, como diz o poeta, para "jogar fora o leve e oco, palha e eco". Não em Carlos de Oliveira, em que o eco é o que permite a aproximação sonora entre "lenta", "tensa", "denso", "concentra", signos que mimetizam o desdobrar-se contínuo da escrita, como palavras/pétalas que se abrem e se transformam numa afinidade de sons e movimentos. Aliás, as projeções sonoras se prolongam pelo poema, como, por exemplo, em "algo" / "algas". Note-se também o espelhamento entre os versos 2 e 12 – "contração" e "contra a ação" – em que este último distende a forma do anterior, intensificando a própria dinâmica do poema, ser que brota e vai rompendo, assim, com toda ação contrária e ganhando espaços, literalmente. Interessante a presença da imagem final – "microscópio" – que permanece como se focasse a própria química diminuta e rigorosa com que o texto se oferece ao olhar.

Também para João Cabral a escrita, mesmo construída com a aspereza de seus grãos, se faz como uma lenta e atenta germinação de formas, trabalho análogo ao de uma aranha que vai segregando seus fios, paciente e traiçoeiramente, conforme sugere o poeta no segmento VI de "Psicologia da composição", poema do final da década de 1940. O que o poema busca não é a forma fácil, "mas a forma atingida / como a ponta do novelo / que a atenção, lenta, / desenrola". O fazer poético, tal como é concebido nesse momento da poética de Cabral, equipara-se a um cultivo singular: aquele que incide sobre o deserto, que se faz "como um pomar às avessas", metáfora que desponta em outra sequência do poema acima mencionado. Ou seja, a palavra só está pronta, só atinge seu ponto de maturação, quando fruto de um contato com o estéril e o vazio. É nesse "outro pomar" – o do texto poético – que "a atenção destila / palavras maduras". É justamente a partir dos mecanismos de destilação e evaporação do supérfluo que as palavras surgem, porém, ao contrário do que se esperaria, essa fecundação do poético não nos oferece objetos plenos e sim a sua ausência: "onde foi maçã / resta uma fome;// onde foi palavra / (potros ou touros / contidos) resta a severa/ forma do vazio", assim se conclui o poema, após ter exibido sua peculiar psicologia, avessa ao olhar condicionado às certezas. Isto é, a palavra se afirma como dizer, cristaliza-se, mas desreferencializa o objeto real e o transforma em signos – potros e touros contidos –, transformação iconizada pelos parênteses, para que outro ser exista. Esse outro ser pode se chamar fome, secura, severidade, vazio. No entanto, convém destacar, não se trata de uma visão desencantada ou negativa da escrita; trata-se, antes, de uma recusa das imagens já vistas, desgastadas e previsíveis, para o cultivo daquilo que resiste e só se entrega pelo avesso. Trata-se, sim, da aceitação de um trabalho calcado na exigência severa e consciente por meio da qual pode o poema nascer, fazendo explodir sua forma.

De modo semelhante, em Carlos de Oliveira, o trabalho de ocupação da página enfrenta desgaste e secura, pois, embora o poema sonhe com o arquétipo do voo, o chão (não pomar) em que se instalam as palavras dificulta o dinamismo vital da linguagem, aprisionada entre margens, "entre a água / e a cal". Mas é tal resistência, espécie de calcinação, que possibilita atingir a severidade de que fala Cabral; isso só acontece "quando / o poema / atinge / tal / concentração / que transforma / a própria / lucidez / em energia / e explode / para sair / de si" (Oliveira, s. d., p.45). Não por acaso é frequente a presença da imagem da cal nos poemas do poeta português. Essa "caligrafia", como a caracteriza Carlos de Oliveira, seria uma "grafia da cal", conforme a análise de Eduardo Prado Coelho (1979, p.170), metáfora do gesto insistente de trabalhar sobre resíduos e materiais que proliferam no solo/ chão da página. A página se identifica com a colina, terra oca e silenciosa onde pulsam as palavras à espera de uma umidade a ser realizada pelo poeta. Embora "fechadas / como gotas" e movendo-se num "espaço / gradual / espesso" onde a custo vão traçando seu desenho, sua "caligrafia", as palavras podem despregar-se do solo infértil e transformar a escrita num ato explosivo, úmido e liberto. Uma libertação provisória, claro. Porque, no fundo, a poesia permanece mesmo é entre duas margens igualmente tensas e necessárias: o fértil e o infértil, a "fazer o seco, a fazer o úmido", (como enuncia o título de um poema de João Cabral), entre o presente e o ausente.

A função da escrita, ao produzir as palavras, é

> perdê-las
>
> entre a cal
> e a água
>
> espaço
> de tensões obscuras
> que passa
> pelo cristal
> esquivo
> entre a água
> e a cal
>
> reavê-las
> num grau de pureza
> extrema
>
> (Oliveira, s. d., p.44-45)

Diferentemente da poesia de Cabral, a de Carlos de Oliveira investe no experimentalismo gráfico e incide sobre o visual, jogando com o corpo textual. Note-se, por exemplo, como o poeta performatiza esse movimento da linguagem, deslocando-a para figurar "entre" duas substâncias – "cal" e "água" – projetadas concretamente pelo emprego dos colchetes e pela inversão de suas posições dentro deles. Tal procedimento longe está, porém, de atender a qualquer vínculo com as tendências do concretismo ou de outras

AS DISTINTAS MARGENS DA ESCRITA LITERÁRIA

correntes de vanguarda poética da segunda metade do século XX, pois o projeto de escrita do poeta atende, muito mais, às direções de sua própria poética que às do universo programático de algum movimento estético.

Também em João Cabral não se pode falar em experimentalismo como tendência poética à qual o poeta estaria ligado. Ainda que o apego à palavra, mineralizada e assumida como realidade essencial para ser operacionalizada pelo poeta, seja o eixo que move sua poesia, esta se faz por mecanismos que diferem do experimentalismo. A presença do intenso jogo verbal só existe porque tecido reflexivamente e amarrado a uma densa sintaxe. Portanto, uma concretude dos signos conjugada à concretude do discurso, compondo uma arquitetura poética com peças articuladas para não funcionarem isoladas, jamais soltas.

Poderíamos tomar a mesma metáfora – água – usada pelo poeta português ao falar da escrita, para estabelecermos um diálogo entre os dois poetas. Na poesia de Cabral, a analogia entre o discurso (sintaxe feita de muitos e entrançados fios de palavras) e o rio (percurso de muita água em fios ou de um fio de água) cria surpreendentes relações, figurativizadas no poema "Rios sem discurso" (*A educação pela pedra*). Tal como a poesia de Carlos de Oliveira, a de João Cabral também articula as tensões entre secura e umidade, seca e cheia, móvel e imóvel, fala e silêncio. Todavia, enquanto o discurso poético do primeiro é mais arejado, digamos assim, aberto à circulação das palavras (e da leitura), pela pulsação de signos mais soltos e desgarrados da sintaxe discursiva, a escrita poética de Cabral rejeita a porosidade, defende-se como uma ouriça (não por acaso título de um de seus poemas), tem uma armação ou carnadura espessa que a leitura precisa perfurar criticamente:

> Quando um rio corta, corta-se de vez
> o discurso-rio de água que ele fazia;
> cortado, a água se quebra em pedaços,
> em poços de água, em água paralítica.
>
> (Melo Neto, 1979, p.23)

202 MARIA HELOÍSA MARTINS DIAS

Por mais que o texto trabalhe o sentido da transitividade e se apegue a imagens "molhadas" e fluidas para falar do discurso, o que este constrói, afinal, é o não-desprendimento, a não-flutuação, o dizer seco e compacto que dificilmente, quase nunca, abandona suas margens de segurança.

Já em Carlos de Oliveira, a água parece se oferecer ao poeta como metáfora propiciadora de uma maior fluidez, não só das imagens utilizadas, como também do espaço por onde elas circulam e se combinam em seus movimentos. Versos mais curtos, sintaxe mais desgarrada, encadeamentos, sons molhados e deslizantes:

> [...] sei
> " a aliteração
> e a assonância",
> livros, lírios
> e lágrimas,
> lápides
> líquidas nos rios
> descongelados,
> constelados
> pelo gelo
> que desce
> do espaço
>
> (Oliveira, s. d., p.103)

Evidentemente que essa configuração textual não é a única presente na coletânea *Trabalho poético*, já que a obra reúne poesias diversas e de momentos distintos. Essa porosidade do discurso, característica de muitos poemas, se dilui um pouco em outros, de outras obras, como o poema "Cristal em Sória" (*Entre duas memórias*), texto recortado por pausas e com um discurso mais próximo ao de Cabral. Mas parece que a paisagem eleita por Carlos de Oliveira é aquela cuja estrutura convida ao desgarramento, à liberdade de formas, à abertura do discurso. Isto se dá por vários procedimentos.

A série de microtextos de que se compõem os poemas – versos se desdobrando num ritmo contínuo, sem se prenderem aos limites da estrofe, de modo que o verso inicial de um poema é continuação do anterior – cria figurativamente a imagem mesma da flutuação. Além disso, os versos são curtos, constituídos muitas vezes de só uma palavra, rompendo, assim, com a estrutura sintática completa e transformando as palavras em micro-organismos que se atomizam em constantes movimentos, como em busca de sua germinação. Essa condição peculiar dos poemas possibilita o seu percurso incessante, em que se anulam os limites entre fim e início, possibilitando uma movimentação que constrói o próprio caminho da leitura – percurso que se faz de ida e volta, fim e começo, imagem e reflexo, numa projeção em espelho que conjuga ler e desler, separação e união.

Destaca-se, na obra poética de Carlos de Oliveira, o movimento vertical traçado pelos poemas: alto e baixo (céu e chão) da página se oferecem como espaços para o dizer, ou, segundo Prado Coelho (1979, p.182): "as palavras pairam, vogam, voam, no desenho de voos repetidos, numa escrita de estrelas e poeira". Uma poeira que deve ser recolhida pela leitura.

O salto e o voo são metáforas que comparecem nas poéticas de Cabral e Carlos de Oliveira, com sentidos semelhantes, mas processos distintos. Em ambas poéticas, o impulso ou projeção para fora de si mesmo está intimamente ligado à própria figura ou traçado do poema: para dar o salto, desprender-se, a escrita precisa, primeiro, concentrar-se ao máximo em seus mecanismos e movimentos de construção, como uma retenção de energia (e consciência) até o limite do impossível, quando então liberta-se e passa a ganhar corpo. Em Cabral, por exemplo, esse espaço de fabricação de linguagem, flagrante no entrançamento de suas malhas (palavras) para que possam se soltar como realidade autônoma, é visível no conhecido poema "Tecendo a manhã" (*A educação pela pedra*). O encadeamento sintático dos versos, a repetição das imagens *grito* e *galo*, a sonorização contínua dessa fala tecida de ressonâncias, a imagem de prolongamento e distensão provocada pelo gerúndio das ações finais, o jogo lúdico a envolver os signos na segunda estrofe ("entre todos", "entrem todos", "entretendendo", "todos", "toldo", "tenda", "tela" etc.) – toda essa materialidade conscientemente tecida e armazenada pelo discurso confere à palavra a energia necessária para a sua soltura, para que, então, possa planar livre de armação. Acontece que tal projeto estético corresponde também a um projeto ético, pois tecer o texto e tecer o real são tarefas que se enlaçam num só propósito. Fabricar a escrita poética é estar antenado a uma conjugação de textos e signos em que não apenas se ressalta um esforço comum, integrado, mas, principalmente, põe em evidência uma visão singular, capaz de lidar com o coletivo de maneira inusitada. Assim, o produto obtido pelo tecido poético, ou seja, a "luz balão" que se eleva por si (expressão que finaliza o poema e dele se solta) é metáfora da consciência que só passa a se iluminar por ter projetado cuidadosa e racionalmente seus próprios reflexos. Ao mesmo tempo, respeito e rebeldia, união e separação, enfim, uma ousadia para pairar livre de amarras.

A liberdade para seguir seu caminho próprio é uma conquista que só se torna possível após o re-conhecimento de outros caminhos que entram na composição do poema, alimentando-o como fontes necessárias; a incorporação e absorção do outro coletivo se complementa, assim, com a afirmação da individualidade. Pode-se chamar a isso de intertextualidade ou dialogismo, mas no fundo parece estarmos diante mesmo de uma química *sui generis* criada pela escrita poética, como se pode ver no poema "Lavoisier", de Carlos de Oliveira:

> Na poesia,
> natureza variável
> das palavras,
> nada se perde
> ou cria,
> tudo se transforma:
> cada poema,
> no seu perfil

incerto

> e caligráfico,
> já sonha
> outra forma.
>
> (Oliveira, s. d., p.23)

Tanto para Carlos de Oliveira como para João Cabral, a poesia se faz de modo contraditório: a "natureza variável" e "o perfil incerto" coexistem com o desenho cuidadoso, "caligráfico" das formas. É a conjugação desses elementos que possibilita a transformação permanente do texto, sua manipulação pelo poeta. Eis o resultado dessa "química" poética, através do diálogo com Lavoisier: o reaproveitamento das formas (e fórmulas) conhecidas é sinal de amadurecimento, quer como procedimento estético, quer como comportamento ético. Os dois poetas nos dão exemplos claríssimos dessa maturidade, pois jamais abandonam a realidade concreta em favor de uma linguagem presa à sua própria imagem, feito o olhar narcísico. É sobre materiais e fenômenos do mundo natural e do humano que incide o trabalho poético – a seca, o curso do rio, o surgimento da manhã, a formação das nuvens, o movimento das flores, o voo da ave, o mar, o canavial, a fome, as relações sociais –, mas para serem transformados em *acontecimento* pela linguagem.

Se o espaço físico é objeto do olhar poético, tal realidade só passa a ganhar corpo porque desfocada para ser redimensionada e ressurgir em outro espaço. Esse outro espaço é a abstração depurada realizada pela linguagem em meio à qual o real concreto adquire novas formas e, desse trabalho interno, intratextual, ambos saem modificados, o mundo e a palavra:

> [...] o crepúsculo

> XXIII
> entrando
> poro a poro
> pela mão

que escreve,
encaminhando-a
entre
a pouca luz
do texto
à sílaba inicial
da única palavra
que é
ao mesmo tempo
água e pedra: sombra,
som [...],

XXIV
enquanto
a vagarosa
escultura do mundo,
a vaga rosa
modelando
as flores
adiadas na cal
escurece também
o seu caule
esquivo
se desfaz
em som [bra]
apenas
por ser escrito.
(Oliveira, s. d., p.52-54)

Para os dois poetas, lidar com os dois universos (o exterior e o interior à linguagem) significa enfrentar resistências. Em Cabral, a palavra tem força, peso, é pedra, grão, chumbo, boia no papel, incomoda e desarma o olhar crítico. Em Carlos de Oliveira, a linguagem "significa, isto é, se ignifica, na medida em que, ao significar, se torna ígnea, isto é, arde" (Coelho, 1979, p.173-174). Cabe ao leitor estar ligado aos movimentos, à força, à ignição, à engrenagem, à resistência da linguagem. Ou como quer Cabral, cabe colocar-se diante de "naturezas vivas".

Falar sobre o mundo é ao mesmo tempo realizar sua construção pelos movimentos e configurações sígnicas da escrita. É, por exemplo, traçar a palavra "sombra" recortada em "som", para depois recuperar sua sílaba final, colocando-a entre colchetes; é transformar a "vagarosa / escultura" em "vaga rosa", mimetizando a escultura prometida para a sua captura pelo leitor. É, afinal, acessar o percurso flutuante do dizer que, ao se fazer, também desfaz "o seu caule / esquivo" para ser novamente reconstruído pela leitura.

14
"A LIÇÃO DE FRANCÊS DE VIRITA" E AMAR, *VERBO INTRANSITIVO*: O JOGO AMOROSO ENTRE LÍNGUA E LINGUAGEM[1]

É bem conhecida do leitor brasileiro a relação criada por Mário de Andrade entre Fräulein, a professora de língua alemã, e o menino Carlos, protagonistas de *Amar, verbo intransitivo*, obra de 1927. Pois bem, essa "lição de amor", inserida no projeto modernista do autor e com seu recorte singular, é um dos componentes do processo de aprendizagem presente em muitas narrativas em que esse é o fio condutor para o que se convencionou denominar de "romance de aprendizagem", gênero romanesco de origem alemã (*Bildungsroman*).

No romance *A casa da cabeça de cavalo*, de 1995, escrito pela ficcionista portuguesa Teolinda Gersão, tal situação ressurge, embora essa "lição" ganhe outros contornos, até pela própria distância temporal e pela diferença entre os contextos estético-culturais que envolvem os dois romances. As diferenças, porém, não distanciam as obras, ao contrário, acabam tornando-as mais próximas, pois favorecem o diálogo crítico. Pode-se dizer que uma relação a quatro, e não a dois, cria-se a partir desse jogo de intimidade intertextual propiciado pela leitura.

---

1 Versão atualizada de comunicação apresentada no VI Congresso Abralic e publicada no CD-ROM *Literatura comparada – estudos culturais?* Florianópolis: UFSC, 1998.

De imediato é preciso considerar a diferença de ordem estrutural entre as duas narrativas. Se o confronto Fräulein/Carlos ocupa todo o espaço da obra de Mário, o capítulo "A lição de francês de Virita" é apenas um dos momentos do romance de Teolinda. Na obra modernista de Mário predomina uma situação dramática nuclear, que movimenta a narrativa; já na ficção (nem modernista nem pós--moderna, mas contemporânea) da escritora portuguesa, essa imagem de totalidade, ou seja, a de uma relação amorosa como centro da trama, estilhaça-se: momentos, fragmentos, episódios autônomos, enfim, são múltiplos fios a tecerem o universo da família da Casa em foco. Porém, há nos dois romances um motivo semelhante na cumplicidade entre as personagens: uma aula de língua estrangeira, na verdade, funcionando como pré-texto para outro "texto" – a vivência do amor, prática que foge a qualquer lição teórica.

O processo de aprendizagem amorosa de Carlos é longo e se estende (in)transitivamente pela obra, atendendo aos propósitos dos Sousa Costa, família burguesa paulistana. Já a paixão de Virita por Filipe, o falso nobre francês que se infiltra na Casa da família portuguesa e atua como mestre da personagem, é apenas uma passagem da história ou "saga" heroico-quixotesca focalizada pela romancista. Nas duas ficções, o contato com o estrangeiro, nessa situação de aprendizagem de uma língua, é um aspecto que desencadeia reflexos para além desse momento pontual, ampliando-se, por isso, a rede de sentidos sugeridos por essa situação.

Nos dois casos, a figura do professor serve para promover um posicionamento crítico dos autores perante os contextos externos, de ordem cultural, em confronto com o nacional. Em Mário de Andrade, Fräulein possibilita ao narrador modular diversas observações sobre o povo alemão, calcadas, principalmente, na dialética "homem do sonho" x "homem da vida" e na imagem do "deus encarcerado" que tensiona o mundo interior da personagem. São questões de natureza existencial e psicológica, para não dizer ética, já que o compromisso profissional da personagem a faz ficar dividida entre traços de sua índole germânica (racionalidade, severidade, distância, autodeterminação) e os de uma realidade outra com a qual passou a compartilhar (sentimentalismo, aproximação, maleabilidade, liberdade). Em contrapartida, em Teolinda Gersão, a oposição nacional x estrangeiro tem que ver com um impasse cada vez mais intenso e presente em Portugal, país que vem repensando sua condição histórica. Trata-se da complexa relação entre a identidade nacional e a alteridade, representada esta pelo contexto europeu. Desse modo, o outro, encarnado na personagem Filipe, de origens duvidosas e com aparência de ascendência nobre, existe como elemento simultaneamente sedutor e perigoso, uma espécie de corpo estranho para a Casa que passa a frequentar, ou ainda, uma ameaça para as irmãs Virita e Maria do Lado. E se pensarmos, sem erro talvez, que o espaço da Casa atua como metonímia da nação portuguesa, então os efeitos de sentido dessa relação tornam-se ainda mais complexos. A ameaça do francês acaba por levantar questões ligadas às identidades nacionalistas postas em jogo.

Filipe perturba a ordem estabelecida, desafia um domínio assegurado, estimula o imaginário feminino ao relatar histórias de aventuras e insinuações sobre si mesmo e, mais ainda, instiga a sexualidade amortecida nas duas mulheres. Há uma intenção satírica, por parte da escritora, em desmascarar a nobreza e burlar as convenções históricas e de linhagem, tanto do estrangeiro quanto do próprio país. É verdade que esse é um traço paradigmático dos romances de Teolinda, mas que merece ser examinado na moldura específica em que se encontra, onde, afinal, recebe uma focagem singular.

Ocorre que não há o propósito de valorizar o nacional e rejeitar o estrangeiro, atitude simplista e presa aos moldes de um nacionalismo ingênuo ou de uma abordagem estereotípica, mas sim de mostrar uma visão crítica em relação aos dois universos quando apegados excessivamente a valores absolutos, denunciando-se o ridículo das atitudes radicalizadas e calcadas na inocência. Assim, proliferam as situações grotescas e os equívocos, que vão desde as favas contadas pelo pretenso nobre francês, Filipe, sobre sua rica origem, ao anúncio de seu casamento com uma noiva trocada, a personagem Maria do Lado, jovem que ele nem desejara nem pedira à família.

Tal situação insólita, justamente por seu despropósito, ganha um componente a mais, na medida em que Virita, a irmã mais nova de Maria do Lado, é a verdadeira paixão de Filipe, instaurando-se a triangulação amorosa. Desse modo, a aprendizagem da língua estrangeira se adensa em virtude da secreta competição entre as irmãs, acentuada ainda pela cruel diferença físico-psicológica que as separa. No romance de Mário, diferentemente, Fräulein e Carlos reinam soberanos na sua lição amorosa, sem ninguém a ameaçá-los, a não ser, é claro, as suas próprias interdições interiores.

Em ambas as ficções, o que move a relação entre professor e aluno são os conflitos postos em cena, de maneira que as polaridades seriedade e humor, rigor e desprendimento, razão e sentimento, distância e aproximação articulam-se numa reversibilidade tensiva. Desse modo, não há uma alternância ou mera complementaridade entre esses opostos e sim uma permuta simultânea de equivalências e diferenças. Para ambos os lados há o que aprender, isto é, o contato com o não familiar ou desconhecido se oferece, ao mesmo tempo, como atraente e proibido. Tal proibição ou interdição ronda o espaço da aula, mais visível no romance português, pois a aproximação entre Virita e Filipe contrariaria um destino já traçado e oficializado pela família. Daí a vigilância (discreta) exercida pela Casa, expressa metonimicamente nos espirros, pigarras, serviços de chá e café irrompendo e circulando pela sala. Já entre Fräulein e Carlos não há proibição, ao contrário, trata-se de uma sanção (também discreta) viabilizada pela família Sousa Costa, mas que se opõe, de certa forma, à sensação de constrangimento experimentada pelas personagens, por causa do inusitado da prática ensinada; portanto, uma "proibição" vinda deles próprios, como um desejo que a um só tempo se afirma e se refreia.

Nas duas narrativas, a hesitação entre o afirmar e o negar, o latente e o manifesto, configura concretamente a dinâmica do desejo. Nesse sentido, a trama ficcional criada pela enunciação narrativa dos romances é primorosa, pois conjuga o plano da expressão e o plano do conteúdo, noções de Hyelmslev (1975), numa articulação densa para aprofundar a camada superficial e trazer à tona

AS DISTINTAS MARGENS DA ESCRITA LITERÁRIA **213**

impulsos interiores, quer psíquicos, quer formais. Assim, falar de/do amor e estruturá-lo pela sintaxe discursiva se fundem como necessidades simultâneas. Vários são os procedimentos postos em cena pelas narrativas para exibirem a construção singular da lição amorosa nesses dois romances que, ao recuperarem o "Bildungsroman", distanciam-se dessa matriz romanesca.

Um desses recursos é o foco narrativo que, em *Amar, verbo intransitivo*, é manipulado com habilidade astuciosa pelo narrador de Mário. A movimentação das vozes e posições diante do relato é constante e variada, já que a projeção ora parte de Carlos, ora de Fräulein, ora dos dois fundidos, ou ainda de um narrador (onisciente?) que ironiza e abusa de seu poder de observação. Acompanhemos duas passagens do romance:

> Carlos, respiração multiplicada sonora. E era verdade que esquecia-se das letras agora, Sehnsucht tinha agá ou não? Desejaria escrever rápido, acabar! correr ao sol noutro calor!... [...] Abriu a luz da janela. Olhava pra fora, raivoso, enterrando virilmente as mãos nos bolsos do pijama, incapaz de sair daquela sala. Fräulein não compreendia. Estava bela. Corada. Os cabelos eriçados, metálicos. Doía nela o desejo daquele ingênuo, amou-o no momento com delírio. Revelação! (Andrade, 1986, p.88-89)

> Aproveitou as lágrimas para continuar a lição. E aos poucos, entre perguntas e desalentos, mordida pelos soluços, tirava do aterrorizado as múltiplas verdades da sua teoria lá dela: qual o procedimento dum homem que não enciúma às cunhãs, quais os gestos que dão firme e duradouro consolo à amante, desculpe: esposa enfraquecida pela dúvida etc. Carlos, que menino inteligente! foi apressado, foi dominador, sincero. (ibidem, p.102-103)

A flutuação contínua da focalização, assim como a multiplicidade de perspectivas, figurativizam o jogo de cabra-cega entre as personagens, em que não se sabe quem é quem na delicada trama amorosa. Temores, inseguranças, ansiedades, expectativas são

214 MARIA HELOÍSA MARTINS DIAS

impulsos e pulsões que se projetam entre Fräulein e Carlos, despontando como construções que atendem às estratégias discursivas escolhidas com acerto pelo escritor.

No capítulo "A lição de francês de Virita", do romance português, também é fundamental a ótica que se insinua na narrativa. Nesse caso, o ponto de vista de Maria do Lado é crucial para a focalização, a começar pelo próprio nome da personagem; a lateralidade, metaforizando a condição marginalizada de Maria do Lado, possibilita-lhe, em virtude mesmo desse viés ao revés, assumir uma posição de observadora. De irmã rejeitada passa a sujeito que agencia uma instância narradora, mesmo que dotada de um foco contraditório, feito de mortificação e prazer. Ou seja, a sua ausência ou perda, em nível semântico, pode se transformar em presença que preenche uma falta, graças ao jogo engendrado pela linguagem. O que importa, afinal, é o olhar da personagem lançado à captura da cena, descrevendo-a com toques sutis de sensualidade para compor um erotismo sublimado, porém intenso nessa suspensão. Para isso concorrem os elementos metonímicos e os índices metaforizadores da aproximação entre Filipe e Virita durante a aula de francês:

> Tinha a certeza de que debaixo do pano amarelo adamascado, os pés de ambos se tocavam. Os sapatos finos de Virita e as botas francesas de Filipe. [...] Sobre a mesa havia uma jarra de flores que, de vez em quando, tinha a certeza que tremia. Como agora o corpo de Maria do Lado, tremia, e logo a seguir se inteiriçava, num suor repentino e frio. (Gersão, 1995, p.168)

Note-se a contiguidade criada entre o tremor das flores e o corpo de Maria do Lado, como se esta fizesse parte do momento focalizado, numa fusão de observação e envolvimento, o passado do enunciado e o presente da enunciação.

Nas duas narrativas, a de Mário e a de Teolinda, ocorre o jogo com as dimensões temporais, em que o momento real da aula se intercala ao tempo do imaginário. Os sonhos transformam subitamente a situação de aprendizagem numa convivência íntima, como se já superado o tempo da iniciação amorosa, e, portanto, projetada para o futuro. No caso de Virita e Filipe, personagens do romance português, tal recurso sanciona uma retificação simbólica de suas vidas, como se pudessem viver em moldes ideais (e fictícios) o que lhes fora negado pela realidade social. Também Fräulein sonha com uma relação com Carlos, transportando-se para outro espaço e imaginando viver um amor compartilhado:

> Boca-da-noite... Uma cidade escura milenar... Ele entraria do trabalho... Ela se deixava beijar... Durante a janta saberia dos bilhetes pra Filarmônica, no dia seguinte... E quando a noite viesse, ambos dormiriam sono grande sem gestos nem sonhar. (Andrade, 1986, p.103)

Na narrativa de Mário de Andrade, a projeção do desejo ganha uma configuração concreta, quer pela modulação sintática, por meio de orações constantemente interrompidas por reticências e exclamações, quer por repetições – ícones do adiamento do contato amoroso. Com cortes ou prolongamentos, o que a estratégia discursiva constrói é o percurso intenso da busca do objeto do desejo:

> Olhava a imobilidade dos ponteiros que lhe abririam a porta de Fräulein. Que o entregariam a Fräulein. Uma comoção doce, quase filial esquentou Carlos novamente. E porque amava sem temor nem pensamento, sem gozo, apenas por instinto e por amor, por gozo, iria se entregar. Está certo. Carlos amava com paixão. (ibidem, p.95)

No texto de Teolinda Gersão, as sensações de segurança e domínio imaginadas pela personagem feminina transparecem numa escrita desenvolta, feita de orações curtas e diretas, sem hesitação. O que nas duas ficções mais chama a atenção do leitor é a maneira lúcido-lúdica com que os escritores lidam com a linguagem, embora com procedimentos distintos. A situação de aprendizagem da língua é uma prática que serve de instrumento a outra "didática": a

216 MARIA HELOÍSA MARTINS DIAS

que mostra o tratamento poético dado à palavra, signo motivado por inusitadas relações entre som e sentido e por jogos tensionais com a realidade. A experiência com a língua estrangeira abre caminho, não só para reflexões de natureza metalinguística, como também para situações simbólicas em que o código verbal passa a se complementar com outras linguagens, como a música e a dança, por exemplo. E aqui, o ritmo é fundamental.

A homologia entre a oscilação ou movimentação da água e a do mundo interior das personagens ocorre nos dois textos. Nas relações Fräulein/Carlos e Filipe/Virita, a água – metáfora da linguagem – desencadeia forças impossíveis de serem represadas. Tanto de um lado (professor) quanto de outro (aluno), há o mergulho em potencialidades desconhecidas que afloram, mesmo existindo à deriva, numa fluência infinita:

> Ele é inesgotável como um rio, ela é a margem, uma margem sem fim" (Gersão, 1995, p.173);

> Ficar assim extático, em silenciosa adoração... divina! E lhe beijar submisso a fímbria pura dos vestidos, mantos, mãos... descansar a fronte naqueles seios protetores... afundar o rosto nesse corpo... apertar Fräulein! (Andrade, 1986, p.100)

Lidar com o amor, lidar com a linguagem, duas práticas semelhantes – é preciso entregar-se aos caminhos da descoberta, rompendo limites e sendo maleável, deslizante como a água, mas não como a língua, sistema não flexível.

Em Mário de Andrade (1986, p.120), a aproximação entre Fräulein e o mar gera descobertas e sensações delirantes:

> Das partes profundas do ser lhe vinham apelos vagos e decretos fracionados. Se misturavam animalidades e invenções geniais, E o orgasmo. [...] E assim perdida, assim vibrando, as narinas se alastraram, os lábios se partiram, contrações, rugas, esgar, numa expressão dolorosa de gozo, ficou feia.

Também a mestra, e não apenas o aluno Carlos, entrega-se à aprendizagem, pois abre-se sensorialmente às coisas, vivendo a plenitude dos sentidos e libertando o "deus encarcerado". Uma experiência, afinal, estimulada pela lição de amor que, indiretamente, vai atingindo-a também. Nesses momentos, a escrita narrativa de Mário de Andrade reafirma seu funcionamento poético, um "poético" modernisticamente malandro, desconcertante, e que diríamos aproximar a ficção de suas poesias. Assim: "Juruviá, juruviá duma vez. Semicerrara as pálpebras, uma ruguinha espetada na testa. Nem enxergava mais a vista sempre nova das águas, das montanhas. Praias largas enfim" (ibidem, p.121).

Se, em Mário, esse tom espirituoso (e saboroso) de sua escrita "amolece" a seriedade ou o peso do idílio entre Fräulein e Carlos, em Teolinda, o matiz poético presente em seu discurso narrativo recupera, simbolicamente, uma relação marcada pela impossibilidade, pois Virita e Filipe não foram destinados um ao outro: "À beira do rio, pode-se também voltar para trás. Subir o rio, em sentido inverso. Estão ambos no princípio, a um passo do erro, sem tê-lo cometido. Tudo é de repente possível, mesmo a felicidade é possível" (Gersão, 1995, p.174).

Em Teolinda, a metáfora da água permite construir a sintaxe poética da relação entre as personagens: "Falar é olhar as mesmas ondas no rio e sentir passar o mesmo vento" (ibidem). Água e linguagem trocam sentidos e se transfundem, na aprendizagem do amor espelhada na corrente da enunciação narrativa.

Interessante ressaltar que, na prática exercitada pelas personagens, o deixar-se levar é uma necessidade que se verifica dos dois lados – professor e aluno – pois ambos se entregam a um mergulho hipnótico em que a práxis deixa de existir para fazê-los ingressar noutra esfera. Por isso, pouco importa o método utilizado nas lições, ao contrário da educação sistemática; nesse outro ensinamento, o do prazer, qualquer direção do mestre seria acompanhada, graças ao poder de sedução exercido por sua figura aurática. No romance português, Filipe desconhece qual a melhor maneira de ensinar, procede por intuição e improviso, atendendo aos apelos

218   MARIA HELOÍSA MARTINS DIAS

do momento. Fräulein, ao contrário, "tinha o gosto das metodizações", conforme pontua o narrador, e tenta (re)conduzir Carlos nos caminhos propostos. Entretanto, seus métodos acabam amolecendo, ou porque também cede a impulsos inevitáveis, ou porque o rapaz, com seu ser aluado e desajeitado, sempre machucava o "deus encarcerado" da mestra. Quer Virita (personagem de Teolinda), quer Carlos (personagem de Mário) parecem perder sua individualidade, transformando-se em objeto maleável, seres autômatos que somente respondem a comandos.

> Virita fixava em Filipe os olhos grandes de boneca, batendo devagar as pálpebras, com longos movimentos das pestanas. [...] Os olhos incitavam, tranquilizavam, respondiam depressa a todas as hesitações. (ibidem, p.170-171)

> Carlos muito atento, debruçado sobre o piano. Na verdade ele não escutava nada, todo olhos para a pianista, esperando o aceno dela pra virar a página. (Andrade, 1986, p.72)

> E Fräulein: "foi alisar os cabelos, cheia de molas, boneco, pra não se embaraçarem mais durante o sono. Estava toda numa ideia longe, parafusando, parafusando. Deitando, inda parou um pouco, esquecida, onde está Fräulein? (ibidem, p.99)

Em ambas as lições, a presença da música intensifica a sensualidade e compactua com o ritmo do desejo. É que lidar com essa forma de linguagem é experimentar o ritmo, as pausas, a modulação, enfim, há toda uma disposição anímica que se estrutura sonora, sensorial e sensualmente. No romance de Mário de Andrade, são constantes os momentos que focalizam o percurso da aprendizagem em que música e prazer estão entrelaçados: "Pouco a pouco – não ouvia mas a música penetrava nele – pouco a pouco sentia pazes imberbes. Os anseios adquiriam perspectivas. Nasciam espaço, distâncias, planos, calmas... Placidez" (ibidem, p.122). Note-se o procedimento da enunciação em construir o traçado plástico-geométrico das sensações, ao ir projetando, de maneira desdobrada, os signos relacionados à configuração espacial – perspectivas, espaço, distâncias, planos. E mais ainda: a imagem da duração é figurativizada pelo destaque gráfico da oração entre travessões, separando-a do resto do período, para sugerir a sensação de suspensão temporal, isto é, o gozo de um momento que paira intenso, absoluto.

Também em Teolinda a música favorece a aprendizagem e incita a aproximação:

> Segue Filipe com o corpo, imitando o dele. Confia na intuição e no ouvido, aprende de ouvido, mesmo que não conheça as regras da composição, nem saiba ler na pauta a partitura escrita. Com algum treino, ele repara, ela começa a ser capaz de detectar as notas discordantes, voltar atrás e recuperar o acorde exato. (Gersão, 1995, p.172)

Falar a língua, movimentar o corpo, entregar-se ao ritmo, educar o ouvido, seguir os impulsos – tudo faz parte de um mesmo acordo/acorde: mostrar que não há barreiras quando se dispõe à abertura e ao contato com o outro, mesmo que este represente o desconhecido.

No caso da escrita de Teolinda Gersão, esse propósito é favorecido pela tendência à minúcia e pelo poder descritivo da linguagem, ao flagrar os gestos no momento mesmo em que ocorrem:

> Ela curva a língua, aguça os lábios, em busca do som exato [...] Aperta a garganta, para o tremido gutural do r, faz ressoar as vogais nasais, atirando o som ao céu da boca, ou escavando a boca em abóbada, para marcar a diferença entre "in" e "an": Jardin-des Plantes, Jardin-des Plantes, Jardin-des Plantes. (Gersão, 1995, p.171-172)

Como se pode notar, para Virita, o exercício é mais que uma aprendizagem mecânica; é a possibilidade de uma erotização vivida intensamente.

A romancista portuguesa aproveita o episódio da relação amorosa entre as personagens Virita e Filipe para problematizar a questão da linguagem em sua analogia com o universo real. Não se trata mais da língua – corpo estrangeiro que deve ser assimilado –, portanto, um dado cultural, mas de sua realização enquanto signo atrelado às coisas representadas, de que decorrem curiosas reflexões. Uma delas é a distância entre som e sentido, a não equivalência necessária entre eles, isto é, o que se destaca é a valorização da linguagem na sua função significante, em que o som adquire autonomia e passa a sugerir diversas sensações. Trata-se, aqui, do resgate da função primordial da linguagem, aquela em que o som desperta um poder encantatório, mesmo que desvinculado de sentido, pelo menos aparentemente. É como se a fala atuasse como magia capaz de amortecer a consciência, atraindo o sujeito para as potencialidades sonoras: "Deixava-se guiar, e tinha prazer nisso. Independentemente de qualquer sentido ou contexto, em cada palavra ele a levava consigo" (ibidem, p.170). É também a crença de que os significantes são portadores de uma "fisionomia" e de uma aura simbólica capazes de substituir qualquer significado; basta que eles permitam ao sujeito ingressar no "mundo requintado e fascinante do chic, do bom ton, do ton sur ton, do parfum de toilette, do Gros de Naples e do landeau, do pince-nez, do cachê-col e dos char-à-bancs, do cognac e do champagne, dos caniches e dos grand Danois [...]" (ibidem, p.171).

Em *Amar, verbo intransitivo*, esse tipo de questão referente à linguagem aparece também, porém não tão intensamente. Há uma passagem no romance em que Carlos lê versos de Heine e Fräulein pergunta-lhe se entendeu o que declamou. A resposta que ele dá desconcerta a mestra, pois se faz como troça da aprendizagem: "Quase! Mas adivinhei!" (Andrade, 1986, p.74). À brincadeira de Carlos contrapõe-se a irritação de Fräulein, para quem é preciso sempre entender o significado das palavras em vez de ficar jogando com elas mecânica e inconscientemente. A explicação que o rapaz dá para a mestra revela, afinal, a habilidade malandra em substituir o conhecimento por improvisação, aquele espírito leve e lúdico que estaria na raiz do comportamento cultural de nosso povo (seria uma espécie de visão arlequinal?).

No caso do romance brasileiro, a dificuldade da personagem com a língua estrangeira é resolvida naquela prática ou ética da malandragem, traço característico da performance cultural brasileira, conforme vários críticos e sociólogos já analisaram (Sérgio Buarque de Hollanda, Paulo Prado, Antônio Cândido, Roberto da Matta etc.) e que aqui não cabe discutir. No caso da personagem de Mário de Andrade, não é a força mágico-poética dos sons que atrai Carlos (como é para Virita), mas o contrário; é o ser estranho, não familiar da linguagem que o leva a soluções marotas, numa ética bem brasileira: "As palavras alemãs lhe fugiam da memória, assustadiças, num tilintar de consoantes agrupadas. Pra salvar a vaidade respondia em inglês. Machucava a professora, lhe dando uns ciúmes inconscientes" (ibidem, p.56).

Outra analogia presente nos dois romances é a que se estabelece entre os constrangimentos e bloqueios para manipular a língua e as dificuldades para lidar com o sentimento amoroso. Há um reflexo mútuo entre as duas realidades, ambas demarcadas pelo impossível e pelo indizível. As palavras, assim como o mundo afetivo-psíquico das personagens, são rebeldes e incontroláveis, caprichosas. Carlos experimenta constantemente essa sensação:

> Sabe a tradução, isso sabe, porém não pode dizer! Por que razão? Estranho... Nota que a boca a língua se amoldam pra rasgar as consoantes da palavra e uma coisa qualquer proíbe. Carlos? Não, não pode ser Carlos, ela imagina. Porém o que será? Se irrita. (ibidem, p.110)

Na narrativa de Teolinda, a luta para vencer obstáculos é criada por meio de uma alegoria pela qual as palavras se antropomorfizam e ganham autonomia, libertando-se para se assumirem como personagens em rebeldia: "Por vezes as palavras têm caprichos, fugas. Ou esperam por eles na curva dos caminhos, na dobra dos montes, e quando eles se aproximam e estão quase a tocar-lhes levantam voo de repente" (Gersão, 1995, p.172). Por um lado, essa imagem do não se deixar apanhar, alegorizada pelas palavras, reflete a natureza

222　MARIA HELOÍSA MARTINS DIAS

esquiva e indizível da linguagem, ser traiçoeiro que diz e não diz ou diz coisas inalcançáveis; por outro lado, tal situação pode metaforizar a paixão de Virita por Filipe, marcada pelo não encontro, pela união impossível. Assim como as palavras não se deixam apanhar, voando para o inatingível, Virita e Filipe existem um para o outro somente como pontos de fuga, simultaneamente próximos e distantes.

A função alegórica das palavras, no entanto, constrói outros caminhos de sentido. Aprender nova linguagem e degustar as palavras, imaginando uma relação mágica entre o som e o sentido, é poder movimentar-se livremente, romper limites e avançar por espaços proibidos. Daí que utilizar palavras desconhecidas representa um meio ousado de ir ao encontro do objeto do desejo. É o que acontece com o signo "agárico", por exemplo, numa passagem do romance português:

> Com alguma dificuldade procurou no dicionário, voltando pacientemente as folhas para diante e para trás, até achar a palavra: cogumelo de chapéu, a maioria dos quais é comestível.
> Não se podia comer-se, ela poderia servir-se ousadamente de um prato de agárico e dizer com os olhos brilhantes a Filipe: Não conheço obstáculos. Podem ser cogumelos venenosos, mas eu não recuo nem um passo. O amor pode ser o veneno e a morte, mas eu não conheço obstáculos. Mon amour pou toi peut être mon poison et ma mort, mais je ne connais pas d'obstacles. (ibidem, p.175-176)

Para Virita, que não conhece obstáculos diante da vontade de enfrentar o código desconhecido, o veneno e a morte não a amedrontam nem a impedem de dizer o que sente, pois a prática com o estrangeiro lhe possibilita duplo prazer: o conhecimento e a sensação de posse, conquistas tanto da linguagem quanto do amor.

Seria o caso de indagarmos que efeitos, afinal, as duas situações narrativas conseguem criar com o ensinamento simultâneo de língua/linguagem e amor nos dois romances.

Tanto na narrativa de Mário como na de Teolinda, o que ganha relevo é o percurso de uma relação (in)transitiva, cujos atos e senti-

AS DISTINTAS MARGENS DA ESCRITA LITERÁRIA   223

mentos existem como construção poético-ficcional móvel, porém, suspensa em suas potencialidades. Mais incitante que a focalização dos resultados obtidos com a prática amorosa é a criação de uma expectativa entre professor-aluno-leitor na qual nada se resolve, ou melhor, se resolve, mas só no plano da simulação construída pela linguagem. Ou seja: a interdição é peça fundamental na trama criada pelos dois autores. Em Mário de Andrade (1986, p.87), a insinuação de encontros furtivos ganha um sabor especial, graças à engenhosidade com que a situação é flagrada pelos focos de observação, móveis e astutos, sem que o leitor possa identificá-los:

Susto. Os temores entram saem pelas portas fechadas. Chiuiiii... ventinho apreensivo. Grandes olhos espantados de Aldinha e Laurita. Porta bate. Mau agouro?... Não... Pláaa... Brancos mantos... É ilusão. Não deixe essa porta bater! Que sombras grandes no hol... Por ques? tocaiando nos espelhos, nas janelas. Janelas com vidros fechados... que vazias! Chiuiiii... Olhe o silêncio. Grave. Ninguém o escuta. Existe. Maria Luísa procura, toda ouvidos ao zunzum dos criados. Porque falam tão baixo os criados? Não sabem. Espreitam. Que que espreitam? Esperam. Que que esperam?...

Entre o acontecer e o não acontecer, o discurso ficcional prefere investir neste último, afinal uma porta aberta para as maquinações sem fim do imaginário.

Também em Teolinda o percurso é bem mais eloquente que o resultado, o que transforma a relação entre Virita e Filipe num prazer continuado; evidencia-se o fruir da própria distância posta entre eles. Há passagens, porém, em que o romance sugere uma possível entrega, por meio da burla aos interditos, às barreiras e à vigilância da Casa, representada pela personagem Maria Badala, a criada, "cúmplice" dos encontros apressados; ela "abria e fechava portas e conforme a conveniência achava, perdia, ou trocava as chaves" (Gersão, 1995, p.177).

A metáfora da abertura de portas se complementa com outra, a da soltura de amarras, que se expressa numa singular modalização

224 MARIA HELOÍSA MARTINS DIAS

pelo discurso narrativo: " [...] e se soltaram finalmente os cabelos presos, os ganchos, os travessões, colchetes, espartilhos, se soltaram os corpos e as palavras não ditas, como água enfim correndo, de fraga em fraga" (ibidem). Note-se como o encadeamento de metonímias acaba construindo a imagem concreta e integral da entrega – ato que quebra, solta, todas as convenções, exteriores e interiores, e permite a aprendizagem de uma linguagem maior: o encontro de corpos e palavras. Nessa total abertura, reaparece a metáfora da água anteriormente já explorada pela narrativa, ou seja, a consumação do desejo.

Em Andrade (1986, p.99), o retrato do flagrante da relação entre Carlos e Fräulein transforma o tom poético num coloquialismo saboroso, a um só tempo leve e profundo:

> Carlos sai cuidadoso do quarto de Fräulein. Caminha na maciota. Todo cuidado é pouco, não? com pés de onça ele pisa. Nem um ruído fará, não vá acordar alguém... Carlos reflete. E sabe que essas coisas ninguém deve descobrir.

Aprendizagem malandra, ou melhor, reversa da aprendizagem pautada em moldes tradicionais, a qual não permitiria a "maciota" sinuosa, furtiva e astuta do aprendiz, focalizada por Mário. Já para Teolinda Gersão, a aprendizagem da personagem é fruto de um espaço para onde confluem as águas do lírico-poético e do narrativo para comporem a imagem.

Cabe ressaltar, mais uma vez, a diferença entre as duas ficções. No romance português, a linguagem narrativa, pelo menos no capítulo em análise, dificilmente perde sua seriedade no trato com os fatos; falar do amor por meio da linguagem leva a um tipo de enfoque em que o poético e o feminino se interpenetram como apelos vitais. O jogo de sedução não é objeto de uma intenção lírico--burlesca, como acontece com as personagens de Mário de Andrade. Para este, a escrita atende a propósitos distintos dos de Teolinda Gersão, já que não se pode esquecer o célebre "escrever brasileiro" que não poupa "brasileirismos", tanto no comportamento da língua (tendendo à oralidade, em suas narrativas), quanto na psicologia das personagens. Nesse sentido, o prefácio "Uma difícil conjugação", de Telê Porto Ancona Lopez a *Amar, verbo intransitivo* (1986), esclarece e analisa tais aspectos linguísticos presentes na obra de Mário. O idílio, anunciado no título de seu romance, acaba por adquirir uma natureza grotesca, em que se mesclam o sério e o cômico, a convenção e a liberdade criativa, respeito e rebeldia.

Experimentar uma língua nova é, assim, uma prática realizada não apenas por Carlos, personagem do romance, mas também pelo próprio Mário em suas investidas na sua "gramatiquinha" singular – aquela que se desvia dos padrões sistemáticos do português. A rebeldia de Carlos é, digamos, um reflexo bem humorado da rebeldia modernista de Mário com seu projeto estético.

No romance da escritora portuguesa, podemos também notar as intenções satíricas, bem como a simultaneidade de vozes e tons na narrativa. Mas o cômico e o grotesco voltam-se à focalização de outros objetos presentes na obra – valores e fatos históricos, questões genealógicas – não tão explícitos no capítulo que analisamos. A paixão entre Virita e Filipe recebe outro tratamento, pois a linguagem parece "respeitar" a natureza paradoxal dessa relação, cômica de saída, mas séria em seu desenvolvimento. Para isso, a escritora converte o absurdo em patético e o impossível em possível, graças ao poder crítico-poético da linguagem narrativa.

15
Narratividade mitopoética:
Luandino Vieira e Guimarães Rosa[1]

"Surucucu é um sopro de sílabas. Quem que vai pensar no princípio era um amor, só; o amor virou ódio e o ódio xinguilou continuação desta estória?" (Vieira, 1978, p.39). Esse início do conto de Luandino Vieira, "O poeta Paulo encontra Teté a louca", desafia duplamente o olhar do leitor. Primeiro, porque a fala singular nos leva de imediato a ouvir/ler outra, nela infiltrada como "um sopro de sílabas" de uma "surucucu" da ficção brasileira, chamada Guimarães Rosa; segundo, pela construção insólita dessa escrita narrativa, como se já solicitando de saída o exercício de uma relação inabitual entre texto e leitura que o conto, em seu desenvolvimento, irá confirmar.

A aproximação entre os dois escritores parece justificar-se, desse modo, a partir do próprio projeto estético que alimenta a ficção de um e de outro, portanto, de dentro para fora, movimento que privilegia a natureza interna das obras e não o contexto exterior que as envolve. Aliás, a diversidade de experiências vividas por Luandino e Guimarães em seus respectivos espaços culturais é sinal de que as semelhanças entre os dois, na escrita, são construídas exatamente por essa diferença de caminhos, mas que pode confluir para

---

1 Versão atualizada do artigo publicado no *Jornal de Letras, Artes & Ideias*. Lisboa: Fundação Calouste Gulbenkian, nº 645, 1995, p.42-43.

um intento comum: o confronto lúcido com a realidade da palavra, concebida simultaneamente como fundação do mundo e concreção sígnica. Palavra como impulso gerador do real, atuando como força compositiva que dá forma a este.

"Surucucu é um sopro de sílabas" – frase que ocupa no texto justamente a posição de inauguralidade, apropriada, portanto, para restituir à linguagem sua função primordial, a de uma fala capaz de criar o mundo, soprá-lo, por meio de seu poder significante. Note--se, nesse sentido, a importância que o som adquire nesse dizer, próximo do mítico, em que enunciado e enunciação se encontram na força mágica do som aliterante por meio da sibilância. Estamos diante de uma linguagem que parece se emancipar da trama discursiva, antecedendo-a, por oferecer materialmente as potencialidades de sua construção poética. Esse "sopro de sílabas" é, assim, metáfora da criação/fundação, não apenas do mundo a ser relatado, como também da própria escrita, alimentada constantemente pelo poder fundador da palavra.

A serpente venenosa, com sua presença insidiosa no início do conto, aponta duplamente os caminhos de sentido a serem construídos pela narrativa. Por um lado, o mítico, indiciado na simbologia da surucucu e reiterado em outras imagens que irão compondo essa camada de referências; por outro lado, o textual, espaço em que a linguagem vai tecendo suas armadilhas para conferir à serpente outro sentido – o da relação amorosa encarnada na trama factual focalizada pelo conto. Talvez buscando assinalar essa passagem de um plano a outro, e resgatando a inteligibilidade da diegese para o leitor, é que o narrador justifica o começo insólito de sua narrativa: "O que tem a ver surucucu com almoço de pedido é que, em tempo d'era uma vez, apareceu em quintalão dos Sousa Netos, no Kasualala onde estamos, a dita diuta surucucu. Ora a serpente era o mais astuto de todas as alimárias da terra" (ibidem, p.39). Para a leitura, entretanto, a explicação não basta, pois "o que tem a ver" a imagem mítica com o fato narrado, isto é, a serpente dos tempos primitivos com a surucucu do presente, ainda não é possível saber. A narrativa continua a exibir sua natureza híbrida, pois o texto apresenta-se como verdadeira panela de bruxa onde ingredientes distintos e desconcertantes são misturados para a obtenção de efeitos imprevisíveis. O relato se faz de incoerências ou de relações aparentemente sem vínculos lógicos, de que o próprio narrador tem consciência e registra, não o suficiente para dissolver o mistério.

Recuperando uma tradição oral dos relatos populares ("em tempo d'era uma vez") e, dessa forma, desmitificando a função ilusionista da ficção, o narrador cria as condições necessárias para jogar com a temporalidade, tornando-a um material elástico, livre trânsito do passado atemporal para o presente e deste àquele. "Onde estamos" é, tanto o espaço da terra africana ou a localidade específica em que o narrador situa os fatos e a si mesmo, quanto o espaço da escrita, esse campo que se abre à interpenetração de tempos e espaços. Interessante o uso da primeira pessoa do plural pelo narrador, estratégia que sugere, além de sua condição de personagem, a incorporação, em sua fala, de um possível narratário.

A escrita, essa espécie de "Kasualala" – palavra *kimbudu* que significa "brincadeira" –, é o espaço da experimentação lúdica para o qual o leitor também é convocado. Porém, não devemos esquecer as conotações eróticas contidas no ato de brincar, especialmente quando se trata de sociedades primitivas, em que os corpos, o do homem e o do mundo, transfundem sua matéria, tornando-a permeável a constantes metamorfoses (a personagem Macunaíma, nesse caso, é exemplar).

Nesse universo, que abole as fronteiras entre o real e o imaginário, as fontes míticas são exploradas – traço fundamental também na narrativa de Guimarães Rosa. É assim que se oferece o motivo bíblico da serpente, em que o lendário se cruza com o realismo mágico: a surucucu dialoga com a personagem Teté, seduzindo-a a comer o fruto proibido. A narrativa passa a incorporar uma voz semelhante à do estilo solene, porém amortecido pelo tom irônico: " – Então a mana Teté viu que a árvore era doce na boca, nos olhos bela e tão quente ao coração – e comeu". Tal diálogo, colocado em cena no segundo parágrafo do conto, já inscreve a narrativa numa dimensão inusitada, em que a linguagem se articula numa outra lógica cuja decodificação parece inacessível ao leitor: "Ela disse à Teté: 'Verdade mesmo, no teu pai te proibiram de não comer fruta num pau do quintal?' A Teté disse: 'Sim.' A surucucu respondeu, disse: 'Ele sabe se você comer adiantas abrir os olhos, viras muito esperta que ele...'" (ibidem, p.39).

Estamos diante de um motivo milenar, um dos *topoi* mais explorados pelas narrativas tradicionais, a fecundação como fenômeno mágico e ligado à origem do mundo, à necessidade de dar corpo (e forma) ao desejo, seja do cosmos, seja do texto que o anuncia. Assim, o fato enunciado em seguida pela narrativa é o engravidamento de Teté.

A imagem de mundo oferecida ao leitor por esse tipo de relato é a de uma série de metamorfoses ou transformações bruscas, em que os acontecimentos parecem motivados pela alogicidade, ou melhor, por uma lógica própria, antes mágico-poética que racional. Esse episódio da gravidez da personagem, por exemplo, fica suspenso, sem atar-se a um antes ou depois, como se gerado do próprio impulso fortuito da narrativa, que segue seu curso saltando por cima do acontecimento para flagrar outra situação. São fatos "sem jurisprudência de motivo nem lugar, nenhum, mas pelo antes, pelo depois", como dirá o narrador de um dos contos de Guimarães Rosa.

Em Luandino, somos colocados perante uma ficção que burla os modos convencionais de estruturação narrativa, para se propor livre das armações causais ou da motivação que enreda os fatos numa relação de necessidade. Muito ao contrário, o narrador sonega informações e transforma seu relato num misto de dizer e não dizer, num desdizer, presença e ausência. Somente refazendo o percurso dos fatos, recuperando elos omitidos ou criando-os é que o leitor pode compreender a diegese; ainda assim, permanece a sensação de estarmos diante de uma esfera em que ocultar e revelar são peças jogadas simultaneamente.

Uma prática semelhante, aliás, à que se configura em Guimarães Rosa. Nas suas estórias, principalmente nas *Primeiras estórias* (1962), o insólito é a nota dominante a modular a narrativa: atitudes sem explicação aparente, acontecimentos misteriosos, transformações repentinas, ambiguidades, seres estranhos, desvio e fuga do habitual previsível – todas essas margens desconcertantes compõem um universo que se organiza com modos pré-lógicos, cuja sem-razão só pode explicar-se pelo desejo de corte com os limites castradores do real. É o que podemos notar em um de seus contos mais conhecidos, "Soroco, sua mãe, sua filha", que pode nos servir de contraponto ao de Luandino Vieira.

Eis como o narrador descreve a reação da personagem, num dos momentos-chave do conto: "Mas, parou. Em tanto que se esquisitou, parecia que ia perder o de si, parar de ser. Assim num excesso de espírito, fora de sentido. E foi o que não se podia prevenir: quem ia fazer siso naquilo?" (1985b, p.21). Ora, é exatamente esse "excesso de espírito" que, ao infiltrar no sensível, esvazia-o dos sentidos esperados a fim de dotá-lo de outros valores. O resultado é a presença, nas narrativas de Guimarães Rosa, desses momentos de desatino, revelações súbitas que iluminam o seu próprio absurdo, ilhas de acontecimentos suspensos. Uma terceira margem. Da leveza passa-se à densidade, do humor à seriedade e ao patético; a linguagem se encrespa, intensificando os nós emotivos e racionais de sua construção.

No conto de Luandino Vieira também aparecem estranhas percepções, essa espécie de epifania pelo avesso, isto é, a visão do espanto em que descobrir significa ver o impossível, ou não ver, ou ainda, ver o que é intraduzível. Assim, por exemplo, após a relação físico-amorosa com a personagem, Paulo Tavira descobre quem é essa mulher que oscila entre a seriedade – "Sou a Senhorita Teresa de Sousa..." – e a loucura, "a Teté, a louca", entre a ingenuidade e a sedução. Interessante notar como a linguagem narrativa denuncia essa passagem da inconsciência à consciência, do desarme à defesa, vivida pela personagem Paulo, por meio de sua descrição fisionômica: "Paulo tavira mirou feições num ar de cílios; asas frementes de nariz, o desenho reto dos lábios. Mas os olhos: rolas descuidosas à beira da rede de rugas, armadilha" (Vieira, 1978, p.42). Sem dúvida, é uma modalização descritiva que materializa o estranho, o enfrentamento com os "crespos do homem", no dizer roseano. Para se entender o mirar "feições num ar de cílios", como é caracterizado o movimento ambíguo dos olhos da personagem, sugerindo simultaneamente descuido e atenção, é preciso atentar para o encrespamento da própria linguagem, que retira das palavras as forças virtuais para o dizer. A espontaneidade tecida de malícia configura-se concretamente no jogo escritural, graças à escolha das palavras precisas para flagrar a rede de sedução armada no rosto da personagem.

Em Luandino Vieira e Guimarães Rosa, a atração pelo mágico, tanto da linguagem quanto do ser humano em sua relação com o mundo, acaba por acentuar o funcionamento poético da narrativa, menos voltada ao fatual do que a mecanismos inusitados de operação com o real circundante a fim de vê-lo com nova ótica. Uma aprendizagem do ver que, embora se volte ao primitivo e ao natural, transforma essa evidência ou proximidade em opacidade e distância, enfim, numa e-vidência que nasce de instâncias tramadas no espaço interiorizado do discurso onde pairam angulações secretas. O sem dizer das coisas. Abertura para o mundo, mas fechamento no dizer.

Não são incomuns as situações em que as personagens estão imersas em seus silêncios e vazios ou, como o narrador do conto de Luandino reconhece, o "poeta sendo amigado com paus e sombras e silêncios". É como se o contato com o espaço exterior, principalmente com a terra, impelisse o sujeito para mais próximo de si mesmo, ao seu interior, para um questionamento feito de contradições. Quando Paulo Tavira pensa sobre os avanços da urbanização engolindo a tradição colonial, pouco sobrando da "terra do antigamente", suas reflexões adquirem um contorno inusitado. É que esse diálogo da personagem consigo mesma expressa-se por meio do estranho desdobramento do nome próprio (Paulo e Tavira), criando graficamente a ilusão da existência de duas pessoas: "'Tudo condenado... Ainda bem? Ainda mal?...' – diálogo de Paulo e Tavira, modo de dar pausa ao cachimbo". Note-se como o discurso se constrói como um modo de "dar pausa", ao cachimbo e à própria linguagem. O discurso se faz como comunicação suspensa, desdobrando-se como baforadas de fumaça extraídas do cachimbo.

A preferência por seres mergulhados em gestos tresloucados e alheados é marca de um universo ficcional no qual a inocência

AS DISTINTAS MARGENS DA ESCRITA LITERÁRIA **233**

primitiva, instintiva, associada à inconsciência, tem uma força tão convincente e verdadeira quanto a consciência. E diríamos mais, tem uma força capaz de desestabilizar o real, despertando virtualidades insuspeitadas de modo a levá-lo a modificações. Verdade e mentira, loucura e razão são faces reversíveis do desejo de compreender o mundo, não para dominá-lo por meio de fronteiras e valores estáveis ou absolutos, mas para mostrá-lo em sua verdadeira estranheza, uma natureza perturbada por inquietações criativas, imprevisíveis. Trata-se, afinal, de uma visão em afinidade com o procedimento que caracteriza o texto artístico em seu funcionamento; operar com o insólito, trazê-lo ao espaço da representação, é reafirmar o real então deslocado dos hábitos condicionantes pelos quais é percebido. Ou seja, é reiterar a natureza mesma do real com suas dissonâncias, visionarismos, alucinações, por meio de uma narrativa em que o mítico se cruza com o poético para fazer deflagrar a "verdade" do universo ficcionalizante. É deste espaço espantosamente verdadeiro que o fato real se transforma em mito e vice-versa. É por esse caminho que o leitor se depara, não sem assombro, com o retrato poético dos disparates de que se veste a filha de Soroco, personagem do conto de Guimarães:

> Assim com panos e papéis, de diversas cores, uma carapuça em cima dos espalhados cabelos, e enfunada em tantas roupas ainda de mais misturas, tiras e faixas, dependuradas – virundangas: matéria de maluco. (1985b, p.19)

Na carnavalização dessa figura, o belo se une ao grotesco, o patético se eleva ao poético. A estranha colagem e mistura de roupas, essas "virundangas", enfim, funcionam como metáfora de outra colagem, aquela realizada pela linguagem – material que deve ser flexível à inventividade de quem o manipula para construir seres e objetos. A "matéria de maluco" usada pela personagem corresponde à *bricolage* textual realizada pelo narrador, reapropriando-se de formas conhecidas para criar outras e rearranjá-las de modo surpreendente. Entretanto, há uma diferença entre as duas bricolagens, procedimentos que apenas se encontram quanto aos efeitos surpreendentes sugeridos pela estranha montagem. Enquanto o narrador roseano opera como um *bricoleur* que conhece os materiais utilizados e a motivação artística que os coloca em jogo, mesmo que simule arbitrariedade, a personagem do conto está privada dessa consciência, falta agravada mais ainda por sua loucura; os seus gestos e atitudes, improvisando uma colagem com o que tem à mão, além de revelarem uma composição heteróclita, são movidos pela imediatez e pelo aleatório. Seja como for, é interessante pensarmos nesse procedimento como algo profundamente ligado ao pensamento mítico, tal como o definiu Claude Lévi-Strauss (*La pensée sauvage*): a *bricolage* parece se afirmar como imagem perfeita de uma esfera mítica, recuperada nesse arranjo aparentemente caótico, desligado de um projeto prévio, porém carregado de sentidos latentes em sua "lógica" ex-cêntrica.

Na ficção de Luandino Vieira, assim como na de Guimarães Rosa, o dizer tem um funcionamento ritualístico de busca, de experimentação, revolvendo a linguagem de suas camadas estabilizadas. A palavra assume estatuto de coisa em perpétuo movimento de criação. Tal experiência tem que ver com dois impulsos fundamentais: o conhecimento profundo dos códigos literário e linguístico e a procura de identidade entre homem e terra.

No primeiro caso, trata-se da visão madura que extrai da tradição as matrizes e fontes necessárias à invenção, como verdadeiro trabalho de garimpagem em que o erudito e o popular, o culto e o folclórico, o oral e o escrito não são materiais paralelos e complementares, mas sim interpenetram-se para irem gerando-se mutuamente. Palavra e realidade concreta estão mergulhadas numa mesma sintaxe, já que organizadas de modo a criar um espelhamento inusitado entre forma e conteúdo; o dizer se configura como imagem estranhada de si mesmo. Note-se, por exemplo, como é focalizada, no conto de Luandino, a situação de festança entre os rapazes da colônia africana: "Se farreava; menores todos, conjunto puxando no seleto, a meio-tom – e as mais velhas zumbiam tais quimbundagens que se diria gente babélica" (Vieira, 1978, p.40).

AS DISTINTAS MARGENS DA ESCRITA LITERÁRIA   235

No outro caso, o caráter experimental da escrita liga-se ao conhecimento do espaço cultural e, também, do cenário natural em sua cumplicidade com as personagens. Relação feita de tensões, pois afloram as diferenças entre o primitivo e o civilizado, o colonizador e o colonizado, o sertão e a cidade, a colônia e a metrópole. Aí estaríamos entrando no terreno rico das questões implicadas nas trocas culturais e identitárias, o que daria matéria para outras reflexões. O que nos interessa, no momento, é detectar a maneira extremamente criativa, pessoal, com que os autores articulam essas questões no tecido da escrita narrativa.

Em Guimarães Rosa, as esferas natural e humana permutam estranhamentos, mas também afinidades, pois o sertão compõe com a personagem um todo indivisível. Já em Luandino Vieira, há um pano de fundo a envolver sua ficção, representado pelo contexto político e as questões ideológicas referentes à relação com a terra. Entretanto, mesmo para um escritor cujo maior desejo é não "ver envolto em sangue todo o seu imaginário", como ele confessa, a ficção não é reflexo direto das lutas e circunstâncias históricas. Se o posicionamento ideológico aparece na escrita (até porque não existe escrita que não seja ideológica...), tal presença se dá como consciência de um discurso literário que retira de si mesmo o potencial revolucionário e criativo para se afirmar. Isso transparece estruturalmente na obra e não como matéria incorporada de fora, o que se plasma, por exemplo, na coexistência de diferentes vozes/falas na narrativa:

> E nasceu a voz – como se chuva-de-caju em enterro de criança, flores brancas, a virgem terra cacimbada. Ou a dor de tudo isso, sonhado e nunca visto, saudade tão menina para sempre velha.
> *Ki ngibanza ngidila*
> *Aiué, ki ngibanza, ngidila, muadi!* (Vieira, 1978, p.41)

Assim, o espaço textual se abre a uma circulação livre de falas, em que o português coexiste e contrasta com outra língua – a fala pertencente à realidade cotidiana do povo angolano, que, por sua vez, se complementa com outra "língua" – aquela inventada pelo escritor, por meio de criações analógicas. O resultado é um mosaico heterolinguístico, assim como em Guimarães. E a sensação do leitor é a de estar lendo uma língua que o desconcerta, ao mesmo tempo distante e familiar, como se lhe despertasse fontes arcaicas ou um mundo cultural originário materializado na prática escritural: "xinguilou", "água de quizaca de macunde", "bissapa encacimbada", "cochilanço", "mustiçada", "quimbundica", "gajajeira", "musseque", "quipupo de massaroca", "muquixi", enfim, uma língua "sem nome de léxico", como reconhece o próprio narrador do conto, ao caracterizar a vegetação do local. Ou, como diria o narrador roseano, são "virundangas", recolhidas pela operação de colagem em seu trabalho de resgate do passado para fundi-lo ao presente. Na verdade, trata-se de um léxico especial que exige, para sua decifração, não a consulta a gramáticas e dicionários, mas a penetração sensível nessa poética com morfologia própria.

A presença da fala crioula com seu som e sentido originais, além de favorecer a composição do tecido polifônico da narrativa, pode ter outra função. Se considerada como um significante inacessível à decodificação pelo leitor desconhecedor desse código linguístico, essa fala estaria se afirmando na medida mesma em que oculta seu significado, tornando-se um corpo enigmático de linguagem. Isso poderia nos levar a pensar no interessante papel ideológico que tal estratégia pode estar representando: o que significaria a existência dessas falas pairando como verdadeiras ilhas no texto, colocadas em destaque graficamente? Não seria uma figuração simbólica do desejo de resistência à fusão com o outro, a liberdade para assumir um estatuto identitário próprio? Por outro lado, se pensarmos na composição intertextual criada por Luandino, em seu conto, a convivência das distintas vozes (e posicionamentos discursivos) sugere a busca de trocas culturais, dinâmica em que posse e assimilação, incorporação e resistência, alteridade e identidade tornam-se peças maleáveis da interface criada pela escrita:

> Ngana iami ua-ngi-ambela Kiki:
> Ndé mu' Alunga uasumbe o mbirikitu
> Ngai mu' Alunga, o kindumbu ki-ngi-fumati inama...
> (ibidem, p.41)

A fala acima transcrita aparece duas vezes na narrativa e, neste segundo momento, tal linguagem ou "cançãozinha de embalar a morte", expressão do narrador, vem associada à personagem feminina Teté, que despertara a atenção de Paulo Tavira. Desse modo, a imagem sedutora da mulher e o poder encantatório da canção se unem para atrair a personagem à prática amorosa. O propósito político parece estar subjacente nessa tática esperta, manipuladora: entre o dominador e o dominado, o possuidor e o possuído, o amante e o amado, tudo se resolve no jogo ambíguo de entrega e recusa, assédio e defesa, quando as subjetividades se confrontam no difícil exercício da coexistência, seja íntima, seja social, familiar ou coletiva. Nesse sentido, falar é também não falar, ou falar com um não sentido que a música deixa encoberto para fazer despontar a magia do som. Ainda mais se considerarmos que no conto está presente também a dualidade razão x loucura. É então que a função mágica da palavra se acentua, não agora como fala estrangeira/estranha, mas como uma linguagem sem tempo nem espaço, uma voz que, como o próprio narrador reflete, parece vir "do outro mundo do antes e do nunca mais" (ibidem, p.42). Fala próxima do mito, talvez, porque se faz como expressão do inconsciente, desligada de funções lógicas e apegada ao encanto melódico do significante em sua imediatez, cujos efeitos a aliteração põe em destaque.

No universo ficcional de Guimarães Rosa também a recitação, o canto e a música assinalam a importância da linguagem que se faz corpo, autoexpressão de potencialidades sonoras em consonância com valores emotivos, intuições e sensações insuspeitadas. É uma recuperação da função mágica da linguagem, portanto, um retorno à sua origem primordial em que palavra e música estavam associadas naquela espécie de comunhão órfica do homem com o mundo. Um mundo no qual reina o princípio analógico, abolindo-se as fronteiras entre o bem e o mal, o divino e o demoníaco, o sagrado e o profano. No conto "Soroco, sua mãe, sua filha", essa presença do canto mágico adquire papel fundamental, quando do final da narrativa. A música que Soroco passa a entoar acompanhado de todos os circundantes, então levados pela "chirimia" das duas loucas, expressa

238 MARIA HELOÍSA MARTINS DIAS

a união mágica entre loucura e razão, só possível no mundo mítico. Trata-se de um canto que desafia as normas legais e lógicas da vida, por isso pode existir sem interdições, nem constrangimentos:

> Agora, mesmo, a gente só escutava era o acorçôo do canto, das duas, aquela chirimia que avocava: que era um constado de enormes diversidades desta vida, que podiam doer na gente, sem jurisprudência de motivo nem lugar, nenhum, mas pelo antes, pelo depois. (1985a, p.20)

Eis um sinal concreto do "se-ir do viver".

Muitas outras aproximações poderiam ser feitas entre Luandino e Guimarães, respeitando-se, é claro, as diferenças culturais que marcam suas literaturas, pertencentes a contextos específicos. A semelhança entre os dois escritores está nos procedimentos utilizados por narrativas que subvertem o modo de se conceberem o mundo e a linguagem, exatamente por buscarem soluções desestabilizadoras da ordem condicionante. Trata-se de um modo singular de escritura em que o insólito se manifesta duplamente: na curiosa natureza da "língua" e na maneira como ela se articula literariamente. A forte presença de marcas da oralidade permite ao relato situar-se mais ainda na esfera mítica, o que se complementa com o uso de recursos próprios do discurso poético, resultando num texto híbrido, no qual se interseccionam a narrativa e a lírica. Na verdade, uma solução romanesca que se pode denominar de mito-poética, como o fez Alfredo Bosi (1977).

O mítico se explica, então, por esse tipo de narrativa que suspende as situações narradas numa dimensão atemporal de modo a transcender as demarcações rígidas entre o regional e o universal, o culto e o popular. E é justamente a atemporalidade que promove a coexistência de vários tempos nessa composição narrativa; real e imaginário, história e ficção, o antes ou o nunca, o presente da escrita, o passado da lenda, consciência e inconsciência, tudo isso figura numa curiosa trama textual.

16
DIÁLOGO ENTRE MODERNIDADES POÉTICAS: "O CÃO SEM PLUMAS" (CABRAL) E "O CANITO DE PLUMAS" (O'NEILL)

Confluências de dois (dis)cursos poéticos

Em seu poema "Saudação a João Cabral" (*Abandono vigiado*, 1960), o poeta português Alexandre O'Neill ressalta a singularidade da poética cabralina, aquela que nos "incita a ver mais de perto, / com mais atenção e vagar, / o que está como em aberto". Abertura enganosa, porém, pois essa oferta é também um modo de ocultar, já que enfrentamos o desafio de uma materialidade que se faz ao mesmo tempo como concretude e opacidade, evidência e ocultamento. É, afinal, a "carnadura concreta" (diz o próprio Cabral) de uma linguagem que não facilita as vias para sua decifração, ao contrário, exige do leitor uma *educação pela pedra*, como sugere o título de uma de suas obras. Vamos ao poema de O'Neill.

Saudação a João Cabral de Melo Neto

João Cabral de Melo Neto
Você não se pode imitar,
mas incita a ver mais de perto,
com mais atenção e vagar,
o que está como que em aberto,

ainda por vistoriar,
o que vive entre pedra e terra
e o que é entre muro e cal,
o que tem "vocação de bagaço"
e o que resiste no osso ou no "aço
do osso", mais essencial.

Tateamos matéria pobre
com sua mão que nada encobre
e ouvimos assoviar
versos (sem pássaro) de cobre.
De prosaico há-de ser chamado
pelos do "estilo doutor",
cabeleireiros da palavra,
pirotécnicos do estupor,
que dão tudo por uma ária
de alambicado tenor,
que encaixilham a dourado
morceaux choisir de orador,
mas de prosaico não foi chamado
o nosso Cesário Verde?
O lugar-comum se repete
aqui ou do outro lado...

*

Porém adotemos prosaico
num sentido que ao bacharel
escapará, é matemático.
Prosaico mas não aquele
que em verso é incapaz de verso
por estar sempre a pôr em verso,
uma sorte de tradutor
para poesia
e às vezes até um guia
do político amador.

Exemplo: Pablo Neruda.
Prosaico, mas sem literatura,
sem o discursivo, sem a mistura
de panfleto, notícia, ladainha.

Prosaico: o não enfático,
o que não mente a si mesmo,
o que não escreve a esmo,
o que não quer ser simpático,
o que é a *palo seco*,
o que não toma por outro
mais fácil trajeto
quando está diante do pouco,
nem que seja um inseto.

Já se deixa ver que prosaico,
assim, mal definido,
mão é uma atitude
que se arvore ou um laivo,
uma tinta de virtude:
é um modo de ser,
mesmo antes do verso,
mesmo fora do verso,
mesmo sem dizer.

Será neste sentido,
prosaico Melo Neto,
que no poema "O Rio"
cita Berceo: "Quiero
que compongamos io e tu una prosa"?
Será no mesmo sentido
que Pessoa-Alberto Caeiro
(outro prosaico, mas desiludido...):
"... escrevo a prosa dos meus versos
e fico contente"?

*

242   MARIA HELOÍSA MARTINS DIAS

Quanto a mim, ainda o bonito
me põe nervoso, o meu canito
ainda tem plumas – e lindas! –
e o meu verso deita-se muito,
não sobre a terra, mas em sumaúmas,
já com bastante falta de ar...

Ó Poeta,
Não é motivo para não o saudar!
(O'Neill, 2001, p.151-153)

Na poesia de João Cabral, enfrentar a pedra/palavra é incorporar o indigesto, o que não flui e fica coagulado no papel, criando asperezas e sobressaltos na leitura. Nas palavras de O'Neill, que retomam as de Cabral, é essa "'vocação de bagaço" / e o que resiste no osso ou no 'aço /do osso'" ou a essencialidade crua que nos impele à prática difícil do olhar crítico. Dificuldade alegorizada na analogia criada por Cabral entre o ato de catar feijão e o de escrever, no famoso poema "Catar feijão", por sinal dedicado a Alexandre O'Neill. Os grãos que boiam na folha de papel, ao contrário das pedras de feijão, não podem ser jogados fora, pois é a pedra que "dá à frase seu grão mais vivo", criando corpos inesperados: "fluviante, flutual". Eis os signos que se erguem contra a corrente previsível da linearidade fluente, adjetivos que incorporam a agramaticalidade e geram o espanto, por isso são, como Alexandre O'Neill espera dos adjetivos, incisivos.

É o que propõe em seu poema "O adjetivo" (*Abandono vigiado)*, ao repudiar o poeta que enfeita ou "orneia de luzidias mentiras, / de poética poesia". Ao contrário, a poesia de João Cabral, seguindo o "catecismo de Berceo", título de um poema contido em *Museu de tudo* (1966-1974), enxuga ao máximo o verso, ao desfolhar a linguagem de todo excesso, ao "isolá-la de entre / o folhudo em que se perdia". No entanto, tal desfolhamento não torna a palavra leve, pois esta deve aderir, pesada, ao corpo da coisa que diz. Espessura, solidez, não frouxidão, densidade. Contra a fala "saliente", que deseja impor sua pessoalidade, deve erguer-se a "fala anônima", discreta e oculta num dizer coletivo. Contra a fluência da palavra, o seu represamento, fazendo-a existir contida, "noutras paralelas, latente".

Essa latência do dizer, na poesia de João Cabral, que a um só tempo expõe sua corporalidade, mas recolhe os sentidos, defendendo-se contra o fácil assédio, é que deve ser perscrutada pela leitura. Por outro lado, tal densidade não significa o inacessível do material a ser trabalhado pela poesia. Trata-se, como O'Neill observa em "Saudação a João Cabral", de "matéria pobre" a que tateamos, aludindo ao desnudamento de artifícios.

É essa ausência de excrescências ou de ornatos dos "versos de cobre", como os caracteriza O'Neill, que o leva a destacar o prosaico como traço essencial no poeta brasileiro. Retirando deste termo os preconceitos ou equívocos de sentido a ele impostos por maus leitores ou maus poetas, para os quais, segundo o poeta, a escrita se confunde com oratória ou eloquência e "dão tudo por uma ária / de alambicado tenor", ou então aqueles que transformam o discurso no meramente ideológico panfletário, O'Neill passa a restituir ao termo "prosaico" o verdadeiro sentido, o que se dá na 4ª estrofe do poema. São versos que lembram a dicção tipicamente cabralina. Note-se o corte seco dos versos, reduzidos ao essencial, devidamente pontuados e marcados em seu ritmo. Não faltam os dois pontos ("Prosaico: o não enfático"), tão a gosto da intenção "didática" da poética de Cabral, a que se faz "por lições" ("Educação pela Pedra").

Seguindo, então, as trilhas abertas por Cabral, Alexandre O'Neill desdobra seus versos em construções paralelísticas para explicar essa escrita sem ênfase (ou essa "voz inenfática, impessoal", segundo Cabral), porém, pela reiteração de negações presentes em vários versos. Desse modo, O'Neill reproduz em seus versos a "poética do pouco", aquela que se "define em parte pela negação", a "poética do não" sobre a qual falou Oscar Lopes (apud Melo Neto, 1986, p.11). Assim como em João Cabral, em O'Neill a escrita vive de um paradoxo: o menos só o é por ter absorvido o

244 MARIA HELOÍSA MARTINS DIAS

mais. Para falar do não enfático é preciso enfatizar os caminhos de sua construção; atingir o pouco só se dá graças a um saber que incorporou o muito. Portanto, o trajeto escolhido por O'Neill, que não é o "mais fácil trajeto", pois que nele não há gratuidade, reproduz no seu fazer o canto a *palo seco*, performatizando a escrita poética de Cabral em sua própria linguagem.

Na verdade, falar sobre o prosaico prende-se a um dos propósitos da poesia de Alexandre O'Neill a qual, como assinalou Fernando Martinho (1987, p.52), "é uma reabilitação do prosaico, que implica, obviamente, a rejeição da enxúrdia retórica, do 'bonito', das 'plumas', das 'sumaúmas', e a defesa do 'não enfático', do cante 'a palo seco', de uma visão mais próxima e 'com mais atenção e vagar'".

Não apenas alusão e incorporação performática do dizer de Cabral, o texto de O'Neill põe em jogo a questão das vozes no processo discursivo. Há um eu que dialoga com o ser focalizado ("João Cabral de Melo Neto, / Você não se pode imitar" ou "Será nesse sentido, / prosaico Melo Neto"), como se entre os dois poetas fosse se compondo uma prosa, tal como aquela desejada por Cabral e proposta a Berceo – "Quiero /que compongamos io e tú una prosa" – versos citados por O'Neill em seu poema. Como se vê, uma "prosa" que se faz de muitas vozes confluindo para projetos afins. E há mais um outro que se faz ouvir no poema de O'Neill: o Pessoa-Alberto Caeiro, cujos versos ajudam a compor essa textura plurívoca em que "prosa" assume sua dupla significação: gênero discursivo e conversa.

Só que a poesia de Alexandre O'Neill, atendendo a necessidades de uma vertente revolucionária, a que não falta seu vínculo com as vanguardas modernistas, não se mantém fiel, todo tempo, ou numa concordância disciplinada com os parâmetros sobre os quais discorre. A última estrofe de "Saudação a João Cabral" faz emergir o seu caminho próprio em relação à poesia, marcada por traços que se distanciam da secura e aridez presentes na poesia do homenageado. Ainda que descarte os floreios ou o ornato, a beleza não deixa de comover, a pôr nervoso o poeta português, como ele mesmo afirma;

se o verso de Cabral ergue-se na sua arquitetura vertical, evitando a fluência e a linearidade que se aproximam do emocional, o verso de O'Neill não evita aderir ao sensível, ao contato com a emocionalidade, mesmo que revestida de humor: "o meu verso deita-se muito, / não sobre a terra, mas em sumaúmas, / já com bastante falta de ar...".

Talvez seja a vocação assumidamente árida que permeia o caminho da escrita de João Cabral o motivo de certa resistência em muitos leitores, e é essa restrição que o final do poema de Alexandre O'Neill deixa entrever.

É que a aridez da poesia cabralina se, a princípio, tem uma conotação positiva na medida em que investe no despojamento de todo supérfluo ou postiço para existir reduzida à sua pele exata, quase ossos, por outro lado, a aridez também se faz como negativa, quando o foco passa a ser a realidade social, também reduzida à sua ossatura, mas agora cruel. Se o despojamento existe na medida exata de sua precariedade, vivendo intensa e legitimamente o seu ser vulnerável, essa resistência desperta o sentido dramático porque a ausência se torna aguda, insustentável. Eis o que representa o "cão sem plumas", imagem paradigmática do corte de todo aparato ou apoio, da redução à condição mais crua porque desamparada e espessa na sua solidão. A obra *Cão sem plumas* (1949-1950), de João Cabral, focaliza essa paisagem de menos, resistente e seca "até a sua mais funda caliça", em poemas que se distribuem nas sequências "Paisagem do Capibaribe" I e II, "Fábula do Capibaribe" e "Discurso do Capibaribe". Já em Alexandre O'Neill, a imagem do cão recebe outro tratamento em que desponta o humor ("o meu canito / ainda tem plumas – e lindas!"), como podemos ver no poema "Cão" (*Abandono vigiado*):

Cão

Cão passageiro, cão estrito,
cão rasteiro cor de luva amarela,
apara-lápis, fraldiqueiro,

cão liquefeito, cão estafado,
cão de gravata pendente,
cão de orelhas engomadas,
de remexido rabo ausente,
cão ululante, cão coruscante,
cão magro, tétrico, maldito,
a desfazer-se num ganido,
a refazer-se num latido,
cão disparado: cão aqui,
cão além, e sempre cão.
Cão marrado, preso a um fio de cheiro,
cão a esburgar o osso
essencial do dia a dia,
cão estouvado de alegria,
cão formal da poesia,
cão-soneto de ão-ão bem martelado,
cão moído de pancada
e condoído do dono,
cão: esfera do sono,
cão de pura invenção, cão pré-fabricado,
cão-espelho, cão-cinzeiro, cão-botija,
cão de olhos que afligem,
cão-problema...

Sai depressa, ó cão, desse poema!
(O'Neill, 2001, p.157)

É preciso reconhecer, a princípio, a diferença que existe entre uma obra com vários poemas voltados à focalização de um espaço específico, o rio Capibaribe, que se abre a uma analogia com a imagem singular do cão, e um poema bem mais curto, em que a imagem-chave "cão" funciona como ponto de partida metafórico para vários sentidos e referências. Se na obra de Cabral o cão entra, meio sorrateiro, como imagem comparativa do rio com os homens, no texto de O'Neill o cão é a figura central, mas que sai da poesia, em seu final, expulso pelo próprio poeta ("Sai depressa, ó cão, deste poema"!), para que outras imagens entrem em cena. Do espaço natural e humano para o cão, em Cabral, do cão para a realidade social, em O'Neill. Mas aí entra um curioso paradoxo. Mesmo figurando de forma secundária na poesia, o "cão sem plumas" de Cabral vai adquirindo uma tal espessura, uma tal densidade de traços para metaforizar as paisagens natural e humana, que esse menos ou essa ausência (sugerida pela preposição) converte-se no contrário. Já em O'Neill, embora essa imagem figure como eixo construtor do poema, o que se concretiza na repetição insistente desse signo, em posição anafórica ou não, ao longo do texto, essa presença vai se esvaziando pelas conotações negativas ou depreciativas a ele atribuídas.

Em Cabral, o cão – signo da realidade crua e cruel – é "acolhido", digamos, pelo poeta que não o expulsa de sua poesia, ao contrário, humaniza-o ao tratá-lo como vítima, também, de um meio precário e violento: "(um cão sem plumas / é mais / que um cão saqueado; / é mais / que um cão assassinado"). Em O'Neill, o cão – signo do rasteiro e do intratável – só pode se transformar num objeto a ser repelido: "cão magro, tétrico, maldito, / a desfazer-se num ganido, / a refazer-se num latido". Se nesse poema, o ganido e o latido do cão incomodam, no de Cabral o cão não tem voz (nem vez), corte que significa ausência de vida, roída em suas mais fundas raízes: "Um cão sem plumas / é quando uma árvore sem voz. / É quando um pássaro / suas raízes no ar". Note-se como o corte da voz é criado literalmente no discurso, pois a sintaxe elíptica omite o verbo que restituiria as relações entre o sujeito e seu complemento. A faca cortante da linguagem de Cabral atua como um instrumento preciso para criar uma homologia entre o corte discursivo e o corte provocado pela hostilidade da paisagem geográfica.

Em Cabral, a presença do cão está associada à humildade – "um cão humilde e espesso" –, em O'Neill sua presença é uma insistência que perturba – "cão disparado: cão aqui, / cão além, e sempre cão". É, afinal, um cão que circula pelas ruas (e pelo poema), ao contrário do "cão sem plumas" que existe, assim como os homens e as casas, coagulado na lama, estagnado e plantado em ilhas; seres, enfim, que compõem uma "paisagem de anfíbios / de lama e lama".

248 MARIA HELOÍSA MARTINS DIAS

A visão crítica presente em Cabral se volta ao cenário nordestino, uma paisagem que o rio "sabe", percorre, e que o discurso desfia numa fábula arquiconhecida: a exposição à sujeira, a magreza dos homens, a secura das vidas sugadas até do que não têm, a ausência de horizontes. Os poemas que compõem *O cão sem plumas* se constroem como um longo percurso (o do rio-discurso) com sinais de pausas (os §) marcando as estrofes, que funcionam como verdadeiras ilhas onde as imagens vão se plantando por meio de comparações desdobráveis. Trata-se, como Georg Rudolf Lind (1972, p.426) observou, da técnica de "progressão por definições", fundamental, a meu ver, para dar conta de uma sintagmática ou macroestrutura que vai tecendo seus eixos a partir de uma mesma base ou paradigma. É como se o texto fosse materializando a fecundação da palavra, a germinar ininterruptamente, num caminho oposto ao do rio, que seca, existe à míngua ou estagnado. O discurso poético compensa a estagnação, criando comparações que vão semeando seu curso pela linguagem.

Por seu lado, a postura crítica de O'Neill exibe em "Cão" uma agressividade que se distancia do tom mais sereno, embora severo, presente em Cabral. A tonalidade rebelde em O'Neill aproxima-se do espírito inquieto próprio das vanguardas modernistas, enquanto um basta à submissão a valores que não é mais possível manter. Tal inconformismo demolidor de sistemas deve-se, em parte, aos seus vínculos com o Surrealismo, cuja proposta revolucionária do basta a todas as "imbecilidades" pregada por Aragon, por exemplo, conforme comenta Clara Rocha (1987, p.106), não é muito diferente do basta de O'Neill. Daí a imagem-núcleo "cão" converter-se na própria recusa do *status quo*, existindo como signo que pode se desdobrar, pela analogia da rima, em "não", um sentido a ser recuperado pelo ato de leitura. O *não* de Alexandre O'Neill se dirige, afinal, às características do ser burguês encarnadas metaforicamente no cão: "cão de gravata pendente, / cão de orelhas engomadas, / de remexido rabo ausente". Sendo assim, "o desejo, tão evidentemente surrealista, de transformar a ficção em alta ficção (como quem diz alta tensão)" (apud Rocha, 1987, p.106) está presente no poema, até

AS DISTINTAS MARGENS DA ESCRITA LITERÁRIA **249**

pela explosão sonora (e negativa) do signo cão ao longo dos versos. Dessacralizando os atributos tradicionalmente vinculados ao cão – fidelidade, submissão, amizade, espera – o poeta nega a condição servil e alienante do ser "pré-fabricado" que se transforma, afinal, em "pura invenção", servindo de mero depósito ("cão-cinzeiro", "cão-botija") ou de reprodução do que dele esperam ("cão-espelho"). Figura chula, a sonoridade rasteira do signo e de seu servilismo se prestam também a reflexões metalinguísticas: "cão formal da poesia, / cão-soneto de ão-ão bem martelado", num repúdio ao enquadramento formal e aos esquemas de regularidade.

No campo da metalinguagem, é interessante traçar o contraponto entre os dois poetas, já que a metapoesia adquire feições singulares e com pontos de convergência, o que podemos notar em "A Lição de Poesia" (*O engenheiro*, 1942-1945), de João Cabral e "Quatro lugares-comuns sobre várias artes poéticas" (*A saca de orelhas*, 1979) de Alexandre O'Neill. Como o texto de Cabral nos é mais familiar, acompanhemos o de O'Neill.

Quatro Lugares-Comuns Sobre Várias Artes Poéticas

1

Estou sozinho diante da página em branco.
Cedo à inspiração?
Dedico-me ao suor?

Vou investir com a caneta o branco da página em branco.

Minha tentação era subscrever o branco,
Assinar o silêncio.
Mas o branco seria o silêncio,
uma vez assinado?

Cedo à inspiração?
Dedico-me ao suor?

Nada vem de bandeja.
Nada vem do suor.

2

Não há *modelo exterior* a que eu deva obediência, sequer trabalho.
O *modelo exterior* seria uma plateia
com centenas de lugares-comuns
ainda mal arejados dos traseiros
que neles depusessem os gomos o tempo da sessão.
O *modelo exterior* é uma convenção
que te obriga, se o eleges, a trabalhar como arrumador,
lanterninha na mão.
E então, sim! Deves tudo ao suor
(o nobre suor de um senhor escritor).
O *modelo exterior* é como o jogo do avião:
ao pé-coxinho vais biqueirando a palavra-patela,
de quadradinho em quadradinho,
até fazeres todo o avião.
O *modelo exterior* deixa-te definitivamente fora,
mas fora de ti próprio.
É como se andasses à rabiça
a arar os campos de papel.

3

A folha de papel em branco
não é o ruedo de nenhuma faena.
A folha de papel em branco
(e tu debruçado sobre ela)
é um slogan turístico, um "Spain is different!"
da poesia-espetáculo.
(Nem a ti próprio te dês em espetáculo
sob pretexto de reflexão.)

Se tens o lampo da inspiração,
a crescer, em formigueiro, na mão da faina,
não te deixes embevecer por imagens toureiras.
São bonitos.
São analogias que não colam
ao trabalho de escrever.

Se tens o lampo da inspiração,
Despede-o para o papel como instantaneidade
de incertos resultados.
Depois se verá se deixou resíduos
ou se o lampo não deu mais que um trovão.

4

Nada vem de bandeja.
Nada vem do suor.

Não te deixes cindir por um falso dilema.
Escrever é tramar o textual.
Bandeja e suor são problemas teus,
maneiras de ser, de agir, processos de trabalho.

Onde começa um poema?
Quando começa um poema?

No espaço quadrado da folha de papel?
No momento em que pegas da caneta?

Ou no espaço redondo em que te moves?
Ou quando, alheio a tudo, te pões de cócoras,
a coçar, perplexo, a cabeça?
(O'Neill, 2001, p.385-387)

As reflexões sobre a escrita perpassam toda a obra de Cabral, intensificando-se em um ou outro livro, dependendo do momento. Não convém discutir aqui os motivos dessa obsessão pela palavra, mas detectar o modo como essa fixação recebeu configurações inusitadas na poesia do poeta brasileiro.

No caso de O'Neill, as preocupações metalinguísticas também ocupam o centro de sua poética, como reconhece Carlos Felipe Moisés (1984, p.101): "A poesia de O'Neill [...] inscreve-se num dos veios mais fecundos e característicos da modernidade: a metalinguagem, a crise do processo criador que se volta sobre (contra) si mesmo". Mas, ainda que em ambos os poetas figure a metalingua-

252   MARIA HELOÍSA MARTINS DIAS

gem, o tratamento específico que esta recebe em cada um pode se justificar em função das datas de publicação dos dois poemas.

Localizando-se na década de 1940, "A Lição de Poesia" não traz, no entanto, as características presentes em poetas desse momento, os da chamada "Geração de 45", a que João Cabral somente estaria filiado por força de um esquematismo didático calcado na proximidade temporal. Ou, no dizer de José Guilherme Merquior (1965, p.33), só por ingenuidade crítica ou malícia é que se pode situar João Cabral entre os poetas dessa geração, considerada pelo crítico como uma "(de)ge(ne)ração". Na verdade, o programa estético desse grupo, apegado ao refinamento ou classicismo formal e aprofundamento interior, foge aos propósitos da poesia de Cabral que, desde seu início, é portadora de traços muito peculiares, extrapolando os limites do enquadramento estético. O recorte individualizado que dá a seus poemas obriga-nos a ir examinando por dentro essa "carnadura concreta" de sua linguagem, isto é, desentranhando-a do espaço mesmo em que ela se construiu. Por sua vez, "Quatro lugares-comuns sobre várias artes poéticas", de Alexandre O'Neill, localiza-se em fins da década de 1970, momento em que Portugal consegue sua libertação do regime ditatorial, abrindo-se a novos caminhos para a construção de si mesmo. Essa abertura política é significativa, porque acaba fazendo explodir uma visão contestadora que existia latente e que passa a assumir seus legítimos impulsos. No caso de O'Neill, o espírito subversivo não depende apenas do momento emergente, pois se afirma como traço essencial de seu projeto poético desde o início de seu percurso, marcado por dois aspectos interligados: o intuito transgressor ou uma rebeldia de cunho parodístico ou sarcástico; o engajamento da poesia numa vertente de denúncia social.

Assim como em relação a João Cabral, não é possível enquadrar o poeta português em algum movimento literário ou grupo geracional, porque ambos apresentam uma produção que se estende por, no mínimo, quatro décadas, durante as quais a poesia vai exercitando o seu ofício, empenhada em suas próprias necessidades internas de construção. O que os diferencia, sem dúvida, é o tom mais explosivo de Alexandre O'Neill, cuja insubordinação transparece na poesia sob variadas formas.

Como muitos poemas de João Cabral, "A Lição de Poesia" apresenta uma composição que se estrutura em momentos marcados pela numeração e por quadras. O apego à geometria é uma constante na poesia do poeta brasileiro, lembrando que a quadrangularidade ou "o seu gosto algo pictórico *de o número quatro feito coisa*" relaciona-se com a retangularidade aprendida de Mondrian, um de seus mestres, como aponta Óscar Lopes (1987, p.12-13). Porém, as quadras de Cabral, inscrevendo-se na modernidade poética, traçam um perfil diferenciado, já que são inenfáticas, isto é, não propriamente assonantes como muitas de outros poemas, e sim livres quanto à métrica e à rima, uma irregularidade que existe em tensão com o pragmatismo da "lição de poesia". O poema "Quatro lugares comuns sobre várias artes poéticas", de O'Neill, também se estrutura em vários momentos, como seu próprio título enuncia. As quatro sequências numeradas apresentam total variação quanto à composição estrófica, liberdade formal que se estende aos versos brancos e sem esquema métrico regular.

Se "A Lição de Poesia" enfoca o trabalho do poeta às voltas com uma concepção poética específica e individual, o poema de O'Neill parece elidir essa especificidade, na medida em que "várias artes poéticas" estariam aludidas nessa metalinguagem criada pelo poeta. No fundo, o que o título indica (e o poema confirma) é o intuito parodístico em jogar com concepções poéticas marcadas por preocupações de natureza metalinguística, como a de Cabral, por exemplo. Portanto: mais do que falar sobre o próprio trabalho de criação, como faz Cabral, O'Neill reflete sobre lugares-comuns da metapoesia.

O primeiro momento de "A Lição de Poesia", a aurora do poema ou "a manhã consumida / como um sol imóvel", é o do enfrentamento com a folha em branco, motivo mallarmeano resgatado por Cabral. A brancura, ligada ao silêncio, significa ausência de traços, mas significa, mais do que isso, a recusa de uma escrita qualquer, feita de imagens acessíveis ou previsíveis. Contra o papel que pode aceitar qualquer mundo o poeta impõe sua resistência, porque as palavras que habitam o seu mundo não se oferecem com facilidade, estão fabricando secretamente seu caminho, por uma via que não é a da iluminação romântica ou idealista ("uma flor", "um nome"), mas a da magia noturna, monstruosa, árdua.

Na primeira parte do poema, o "lugar-comum" da luta poética – a inspiração – fica latente, mas não ausente, porque não é dela que o poeta quer se servir. Entretanto, se no poema de Cabral essa questão existe virtualmente, no de O'Neill ela aflora, e sob uma forma tradicional, o refrão (um lugar-comum?), já na primeira parte do poema. No poeta português, a focalização da luta contra a página em branco resume-se numa enunciação direta, prática, sem rodeios ("Estou sozinho diante da página em branco"), como se já tivesse incorporado (e superado) essa questão (re)trabalhada por outras poéticas. Diferentemente de Cabral, a presença da primeira pessoa assinala uma posição sem mediações, como se o poeta estivesse mostrando a quê veio. Já em Cabral, o uso da segunda pessoa ("Já não podias desenhar") cria certo distanciamento, estratégia que se confirma nas outras partes do poema, onde figura a terceira pessoa ("o poeta / em sua mesa"). Em vez de respeito à preservação do branco ("Já não podias desenhar / sequer uma linha", em Cabral), a agressividade ou impaciência, em O'Neill: "Vou investir com a caneta o branco da página em branco". Note-se que a repetição do branco é sinal de uma impaciência não apenas em relação ao branco, mas à própria insistência com que a criação poética investiu nesse motivo, tornando-o um lugar-comum, por isso é preciso deslocá-lo da posição de metalinguagem para outra meta: a do desgaste da imagem.

A tensão com o silêncio ("Minha tentação era subscrever o branco, / assinar o silêncio. / Mas o branco seria o silêncio, / uma vez assinado?") aponta a dualidade entre ceder à cristalização da escrita e manter o desejo de sua virtualidade. Entretanto, O'Neill desmonta tal questionamento ao reconhecer a inutilidade de ambos os caminhos, a inspiração facilitadora e o esforço: "Nada vem de bandeja. / Nada vem do suor".

Em sua segunda sequência, o poema de Cabral focaliza o trabalho noturno do poeta em luta com a escrita. Uma vez que recusou o caminho do desabrochar fácil ou inspirado das palavras, só lhe resta dar corpo aos "monstros / germinados em seu tinteiro", tentando salvá-los da morte. Espécie de exorcismo, por meio do qual a escrita se liberta, de modo escatológico, daquilo que a obsessiona; é o obrar das palavras-fantasmas, concretizando-se sob a modalidade do gerúndio ("circulando", "urinando", "sujando"). Se a emoção está extinta e os sonhos consumidos, a ideia fixa não se extinguiu e sim fica a queimar no papel, transformada num carvão – signo que reitera nos versos a sua combustão: "carvão de lápis, carvão / da ideia fixa, carvão / da emoção extinta, carvão / consumido nos sonhos".

Interessante observar que, se Cabral dessacraliza o teor profundo e emocional da escrita transformando-a em bichos que sujam o papel, O'Neill dessacraliza o "modelo exterior", transformando-o em objeto de uma comparação em que predomina a popularização da imagem: "O *modelo exterior* seria uma plateia / com centenas de lugares-comuns / ainda mal arejados dos traseiros / que neles depusessem os gomos o tempo da sessão". O hábil recurso da utilização da expressão "lugares-comuns" funciona duplamente, em sentido literal e figurado: escrever de acordo com um modelo exterior seria como se sentar nos lugares marcados de uma plateia e pelo tempo determinado da sessão. Ao criar, porém, o jogo com os "lugares-comuns", o poeta está driblando essa subordinação pelo poder inventivo de sua linguagem, investindo na dupla camada de significação para definir como seria o trabalho poético atado às convenções: "É como se andasses à rabiça / a arar os campos de papel". Assim, trabalhar no papel não pode se reduzir a uma operação mecânica, automatizada, é preciso subvertê-la.

Na terceira e última parte de "A Lição de Poesia", a reiteração da expressão "luta branca" se faz para que mais intensamente seja ressaltado seu contraste com a luta do poeta, que não é branca e sim feita do sangue "de suas veias de água salgada". Intensidade vital ou dinamismo interior que pulsa no poeta e o impulsiona à percepção intensa do real – eis a matéria de que é feita a poesia: a tensão criada pela relação entre a percepção poética e o exterior, ou entre "a física do susto" e "os gestos diários". O resultado, para a poesia, é o que vem do susto, é o que contraria o automatismo do cotidiano, isto é, são as coisas "jamais pousadas / porém imóveis".

Intrigante esse paradoxo, mas que é menos opaco à decifração do que parece à primeira vista. As coisas não estão pousadas porque a percepção singularizadora as desestabiliza, deslocando-as de sua posição e significado habituais para que elas surpreendam, sejam outras, afinal. Mas, enquanto objeto capturado pelo olhar poético, elas ficam suspensas na "imobilidade" ou cristalização, própria da tomada artística ao tornar as coisas linguagem. Essa incomum figuração do objeto poético é expressa pela imagem "naturezas vivas", que funciona como antítese às naturezas mortas, lugar-comum da pintura convencional, figurativa. A poesia-pintura que Cabral deseja (e constrói em seu fazer) é aquela que aprende com o real, mas o supera porque não o imobiliza, ao contrário, movimenta as suas evidências e ângulos de tal modo que a sua *natureza* passa a ser outra. Adensando o realismo com a textura de sua linguagem, desrealiza-o para devolvê-lo mais vivo, como "naturezas vivas". A luta do poeta não poderia ser mais árdua, exatamente pelo rigor da seleção com que faz operar sua linguagem. O que esta recolhe, afinal, "nas águas salgadas do poeta" são poucas palavras, as "vinte palavras sempre as mesmas", mas resultantes do trabalho depurado e extremo de construção para comporem a "máquina útil" do poeta.

O que nos interessa desse suor de sangue que o poema engendra é a autoconsciência dessa operação, que se denuncia sem máscaras, como uma "lição" válida talvez mais para o próprio poeta. Pois, se ele já "conhece o funcionamento, / a evaporação, a densidade / menor que a do ar", se ele sabe quais são as mesmas vinte palavras, por que então enunciar tal composição? Aí reside o impacto maior da poesia de João Cabral. É que o saber não exclui o fazer ou o tornar esse saber apreensível e passível de fruição pelo leitor. Sabemos que as palavras utilizadas pelo poeta não têm densidade menor que a do ar, pois sua lição, desde "Catar Feijão", é a do "jogar fora o leve e oco" para que fique o pesado, a boiar no papel. No entanto, sabemos também que a poesia deve acolher o risco, obstruir o fácil, como nos ensina o mesmo Cabral, pois ela "açula a atenção" e é esse risco ou "isca" que nos atrai.

Por outro lado, a sequência 3 do poema de Alexandre O'Neill irá tomar partido da inspiração ou, pelo menos, propor a aceitação do instantâneo como impulso saudável para a escrita. Para o poeta, ficar debruçado sobre o papel em branco, numa atitude reflexiva, é transformá-lo num "slogan-turístico", próprio da "poesia-espetáculo" que O'Neill rejeita. Não é por acaso a alusão à Espanha, nos versos, indiciando uma certa provocação à própria fixação de João Cabral, ou seja, o espaço espanhol retratado por ele em muitos de seus poemas: "Não te deixes embevecer por imagens toureiras". O alerta de O'Neill aponta, afinal, para o descarte da seriedade do cerebralismo diante da poesia: "(Nem a ti próprio te dês em espetáculo / sob pretexto de reflexão)". A "lição da poesia" de O'Neill voltada aos poetas (e entre eles, Cabral) sugere que se acate, afinal, também o lugar-comum, ou seja, a famigerada inspiração que, se existir como impulso legítimo ou se "crescer, em formigueiro, na mão da faina", deve ser aproveitada.

"Quatro lugares-comuns..." termina desmitificando outro lugar-comum: o questionamento acerca da poesia, ou melhor, de seu momento de criação. Os versos vão se encadeando numa série de interrogações que não deixam espaço para resposta, porque qualquer resposta só reforçaria mais clichês ou colocações previsíveis. Apontar o não sentido das perguntas é o que coloca o poeta: "Onde começa um poema? / Quando começa um poema? // No espaço quadrado da folha de papel? / No momento em que pegas da caneta? // Ou no espaço redondo em que te moves? / Ou quando, alheio a tudo, te pões de cócoras, / a coçar, perplexo, a cabeça?". Questões que constituem, para O'Neill, um embuste: "Não te deixes cindir por um falso dilema" – eis seu alerta. Essa lição-de-poesia-não-à-maneira-de-Cabral recoloca, ironicamente, o exercício socrático do questionamento que testa as próprias possibilidades de validade. É como se o poeta jogasse o leitor (e os poetas) num círculo tal que a única saída fosse encontrar as respostas somente em si mesmo, e o faz por meio de uma tonalidade irreverente, para quem tanto faz o que está na origem do poema, não é problema seu e sim de quem se mete com tais dilemas: "Bandeja e suor são problemas teus, / maneiras de ser, de agir, processos de trabalho". Não são esses processos que interessam a O'Neill e sim um outro: "Escrever

258 MARIA HELOÍSA MARTINS DIAS

é tramar o textual". Ora, é exatamente essa trama que acaba envolvendo o leitor, obrigando-o a rever essa metalinguagem criada: ela não é senão um jogo com a própria metalinguagem, retirando-lhe a seriedade ou o suor do trabalho poético empenhado em seu fazer. Se a poesia do poeta brasileiro se pauta por uma "severa e impiedosa arquitetura", como diz Eduardo Prado Coelho (1972, p.297) a respeito de *Educação pela pedra*, esse rigor ou severidade para consigo próprio estão distantes da atitude de Alexandre O'Neill em relação à poesia, para quem esta não tem que ver com intelectualização.

Nada mais avesso a O'Neill do que a "exata dosagem de si mesmo" como Prado Coelho (1972, p.311) denomina essa espécie de "fórmula de cristal" que Cabral aplica ao poema. Graças a essa diferença de posições em relação à poética e às "lições" que elas traçam para o leitor é que os dois poetas se complementam. Nesse sentido, o diálogo intertextual nos permite ver que o excesso de seriedade de um e de irreverência do outro não podem ser tomados como absolutos e solicitam justamente o seu reverso, como se implicitamente desejado, mas não confessado.

Haveria muitas outras possibilidades de costura poética entre Alexandre O'Neill e João Cabral, mas podemos deixar aqui apenas sugeridas. Uma delas, por exemplo, é a maneira com que se manifesta a atração pela paisagem geográfica em ambos os poetas, ou seja, a topografia que vai sendo transformada em linguagem pelo olhar sensível e irônico do eu. Tal relação com o espaço se destaca ainda mais como objeto poético quando vem configurada em poemas com uma composição em espelho ou arquitetura duplicada, mais frequente em Cabral, mas também presente em O'Neill. Assim, "Coisas de Cabeceira, Recife" / "Coisas de Cabeceira, Sevilha" (*A educação pela pedra*, 1962-1965) e "Pelo Alto Alentejo 1" / "Pelo Alto Alentejo 2" (*Entre a cortina e a vidraça*, 1972) solicitam uma leitura que vá transitando entre os textos para recuperar imagens e procedimentos que se espelham, não só em cada dupla de poemas, como também de uma dupla para outra – uma composição feita a quatro mãos, num painel que se desdobra diante do observador.

Recuperemos os poemas de O'Neill:

Pelo Alto Alentejo / 1

Os homens desertaram destas terras.
Só um bacoco, a rufiar com a sombra.
só um bacoco, bolsado das tabernas,
Em sete palmos, só, se reencontra.

Turistas fotografam cal e pedras:
o cubismo de casas e ruelas.
Nas soleiras sobraram umas velhas
Escorre-lhes o preto pelas canelas.

Num caixote com rodas, meigo tolo,
– um que não veio, aos esses, lá das Franças,
passar com os velhotes as vacanças –
preso a um fio de cuspo vende jogo.

Eu e a Teresa procuramos queijo.
O melhor que se traz do Alentejo.

Pelo Alto Alentejo / 2

Meto butes à inteira planura.
Esboroa-se a terra. Lá pra trás,
sobraram o paleio e a literatura.
Aqui, na aparência, só paz.

Mas que paz se desdobra a toda a anchura
do horizonte a que o olhar se faz?
Esta página em branco (ou sem leitura)
não terá uma chave por detrás?

Eu sei ler a cidade, mas, aqui,
sou um dedo parado em letra morta.
Uma guerra haverá, com o álibi
da paisagem que a outras me transporta.

Hei-de voltar para ler e presumir,
quando Alentejo se puser a rir...

(O'Neill, 2001, p.326-327)

260 MARIA HELOÍSA MARTINS DIAS

Nos dois poetas, a arquitetura contrapontística de seus poemas é um modo de ver e representar a paisagem, que passa necessariamente pelas reflexões acerca do *fazer*. São poemas que exibem uma corporalidade que se autorreferencia operando com suas possibilidades de feitura. Com a diferença de que, se no poeta brasileiro esses "poemas-montagem" (expressão de Georg Rudolf Lind) são constantes, no poeta português essa preocupação se atenua. Se nos poemas de Cabral há duas cidades colocadas em projeção (Recife e Sevilha), nos de O'Neill um mesmo espaço é focalizado (Alto Alentejo), embora sofra alterações aos olhos do poeta. Se nos poemas de Cabral as duas cidades recebem um recorte nítido, com coisas alinhadas de modo concreto, não só na memória como também na página que lhes dá textura, nos de O'Neill a cidade recebe uma focagem, a princípio, para ser desfocada a seguir. Desertada dos homens e do próprio olhar poético, a terra do Alto Alentejo parece ser retirada de cena, depois, para que figure a realidade da página em branco onde as qualidades da cidade desejadas pelo poeta estariam latentes, à espera de representação. Mas aí caberia ao leitor examinar mais atentamente.

Dissolvendo confluências: os rumos próprios dos (dis)cursos poéticos

A intertextualidade como modo de leitura crítica só poderá ter sentido se a aproximação entre os textos fizer despontar, na própria intersecção, as divergências que os singularizam.

O que motivou a comparação entre Alexandre O'Neill e João Cabral não foi o fato de um trazer o outro para o diálogo no interior de seus poemas, embora isso aconteça, mas o fato de suas obras apresentarem uma especificidade desafiadora para a leitura, justamente pela trama madura de suas concepções poéticas.

Nos dois casos o recorte individual, personalíssimo da poesia, tornando-a refratária a enquadramentos em sistemas literários, permite aos poemas atravessarem vários momentos e vertentes estéticas com uma atualidade permanente, graças à distância que guardam em relação às convenções. Entretanto, no caso de Alexandre O'Neill, os efeitos de seu vínculo com o Surrealismo estão muito mais presentes em sua poesia do que o contato de João Cabral com alguma corrente literária da segunda metade do século XX. De fato, o poeta português pertenceu ao Grupo Surrealista de Lisboa, pelo menos até 1951, teve participação ativa nos *Cadernos surrealistas* e "em exercícios de 'criação coletiva' como o 'cadáver esquisito extremamente ortodoxo' intitulado 'Comunicação', a que dá o seu contributo, em 1950", conforme anota Fernando Martinho (1987, p.50). Para o poeta, o Surrealismo viria proporcionar uma libertação saudável, sobretudo em relação à "chatice" do Neo-Realismo, palavras suas em depoimento ao *Expresso* de 1985 (Martinho, 1987, p.49-50). Entretanto, firmando-se num caminho próprio, sua poesia configura um "surrealismo" com traços distintos do movimento francês, na medida em que não há surrealidade nas relações entre o eu poético e o mundo e sim uma visão crítica voltada ao real, flagrado na sua concretude mais próxima e, por isso mesmo, mais passível de demolição. O que teria herdado do Surrealismo foi, isto sim, o espírito inquieto ou o impulso "detonador de uma libertação", como ele mesmo confessa (apud Martinho, 1987, p.50).

É necessário ressaltar essa singularidade do surrealismo de O'Neill para que se possa evitar uma leitura esquemática de sua poesia, ou seja, a que enxergaria apenas os estereótipos do movimento de vanguarda, sem perceber as resoluções pessoais criadas pelo poeta.

No caso de João Cabral, vimos que o começo de sua produção (anos 1940) coincide com a Geração de 45, uma coincidência que não implica sua filiação ao grupo ou aceitação de seu programa estético. Por outro lado, a presença da temática social em algumas de suas obras provocou leituras equivocadas, atraídas pelo intuito de aproximar o poeta de tendências regionalistas, quando o "regionalismo" de Cabral é tudo menos regional. Sua linguagem extremamente peculiar na construção do universo sertanejo nada deve ao ideário do Regionalismo da década de 1940. Logo, assim

262 MARIA HELOÍSA MARTINS DIAS

como em O'Neill, os lugares-comuns do intuito classificatório não têm lugar. Nesse sentido, a "poesia participante" com que muitos denominam uma vertente de sua produção tem que ser vista com cuidado para não levar a "águas" traiçoeiras. O termo, aqui entre aspas, não é casual; como sabemos, o próprio João Cabral denominou "duas águas" à sua produção até 1956, sendo que obras como *O engenheiro* e *O cão sem plumas* pertenceriam à primeira parte ou a uma das águas. Mas, no que consistiriam essas duas águas? Tal divisão não tem que ver com a presença ou não da temática social ou com a distinção entre poesia fácil e poesia difícil, o que Benedito Nunes (1971, p.73) colocou muito bem: "Se a poesia participante, no sentido comum do termo, é aquela que se define pelo seu uso prático, como arma de crítica social, a obra de João Cabral pode ser considerada uma arma de longo alcance, que mantém a realidade sob a mira de uma visão não convencional, atingindo-a com os tiros certeiros da sátira. Nem a temática social, que já encontramos em *O cão sem plumas*, nem o alcance participante, que nesse mesmo poema se pode atribuir ao 'Discurso do Capibaribe', são portanto privilégio de uma só água".

Se na fala de Benedito Nunes "os tiros certeiros da sátira" procuram caracterizar a relação inusitada entre o poeta e a realidade, é preciso entender de fato o que isso quer dizer. Falar em sátira a propósito da poesia de Cabral parece não fazer muito sentido, a não ser que tal intenção se explique pelo anticonvencionalismo mencionado por Benedito Nunes, isto é, por um discurso que se esquiva do sistema, pelo excesso de consciência tecida em seu fazer, a ponto de poder burlar das expectativas habituais. No entanto, a poesia cabralina nutre-se de uma severidade tal (um ser severino?), conseguida pela intelectualização, pela voz descarnada de retórica e pela racionalidade dos processos de construção, apontados por Eduardo Prado Coelho (1972, p.299), que se desvia da função da sátira, marcada por outras intenções. Tendendo mais à distensão ou afrouxamento conseguidos pelo humor, negro ou não, a linguagem satírica distancia-se da seriedade e tensionalidade presentes em Cabral. E por mais que em sua poesia haja "a evidência de que o senso mais firme da realidade é o de uma carência consciente" (Óscar Lopes, 1986, p.29) e, portanto, amarga, tal aspereza não descamba para o humor corrosivo da sátira.

É justamente neste ponto que a sua distância em relação a Alexandre O'Neill torna-se mais visível. Herdeiro de uma vertente literária longínqua, o poeta português "revive a bem lusitana tradição da sátira [...] que exige um domínio verbal e uma excelência criativa" na qual O'Neill é mestre, como observou Carlos Felipe Moisés (1984, p.102). Uma tradição nacional que, segundo Fernando Martinho (1987, p.50), "vem dos cancioneiros medievais e passa por Tolentino e pelo Abade de Jazente", encontrando na poesia de O'Neill um terreno fértil, mas embebido de outra fonte – o humor negro e o absurdo do Surrealismo. Clara Rocha (1987, p.106) fala até de um tom paroxístico da sátira, no poeta português, que se aproxima do "método paranoico-crítico de Dali" no qual o conhecimento irracional predomina, "baseado na objetivação crítica e sistemática das associações e interpretações delirantes".

Seja como for, o alvo de sua visão crítica é a "circunstância nacional" destacada por Fernando Martinho (1987, p.51), isto é, o espaço português com suas mediocridades, provincianismos e pequenos ridículos. Tendo em comum com Cabral o olhar voltado à realidade familiar para torná-la objeto do canto poético, diferencia-se dele quanto às armas que utiliza para essa focagem. Em Cabral, as misérias nordestinas e a precariedade da existência não são focadas com escárnio ou irreverência, mas também não tendem ao sentimentalismo pungente; em O'Neill as misérias e mazelas da sociedade portuguesa são atacadas por uma voz irreverente e inconformada. Em um: "Cassaco de engenho / quando o carregam, morto: / – é um caixão vazio / metido dentro d'outro [...]" ("Festa na Casa Grande"); em outro: "Passa D. Alda de Carvalho e Castro / Tudela da Fonseca (ó respiração!) / Lopes e Silva e ainda Bastos / entre-parêntesis Bramão // Passa depressa ó João!" ("Cortejo").

Se ambos os poetas confluem na afirmação de um antilirismo, os modos de operá-lo divergem. Em Cabral, sua voz antilírica ou sua "anti-ode" se faz em nome de um discurso comprometido com a sua própria essência enquanto linguagem descarnada; é textura, arquitetura, ossatura que não se cobre com amenidades ou alguma plumagem que a suavize. Em O'Neill, o antilirismo prende-se ao propósito de "escarnecer e subverter as emoções (incontroláveis pela *ratio*)", como afirma Moisés (1984, p.102), desejo vinculado ao revolucionarismo de sua poética.

Assim como João Cabral, Alexandre O'Neill se inscreve numa linhagem moderna de poesia, a que toma esta como linguagem aberta à intertextualidade com outras linguagens, poéticas e artísticas. O poeta português também incorpora em seu projeto literário outras vozes com as quais dialoga, pintores, poetas, enfim, figuras de um cenário cultural que vai colando às suas poesias como paisagens ou peças de um *Museu de tudo*, obra de Cabral, e que poderia ser título também de alguma obra de O'Neill. Ou, nas palavras de Carlos Felipe Moisés (1984, p.101), "paródia, paráfrase, citação irônica, homenagem, elogio às avessas, (ir)reverência – boa parte dessa poesia tem sido um longo e entrecruzado diálogo com... a literatura".

Talvez seja conveniente terminar este ensaio com os versos em que O'Neill circula por "Entre pedras, palavras..." (*Feira cabisbaixa*), muito à maneira de Cabral. Eis aqui mais uma afinidade que convém ser lembrada:

> O sangue fez-se para outras flores
> menos fáceis de dizer que estas
> agora derramadas.
> (O'Neill, 2001, p.250)

João Cabral assinaria, com certeza, essas "outras flores" em sua "Psicologia da Composição".

17
ROTAÇÕES POÉTICAS DA MÁQUINA DO MUNDO: DE CAMÕES A HAROLDO DE CAMPOS[1]

Quanto mais penso nas afirmações de T. S. Eliot sobre as relações entre passado e presente, mais me dou conta de sua atualidade, graças à lucidez de sua percepção do sentido histórico. Para ele, tradição e novidade são realidades móveis que se reconstroem mutuamente por meio de reajustes e leituras constantes, o que significa perceber a historicidade sob uma perspectiva ampla. E para a literatura o ganho é considerável.

O que leva um escritor a escrever, na visão de Eliot (1989, p.39), não é apenas o compromisso para com sua própria geração, mas o "sentimento de que toda a literatura europeia desde Homero e, nela incluída, toda a literatura de seu próprio país têm uma existência simultânea e constituem uma ordem simultânea". Se esse sentimento de pertença a um sistema ou totalidade sempre esteve presente nos escritores, conscientes de que sua significação só se completa com a de outros, é certamente no escritor contemporâneo que essa consciência se torna mais aguda, até por força do próprio

---

1 Versão da comunicação apresentada no IV Congresso da Associação Portuguesa de Literatura Comparada, na Universidade de Évora, em 2001, e publicada no *Boletim* do Centro de Estudos Portugueses "Jorge de Sena". Araraquara: Unesp, v.21, 2003, p.91-105.

percurso histórico ao ir entretecendo seus reflexos. Sem o diálogo com a tradição, repensada como universo cujas raízes se abrem a deslocamentos e revitalizações permanentes, não há como a literatura sobreviver. O seu gesto corajoso (e arriscado) de olhar para trás não a levará às trevas ou à perda do objeto de desejo, como Orfeu; aqui não, não há interdição nenhuma, mas é preciso contar com o saber (Camões diria engenho e arte) para que esse olhar para trás não caia em armadilhas. O fascínio da contemplação é tão perigoso quanto o afastamento cético, se ambos forem tomados como absolutos. O olhar crítico, simultaneamente órfico e histórico, procura conjugar paixão e racionalidade na leitura que faz do objeto. Por outras palavras, o "talento individual" (expressão de Eliot) do escritor se manifestará mais plenamente quanto mais se abrir à prática dialógica com a tradição, o que exigirá dele habilidade para saber movimentar o passado.

É com essa paixão hábil que o poeta brasileiro Haroldo de Campos aciona sua máquina-linguagem poética para reler, ou usando um termo que melhor lhe convém, para transler um motivo caro ao projeto estético de outros poetas. O longo poema "A máquina do mundo repensada" exibe, com toda transparência e não sem complexidade, sua natureza intertextual, explícita a partir do próprio título. E aqui uma primeira lição ou alerta do poeta: não há como ler seu poema sem que sejam convocados pelo menos outros três: *A divina comédia* (Dante), *Os lusíadas*, especialmente o Canto X (Camões) e "A máquina do mundo", contido em *Claro enigma*, de 1952 (Carlos Drummond de Andrade). É como se essa metalinguagem, menos que oferta, se fizesse como repositório de um saber que só se abre a leitores especiais, convocados também a uma espécie de percurso iniciático por esse texto singular. Noutros termos: a engenhosidade dessa máquina-poema só se oferece a quem puder dominar o projeto mais íntimo de sua engenharia. Menos que o acesso a um conhecimento pleno e claro, parece que "outro valor mais alto se alevanta", no dizer de Camões: o de uma linguagem cifrada e alusiva que dificulta a posse do saber, e o que se divulga, segundo Pécora (2000, p.23), é "menos a ciência que o mistério dos iniciados que a podem dominar".

Tal domínio passa necessariamente pelo conhecimento de múltiplas referências culturais, que englobam campos distintos do saber – literatura, filosofia, física, matemática, cosmologia – enfim, um saber de experiência feito, como postula Camões em sua poética. Abarcar a totalidade de um universo flagrado na singularidade de sua composição, justamente porque enigmática e fascinante, não é um desejo exclusivo de Haroldo de Campos, mas é um desejo que ele absorve como herança e ao qual dá uma nova forma.

Sem o fôlego épico dos longos poemas clássicos, o de Campos se estrutura em três partes (cantos?), das quais é justamente a primeira que intertextualiza com os outros poetas, ao recuperar esse momento epifânico da relação entre o eu e o mundo. É essa primeira parte do poema que tomo para análise para confrontá-la com os outros textos.

Em Camões a máquina do mundo caracteriza-se como "etérea e elemental", conforme a teoria, corrente em seu tempo, sobre a constituição do universo. Fabricado por um "saber alto e profundo" e pelos elementos primordiais, o mundo não se oferece a qualquer olhar, mas àquele a quem é dado o privilégio de dele se acercar, não para desvendá-lo totalmente, mas para se encantar com o seu mistério, tanto mais intenso ("com luz tão clara radiando") quanto mais inacessível. E é diante desse Empíreo simultaneamente luminoso e opaco que a deusa Tétis coloca Vasco da Gama para poder fruir o que a outros mortais teria sido vedado. No poema camoniano, essa oferta surge como espécie de galardão ao empreendimento corajoso do português ao final de sua trajetória marítima, portanto, tal visão resulta de um merecimento, como convém à lição épica, mas também às convenções da ética cavalheiresca medieval, ambas recuperadas por Camões e confluindo para um mesmo propósito: enfrentar desafios leva a uma recompensa.

Em Drummond, poeta inserido na modernidade, esse sentido épico ou atitude heroica diante do mundo são banidos para a afir-

268   MARIA HELOÍSA MARTINS DIAS

mação de outro tom: aquele que está afinado com uma individualidade solitária em sua peregrinação fatigada e marcada pelo desencanto. O estado disfórico do eu poético – um "ser desenganado"
e cansado "pelas pupilas gastas na inspeção / contínua e dolorosa
do deserto" (Drummond de Andrade, 1983, p.303) – nada tem de
grandioso, a não ser a própria humildade de quem se reconhece
vulnerável diante dessa realidade maior que se abre "majestosa e
circunspecta" (ibidem). Aqui, sim, a tonalidade solene camoniana
infiltra-se nos versos de Drummond, como se elevando o objeto a
um plano superior, mas também, e paradoxalmente, atribuindo-
-lhe um estatuto humano que o torna mais distante ou refratário ao
contato com o poeta. Contrariamente ao personagem de Camões e a
Dante, que se admiram com a visão do mundo oferecida, o eu poético em Drummond recusa-se a contemplá-la, baixando os olhos,
"incurioso", e seguindo seu caminho pela estrada de Minas. Ou,
no dizer de Haroldo de Campos (2000, p.30) que retoma Drummond, "incurioso furtou-se e o canto-chão / do seu trem-do-viver
foi ruminando / pela estrada de minas sóbrio chão".

Já no poema de Haroldo de Campos não se dá a oferta da
máquina, por meio daquela situação em que o maravilhoso (*mira-
bilia*) se presentifica aos olhos do eu, conforme exibem os outros
poemas. O que se manifesta é a força de um desejo reiterado: "quisera como dante", "– mas quisera também como o de ousada /
fronte vasco arrostando", "– quisera como o nauta fiel", "– quisera
tal ao gama no ar a ignota / (camões o narra) máquina do mundo
/ se abrira (e a mim quem dera!)...". Entretanto, o que seria mera
quimera e ausência do objeto real se converte em "realidade" ou
presença, graças, tanto ao próprio diálogo com essas outras vozes e
vias incorporadas ao périplo do poema, quanto à escolha das imagens engenhosamente consteladas na feitura do texto de Campos.
O tom elevado da dicção poética de "A máquina do mundo repensada" deve-se, em grande parte, ao preciosismo do léxico eleito pelo
poeta, moldado numa sintaxe erudita em que os hipérbatos e inter-
calações entre parênteses ou introduzidas por travessões adensam a
legibilidade do discurso. Leiam-se, por exemplo, as estrofes 5, 6 e 7:

3. o sacro magno poeta de paúra

6.1. transido e eu nesse quase – (que a tormenta
2. da dúvida angustia) – terço acidioso
3. milênio a me esfingir: que me alimenta

7.1. a mesma – de saturno o acrimonioso
2. descendendo – estrela ázimo-esverdeada
3. a acídia: lume baço em céu nuvioso
               (Campos, 2000, p.15-16)

A herança clássica é inquestionável, transparecendo no virtuosismo solene da expressão, o que nos remete a Camões. Entretanto, não se trata de simples resgate de uma tradição, porque esta reaparece no poema do poeta brasileiro, supercodificada, isto é, investida de um excesso retórico que abusa, conscientemente, de seu próprio poder, ou de um saber acumulado de fontes conhecidas às quais é preciso re-alimentar com a força da linguagem. Uma metalinguagem, afinal, que refina as várias metas de que é feita. Refinamento calculado, motivo repensado, cultura pesquisada, o poema de Campos se oferece como uma escrita que não oculta o artifício de que é feita, ao contrário; o arranjo maneirista e a hiper-codificação de suas imagens lembram o trabalho de um escriba deslocado para a pós-modernidade. É isto, talvez, que tenha instigado Alcir Pécora a questionar essa aventura poética de Haroldo de Campos. Como entender uma poesia contemporânea que se apoia numa dicção tradicional, recuperando um registro elevado, grave, totalmente oposto ao "presente dessencializado e agnóstico"? – indaga Pécora (2000, p.22). Que relações haveria entre essa "épica" clássica e o universo da física atual? Tal junção insólita, ao que parece, é afinal um jogo engenhosamente montado para driblar a seriedade da ciência contemporânea. Seja como for, parece-me que o poema é a demonstração de uma visão altamente irônica voltada tanto à constituição do universo atual quanto à natureza da própria poesia. Mas vejamos melhor os textos para avançarmos em nossa análise.

270 MARIA HELOÍSA MARTINS DIAS

Pode-se verificar uma correspondência também entre as diversas configurações textuais dos poemas em confronto. Se a poesia épica de Camões se estrutura em decassílabos heroicos, com acentuação métrica predominante na 6ª e 10ª sílabas e rimas no esquema ababbcc, o poema de Haroldo de Campos faz sua estrutura cruzar o molde camoniano com outros. Do poeta português recupera a métrica solene dos versos decassílabos heroicos, ao mesmo tempo que se reapropria do padrão estrófico utilizado por Dante na *Divina comédia*, a terza rima, cujas origens podem remontar ao sirventês provençal: são tercetos em que o 1º e 3º versos rimam entre si e o 2º com o 1º verso da estrofe seguinte. Conforme o próprio poeta assinala, numa entrevista à *Folha de S. Paulo* (4 ago. 2000, p.4), "é um formato que já está impregnado de uma tradição metafísica, de indagação filosófica". O problema é que, se esse conteúdo metafísico se ajusta a uma tradição formal elevada, tal formalismo não é uma resolução pacífica, como observou Paulo Franchetti (2000). Segundo ele, a tensão entre modelo e atualização está presente em algumas "violências prosódicas" e soluções rímicas que revelam um preciosismo forçado e abstrato. Na verdade, esse *tour de force* é mais uma tática do poeta para fazer valer a sua extrema ironia para com os poderes da linguagem em seu caráter produtivo. Ressalte-se, também a esse propósito, o investimento insistente no número três, o que atende à simbologia cabalística, geradora de uma série de especulações ou explicações para a existência, como podemos ler no *Dicionário de símbolos* de J. Chevalier (1991, p.902): "o ternário traduz tanto a dialética no exercício lógico do pensamento quanto o movimento, em física, e a vida, em biologia. A razão fundamental desse fenômeno ternário universal deve sem dúvida ser procurada em uma metafísica do ser compósito e contingente, em uma visão global da unidade-complexidade de todo ser da natureza [...]". A própria organização do poema, recuperando a da *Divina comédia* ("Inferno", "Purgatório", "Paraíso"), espelha a concepção tripartite: a primeira, o "ciclo ptolomaico" (estrofes 1 a 40), a segunda que toma como ponto de partida a física de Galileu (estrofes 41 a 79) e a terceira em que o imaginário se abre ao delírio do "big bang" (estrofes 80 a 153).

Por outro lado, ao tomar como foco central de sua visão a máquina do mundo, já vislumbrada por outras poéticas, a estrutura do poema drummondiano comparece na visão do leitor. Também o poeta mineiro resgatou os tercetos para compor seu texto, evocando a terzina de Dante, mas libertou os versos do compromisso com as rimas, já atendendo aos apelos de modernidade, porém sem perder os vínculos com o passado estético: a presença dos decassílabos heroicos revela uma dicção aprendida.

Como se vê, as confluências entre os poemas ressaltam a existência de dois veios em constante permuta, o antigo e o moderno, e toda a carga de sentidos por eles veiculados: obediência e desvio, contenção e excesso, respeito e ousadia.

Mas há mais pontos comuns entre os textos. Se no canto X de *Os Lusíadas* o universo mitológico parece reinar soberano – "Aqui, só verdadeiros, gloriosos / Divos estão, porque eu, Saturno e Jano, / Júpiter, Juno, fomos fabulosos" (vv 1-2, est. 82), em Drummond o eu poético é convidado, assim como todos, "em coorte, / a se aplicarem sobre o pasto inédito / da natureza mítica das coisas" (10ª estrofe). Por sua vez, Haroldo de Campos cria outra solução para recuperar o mitológico. Logo no início de seu poema, estrofes 2, 3 e 4, comparecem dois motivos arquetípicos dos mitos gregos: o labirinto e o impedimento da passagem do herói por monstros ou seres fabulosos:

[...]
3. neste sertão – mais árduo que floresta

3.1. ao trato – de veredas como se elas

2. se entreverando em nós de labirinto

3. desatinassem – feras sentinelas

4.1. barrando-me: hýbris-leoa e o variopinto

2. animal de gaiato pelo e a escura

3. loba – [...]

(Campos, 2000, p.13-14)

272 MARIA HELOÍSA MARTINS DIAS

Se o espaço em que Vasco da Gama se encontra é fabuloso (a ilha de Vênus ou dos Amores) e aquele em que caminha o eu poético drummondiano é familiar (uma estrada de Minas), em "A máquina do mundo repensada" o eu se acha "neste sertão", o qual, curiosamente, é revestido de uma aura mitológica: as suas veredas e nós labirínticos desatinam o caminhante e também nesse espaço, qual no mundo dos mitos, há "feras sentinelas" barrando passagem. Só que, aí está o poder do *repensar* poético, os motivos mitológicos são objeto de um trato pós-moderno, ressurgindo como outra linguagem. Note, por exemplo, o jogo verbal entre "veredas" e "se entreverando", criando um espelhamento propiciado pelo anagrama, o qual constrói a imagem mesma do cruzamento labiríntico de caminhos, a desorientação. Aqui, evidentemente, o caráter experimental da linguagem de Campos se revela com plenitude.

Em Camões, o longo poema do canto X se faz de duas vozes para conduzir o discurso: a do eu poético, "narrador" épico dos feitos do povo lusitano, e a da própria ninfa Tétis que, como sujeito enunciador, dirige-se ao Gama para lhe mostrar as maravilhas do mundo. A fala da deusa se prolonga por 65 estâncias e está marcada em sua enunciação pela repetição anafórica dos verbos "olha", "vê", e por outros indicadores como "eis aqui", "cá", "esta", cujo efeito discursivo é o de presentificar e aproximar o cenário, não apenas do nauta português, mas também do próprio leitor, levado a contemplar a extensa massa textual que vai retratando o movimento e a constituição do cosmos. Constelações, elementos primordiais, os mares, os rios, os continentes, o extremo Oriente e cidades antigas da Índia, África, Ásia, China, ilhas, cabos, impérios, tudo desfila diante da leitura. Mas como o poema não é um tratado de geografia, essa cartografia poética, embora confine com a verdade ou nitidez do traçado real e histórico, acaba por acentuar as suas próprias direções e a sua matéria significante. Ao mesmo tempo apontando para os referentes espaciais e trazendo-os para o espaço da linguagem, o texto camoniano encena ou dramatiza a sua própria feitura:

AS DISTINTAS MARGENS DA ESCRITA LITERÁRIA **273**

> Verás as várias partes, que os insanos
> Mares dividem, onde se aposentam
> Várias nações que mandam vários reis,
> Vários costumes seus e várias leis.
> (est. 91, vv 5-8)

Note como a ideia da diversidade constitutiva do universo se figurativiza na escrita poética, graças ao jogo paronomástico criado entre "verás" / "várias" e ao desdobramento aliterativo do pronome "vários" pelos versos. Ou seja, reproduzir o mundo e exibi-lo diante da visão da personagem são impulsos que coexistem com outro, talvez mais intenso: o de reproduzir o funcionamento dessa "máquina" que já não é apenas o mundo, mas o próprio poema em seu movimento singular. Deleitar-se com o mundo e com os poderes emanados da linguagem se conjugam no projeto estético camoniano. Para o poeta, tanto a matéria real observada quanto a matéria mitológica fabulosa lhe servem "só para fazer versos deleitosos" (v. 5, est. 82). Um deleite que só a linguagem, reunindo saber e sabor, pode construir.

Também em Drummond cria-se uma situação dialogada, pois a máquina do mundo não só se abre à contemplação do eu lírico como lhe sopra uma voz em tom de apelo, cujas palavras soam tão enigmáticas quanto sua própria natureza. O recado é enfático e também se faz, como a fala da Tétis camoniana, de signos insistentes – "olha, repara, ausculta" (1983, p.304) – que indicam a necessidade de uma investigação minuciosa por parte do sujeito, munindo-se de todos os seus sentidos, físicos e mentais, para penetrar nessa "ciência / sublime e formidável, mas hermética" (Drummond de Andrade, 1983, p.304). Entretanto, diferentemente de Camões, em Drummond o desfile das riquezas e maravilhas do mundo, que se estende por sete estrofes, não se dá pela voz da personagem e sim por uma voz outra, que não é nem a do eu lírico; é como se as próprias coisas terrestres e celestes se autoapresentassem, ganhando autonomia ou engendrando-se magicamente aos olhos do poeta: "tudo se apresentou nesse relance" (ibidem, p.305). O "reino augusto",

274 MARIA HELOÍSA MARTINS DIAS

como o eu denomina esse mundo que se lhe oferece, tal como para o poeta português só pode se enunciar por uma linguagem dotada de excelência ou superioridade: "As mais soberbas pontes e edifícios", "superior ao pensamento", "verdades altas mais que tantos/ monumentos" (ibidem, p.304), "o solene / sentimento da morte", "existência mais gloriosa" (ibidem, p.305). A eloquência singular desse universo que exibe sua engenhosidade contrapõe-se ao silêncio do eu poético, que reluta "em responder / a tal apelo assim maravilhoso" (ibidem), recusando a oferta.

Em "A máquina do mundo repensada", a voz que ouvimos por todo o poema é a do próprio eu poético, na qual se cruzam as dos outros poetas. Mas não há uma estrutura dialogada, já que a máquina do mundo não se abre ao contato com o eu. Este, de posse de um saber que desafia e ousa todos os limites da experimentação (da linguagem e da cultura), parece não ceder espaço a outro eu, regendo a sua linguagem com o mesmo ritmo do movimento cósmico: "a esfera a rodar no éter do ultramundo // claro – amostrando os orbes e o que excede / na fábrica e no engenho a humana mente" (Campos, 2000, p.19). Uma rotação ininterrupta, dos signos e do mundo, imantando o leitor nesse espaço de um fluxo perpétuo, ou tornando-o partícipe dessa mesma órbita instaurada pela poesia. A leitura não para, justamente por força dos constantes encadeamentos (*enjambement*) que amarram os versos numa espécie de gravitação contínua. Falar do mundo e re-produzi-lo na estrutura dinâmica das palavras se conjugam na textura poética. Certamente esse efeito de construção, habilmente montado por Haroldo de Campos, atende às direções de sua poética, na qual fazer e dizer se espelham como necessidades complementares, forma e sentido atraídos pela iconicidade da linguagem.

Já no recolhido e incrédulo eu drummondiano de "A máquina do mundo", não há essa ousadia. O ritmo de seu discurso é mais pausado, vagaroso, palmilhado assim como o espaço que vai percorrendo. Seguir de mãos pensas, "avaliando o que perdera" (Drummond de Andrade, 1983, p.305), é um gesto que metaforiza a opção dessa poética por um lirismo que não sabe (ou não quer?) abrir mão de sua humildade ou esfera íntima. O contato com a épica pode ser grandioso, abrir-se ao mundo, ouvir sua voz, conhecer seus enigmas, mas mais grandiosa ainda é a coragem de assumir a sua tonalidade mais própria, talvez mais legítima. É preciso seguir de "mãos pensas". É isso que nos ensina o eu lírico do poema de Drummond. Pelo menos nesse momento de sua trajetória como poeta. Em Campos, ousadia sem limites, em Drummond, humildade comedida.

Relendo o episódio da Ilha dos Amores (*Os Lusíadas*), que ocupa parte do canto IX e grande parte do canto X e no qual se insere a revelação da estrutura do mundo, não é possível deixar de perceber um dado fundamental para a compreensão não só do poema camoniano como também de suas relações com o de Haroldo de Campos.

A considerar a extensão desse episódio (mais de 200 estâncias), mas, sobretudo, a sua função estratégica na composição do poema, a componente erótica que nesse momento desponta (a comunhão festiva entre as ninfas e os portugueses rendidos aos favores amorosos) passa a ter um amplo significado. É que essa prática erótica facultada aos navegantes se faz paralelamente com "o discurso da revelação da sabedoria histórica e cosmogônica", conforme observou E. M. Melo e Castro (1984, p.63). Portanto, seguindo suas palavras, é como se a prática e o apogeu do amor físico funcionassem como "a chave textual para a abertura do conhecimento" (ibidem).

Abertura para a visão do mundo, abertura para o saber, abertura para o amor. Gestos que se complementam pela força engenhosa com que esse corpo-texto se oferece ao leitor.

O poema de Haroldo de Campos também aciona o erotismo, porém dando-lhe outra configuração e num espaço bem menor, compatível com a extensão do próprio texto. Nas estrofes 16 e 17, momento em que o poeta se refere ao irromper da esfera cósmica aos olhos do nauta camoniano, o jogo imagético criado por Campos faz despontar o erótico:

16.1. [...] e qual a rosa
2. toda se abre ao rocio que a toca e qual
3. desfolhada alcachofra antes zelosa

276 MARIA HELOÍSA MARTINS DIAS

17.1. o entrefólio desnuda tal-e-qual
2. ao bravo gama a máquina se oferta
3. do mundo – e expõe-se ao olho de um mortal

18.1. ao capitâneo arrojo em prêmio aberta
[...]
(Campos, 2000, p.20-21)

Comparando o núcleo misterioso do cosmos a uma rosa intocada e a uma alcachofra fechada que se abrem e se desnudam "ao olho de um mortal", o poeta brasileiro recupera uma linha de interpretação do universo de remota origem, que a cultura chinesa cultivou com preciosidade em sua filosofia taoísta. Segundo esta, é fundamental perceber o corpo do universo como dotado de uma erótica: ritmos de união e separação, fluidos, ciclos, forças de atração e repulsa, transformações, germinações, impulsos – enfim, a natureza cósmica é movida por uma alquimia erótica em permanente processo.

A associação com o erotismo não se dá, entretanto, apenas pela presença de imagens alusivas a esse corpo que se abre ou se oferece ao olhar, como fica patente nos versos de Campos. Nos três poemas (Camões, Drummond e Haroldo de Campos), a própria situação com que é focalizada a oferta do mundo se reveste de elementos eróticos.

Em Camões, o cosmos vai-se mostrando como se animado ou gerado por impulsos próprios ou por uma "pintura" à qual Gama deve dar atenção: "Olha, por outras partes, a pintura / Que as estrelas fulgentes vão fazendo" (est.88, vv.1-2). Também em Haroldo de Campos a movimentação dos corpos celestes animiza-se, impulsionada por seu ritmo:

[...]
2. o empíreo esplendoroso e os sucessivos
3. céus nele orbitando à alta luz que os flama

24. 1. e o móbile primeiro donde ativos
2. fazem-se o sol e os corpos sub-pendentes
3. do cristalino céu noveno – os vivos

25.1. estelantes luzeiros resplendentes

2. em áureo cinturão de esmalte vário

3. encadeando os sinais sempremoventes

26.1. do zodíaco [...]

(Campos, 2000, p.24-25)

Espécie de parto do mundo, que vem à luz, literalmente. O excesso de brilho é reproduzido na carga semântica da adjetivação, no jogo com os fonemas sibilantes e na sonoridade oscilante das rimas -antes / -entes. Em Drummond, por outro lado, a abertura do mundo não é total, a princípio, pois a máquina "se entreabriu", como se temerosa de sua exposição a quem se mostra esquivo e incrédulo. Mas essa entreabertura ou, no dizer de Barthes (1977, p.16), essa "cintilação mesma que seduz [...] a encenação de um aparecimento-desaparecimento", é exatamente esse estar entre duas margens que se torna erótico. Em Haroldo de Campos, o que seria uma distância entre o eu poético e o universo oferto, por causa da função mediadora das citações, converte-se em proximidade graças à concretude das imagens. Ao ser tocada a "rosa", metáfora de núcleo enigmático, é como se esse toque se estendesse à própria linguagem, fabricadora dessa máquina poética que se abre à leitura: há um roçar criado concretamente entre os signos, tocados por recorrências sonoras e paronomásticas (rosa/zelosa, se abre ao rocio, toca e qual // tal e qual, desfolhada / entrefólio). Enfim: está deflagrado o mistério do universo no poema, acionado pela operação com a palavra.

Em todos os poemas, no fundo, esse episódio põe a nu uma relação entre sujeito e objeto em que o conhecimento se faz movido simultaneamente por impulsos contrários, lucidez e deslumbramento, entrega e resistência, ousadia e recolhimento, impulsos que são, afinal, eróticos. O contato com o mundo significa a violação árdua de seus segredos, a intimidade de um corpo que vai sendo percorrido com o olhar. Desvendar o enigma do universo, estar de posse da consciência que nos religa ao mundo, não é um ato que se faz de imediato, nem com facilidade. Eis o que nos ensinam os poemas. Há que construí-lo com uma peregrinação lenta e que envolve riscos, como o de ser enredado nos ardis fabulosos e ceder ao feitiço feminino que amortece a consciência (Camões), o de não se sentir preparado para acolher esse saber (Drummond), ou o de se reconhecer devedor a caminhos já trilhados por outros (Haroldo de Campos).

De Camões a Haroldo de Campos a mesma rotação parece acionar os movimentos de suas poéticas: o enigma da origem universal e a trajetória pessoal do eu são realidades que se cruzam, contaminando-se num único percurso que a linguagem vai construindo com seus ardis técnico-inventivos. Como também assinalou Pécora, os dois caminhos coexistem num esforço singular em que o "esfingir" do eu e o "desenigmar-se o dilema" se completam. Desocultar é também ocultar, justamente pelo hermetismo e sobriedade da linguagem. O enigma, quer do universo, quer do eu, não se revela, a esfinge conserva seus segredos.

Seja como for, o "ciclo ptolomaico" engendrado por Haroldo de Campos na primeira parte de seu poema parece não se concluir, como enuncia o verso que fecha a última (40ª) estrofe: "e o ciclo ptolomaico assim termina...". Término que só se cumpre provisoriamente, até porque o poema continua seu périplo por mais duas partes; suspensão momentânea expressa graficamente pelas reticências.

Os círculos de correspondência traçados por esse universo poético com os outros poemas abrem múltiplas possibilidades de leitura. Voltemos a Eliot pelas mãos de Borges (1974, p.712): "Cada escritor cria seus precursores. Seu trabalho modifica nossa concepção de passado como há de modificar o futuro". Nesse jogo de reflexos, não sairão todos enriquecidos por uma reavaliação permanente?

REFERÊNCIAS BIBLIOGRÁFICAS

ALMADA-NEGREIROS, J. S. de. *Contos e novelas*. Lisboa: Estampa, 1970.

ALQUIÉ, F. *Philosophie du Surréalisme*. Paris: Flammarion, 1977.

ANDRADE, M. de. *Amar, verbo intransitivo*. 12. ed. Belo Horizonte: Itatiaia, 1986.

ASSIS, M. de. *O alienista*. 2. ed. São Paulo: Ática, 1973.

AUERBACH, E. *Mimesis*. 2. ed. São Paulo: Perspectiva, 1976.

BARBOSA, J. A. *As ilusões da modernidade*. São Paulo: Perspectiva, 1986.

BARTHES, R. *Communications*. Paris: Seuil, n.8, 1966.

_____. *O grau zero da escritura*. São Paulo: Ática, 1974.

_____. *O prazer do texto*. São Paulo: Perspectiva, 1977.

_____. *Mitologias*. 3. ed. São Paulo: Difel, 1978.

_____. *Fragmentos de um discurso amoroso*. Lisboa: Edições 70, 1981.

BATAILLE, G. *L'érotisme*. Paris: Minuit, 1985.

BENJAMIN, W. "Sobre alguns temas em Baudelaire". In: *Os pensadores*. São Paulo: Abril Cultural, 1975, v. XLVIII, p.35-62.

BHABHA, H. *O local da cultura*. Belo Horizonte: UFMG, 1998.

BLANCHOT, M. *O espaço literário*. Rio de Janeiro: Rocco, 1987.

BORGES, J. L. "Kafka y sus precursores". In: *Obras completas*. 7. ed. Buenos Aires: Emecé, 1974.

BOSI, A. *O ser e o tempo da poesia*. São Paulo: Cultrix/Edusp, 1977.

BRANCO, C. C. *A doida do Candal*. Intr. e glos. de Lênia Márcia de Medeiros Mongelli. São Paulo: Cultrix/Edusp, 1980.

BRETON, A. *Manifeste du surréalisme*. Paris: Gallimard, 2005.

280 MARIA HELOÍSA MARTINS DIAS

BURKE, K. *Teoria da forma literária*. São Paulo: Cultrix, 1969.

CAMÕES, L. de. *Os lusíadas*. Ed. crit. de Francisco da Silveira Bueno. Rio de Janeiro: Edições de Ouro, s.d.

CAMPOS, H. de. *A arte no horizonte do provável*. São Paulo: Perspectiva, 1969.

_____. *A máquina do mundo repensada*. São Paulo: Ateliê Editorial, 2000.

CASTILHO, G. de. *Antonio Nobre*. 3. ed. Lisboa: Presença, 1988.

CASTRO, E. M. de M. e. *Literatura portuguesa de invenção*. São Paulo: Difel, 1984.

CASTRO, E. M. de M. e. *O próprio poético*. São Paulo: Quirón, 1973.

CHEVALIER, J. & GHEERBRANT, A. *Dicionário de símbolos*. 4. ed. Rio de Janeiro: José Olympio, 1991.

COELHO, E. P. "João Cabral de Melo Neto: *A educação pela pedra*". In: *O reino flutuante*. Lisboa: Edições 70, 1972, p.279-311.

_____. *A letra litoral*. Lisboa: Moraes Editores, 1979.

COELHO, J. P. *Obra seleta de Camilo Castelo Branco*. Rio de Janeiro: Aguilar, 1960.

CORREIA, N. *O surrealismo na poesia portuguesa*. Lisboa: Europa-América, 1973.

DERRIDA, J. *A escritura e a diferença*. São Paulo: Perspectiva, 1971.

_____. *Gramatologia*. São Paulo: Perspectiva, 1973.

DRUMMOND DE ANDRADE, C. *Poesia e prosa*. Rio de Janeiro: Nova Aguilar, 1983, p.303-305.

_____. *Corpo*. 6. ed. Rio de Janeiro: Record, 1984.

ECO, U. *The role of the reader*. Bloomington: Indiana University Press, 1979.

ELIOT, T. S. "Tradição e talento individual". In: *Ensaios*. São Paulo: Arte Editora, 1989.

FERREIRA, V. "Breve nota sobre o *Só*. In: *Espaço do invisível*, 1. 3. ed. Lisboa: Bertrand, 1990.

FRANCHETTI, P. "Funções e disfunções da máquina do mundo". In: *O Estado de S. Paulo*, Caderno 2/Cultura, 24 set. 2000, D3.

GENETTE, G. *Figuras*. São Paulo: Perspectiva, 1972.

GERSÃO, T. *Paisagem com mulher e mar ao fundo*. Lisboa: O Jornal, 1982.

_____. *O cavalo de sol*. Lisboa: Dom Quixote, 1989.

_____. *A casa da cabeça de cavalo*. Lisboa: Dom Quixote, 1995.

_____. *Os anjos*. Lisboa: Dom Quixote, 2000.

GREIMAS, A. J. *Semântica estrutural*. São Paulo: Cultrix, 1973.

_____. *Sobre o sentido*. Petrópolis: Vozes, 1975.

GUIMARÃES, F. "Almada à vista". *Jornal de Letras, Artes e Ideias.* Lisboa: Fundação Calouste Gulbenkian, 1 jun. 1993, p.9.

HATHERLY, A. *O espaço crítico:* do simbolismo à vanguarda. Lisboa: Caminho, 1979.

HJELMSLEV, L. *Prolegômenos a uma teoria da linguagem.* São Paulo: Perspectiva, 1975.

ISER, W. *L'Acte de Lecture:* théorie de l'effet esthétique. Bruxelles: Pierre Mardaga, 1985.

LÉVI-STRAUSS, C. *La pensée sauvage.* Paris: Plon, 1962.

LIND, G. R. "João Cabral e a Espanha". In: *Ocidente,* v. LXXXIII, Lisboa, 1972, p.421-433.

LISPECTOR, C. *Laços de família.* 12. ed. Rio de Janeiro: José Olympio, 1982.

LOPES, Ó. *Entre Fialho e Nemésio.* vol. I. Lisboa: IN/CM, 1987.

LOPES, O.; SARAIVA, J. A. *História da literatura portuguesa.* 9. ed. Porto: Porto Editora, 1976.

LOTMAN, I. *A estrutura do texto artístico.* Lisboa: Estampa, 1978.

LOURENÇO, E. *O labirinto da saudade.* 4. ed. Lisboa: Dom Quixote, 1991.

_____. "A guerra do nome". *Mais! Folha de S.Paulo,* São Paulo, 16 nov. 1997, p.5-6.

MARTINHO, F. J. B. "Alexandre O'Neill e Pessoa". In: *Colóquio.* Lisboa: Fundação Cultural Calouste Gulbenkian, n.97, 1987, p.48-56.

MELO NETO, J. C. de. *Museu de tudo.* 2. ed. Rio de Janeiro: José Olympio, 1976.

_____. *Antologia poética.* 5. ed. Rio de Janeiro: José Olympio, 1979.

_____. *Poesia crítica.* Rio de Janeiro: José Olympio, 1982.

_____. *Poesia completa (1940-1980).* Pref. de Oscar Lopes. Lisboa: IN/CM, 1986.

MERQUIOR, J. G. *Razão do poema.* Rio de Janeiro: Civilização Brasileira, 1965.

MOISÉS, C. F. Recensão crítica a *Poesias completas (1951-1981),* de Alexandre O'Neill. In: *Colóquio.* Lisboa: Fundação Calouste Gulbenkian, nº 80, 1984, p.101-102.

MOISÉS, M. (Org.). *Luís de Camões:* lírica. São Paulo: Cultrix, 1972.

NEMESIO, V. *Ondas médias.* Lisboa: Bertrand, 1945.

NOVAES, A. (Org.). *O olhar.* São Paulo: Companhia das Letras, 1988.

NUNES, B. *João Cabral de Melo Neto.* Petrópolis: Vozes, 1971.

O'NEILL, A. *Poesias completas.* Lisboa: Assírio&Alvim, 2001.

282 MARIA HELOÍSA MARTINS DIAS

OLIVEIRA, C. de. *Trabalho poético* II. Lisboa: Sá da Costa, s.d.

PAES, J. P. *Poesia erótica em tradução.* São Paulo: Companhia das Letras, 1990.

PAZ, O. *Los hijos del limo.* Barcelona: Seix Barral, 1974.

_____. *O arco e a lira.* Rio de Janeiro: Nova Fronteira, 1982.

_____. *Tempo nublado.* Rio de Janeiro: Guanabara, 1986.

_____. *A dupla chama*: amor e erotismo. São Paulo: Siciliano, 1994.

PÉCORA, A. "O Big bang místico". In: *Folha de S. Paulo.* Mais!, 24 set. 2000, p.20-23.

PEREIRA, J. C. S. "António Nobre e o mito lusitanista". In: *História crítica da literatura portuguesa:* do fim-de-século ao modernismo. v. VII, Lisboa: Verbo, 1995, p.175-216.

PESSOA, F. *Poemas ingleses.* Lisboa: Ática, 1974, p.89-113.

_____. *Obra poética.* Rio de Janeiro: Nova Aguilar, 1976.

PROPP, V. *Morphologie du conte.* Paris: Gallimard, 1970.

QUADROS, A. *Portugal*: razão e mistério. Lisboa: Guimarães, 1986.

RAMOS, G. *Angústia.* 21. ed. Rio de Janeiro: Record, 1979.

ROCHA, C. Recensão crítica a *O princípio da utopia,* de Alexandre O'Neill. In: *Colóquio.* Lisboa: Fundação Calouste Gulbenkian, n.97, 1987, p.106.

ROSA, A. R. *A palavra e o lugar.* Lisboa: Dom Quixote, 1977a.

_____. *Boca Incompleta.* Lisboa: Arcádia, 1977b.

_____. *A poesia moderna e a interrogação do real.* Lisboa: Arcádia, 1979.

_____. *As marcas do deserto.* Lisboa: Veja, 1980a.

_____. *Incêndio dos aspectos.* Lisboa: A regra do jogo, 1980b.

_____. *Matéria de amor.* Lisboa: presença, 1983a.

_____. *Quando o inexorável.* Porto: Limiar, 1983b.

_____. *Deambulações oblíquas.* Lisboa: Quetzal, 2001.

_____. *Árvore.* Lisboa, vol. II, fasc. 1, s. d.

ROSA, J. G. *Ave, Palavra.* 3. ed., Rio de Janeiro: Nova Fronteira, 1985a.

_____. *Primeiras estórias.* 14. ed., Rio de Janeiro: Nova Fronteira, 1985b.

SIMÕES, J. G. *António Nobre, precursor da poesia moderna.* Lisboa: Inquérito, s. d.

TOMACHEVSKI. "Temática". In *Teoria da literatura:* formalistas russos. Porto Alegre: Globo, 1973.

VIEIRA, J. L. "O poeta Paulo encontra Teté a louca". In: *Colóquio/Letras.* Lisboa: Fundação Calouste Gulbenkian, n.45, 1978, p.39-42.

WITGENSTEIN, L. *Tratactus logico-philosophicus.* São Paulo: Editora Nacional/Edusp, 1968.

SOBRE O LIVRO

Formato: 14 x 21 cm
Mancha: 23,7 x 42,5 paicas
Tipologia: Horley Old Style 10,5/14
Papel: Offset 75 g/m² (miolo)
Cartão Supremo 250 g/m² (capa)
1ª edição: 2011

EQUIPE DE REALIZAÇÃO

Coordenação Geral
Marcos Keith Takahashi